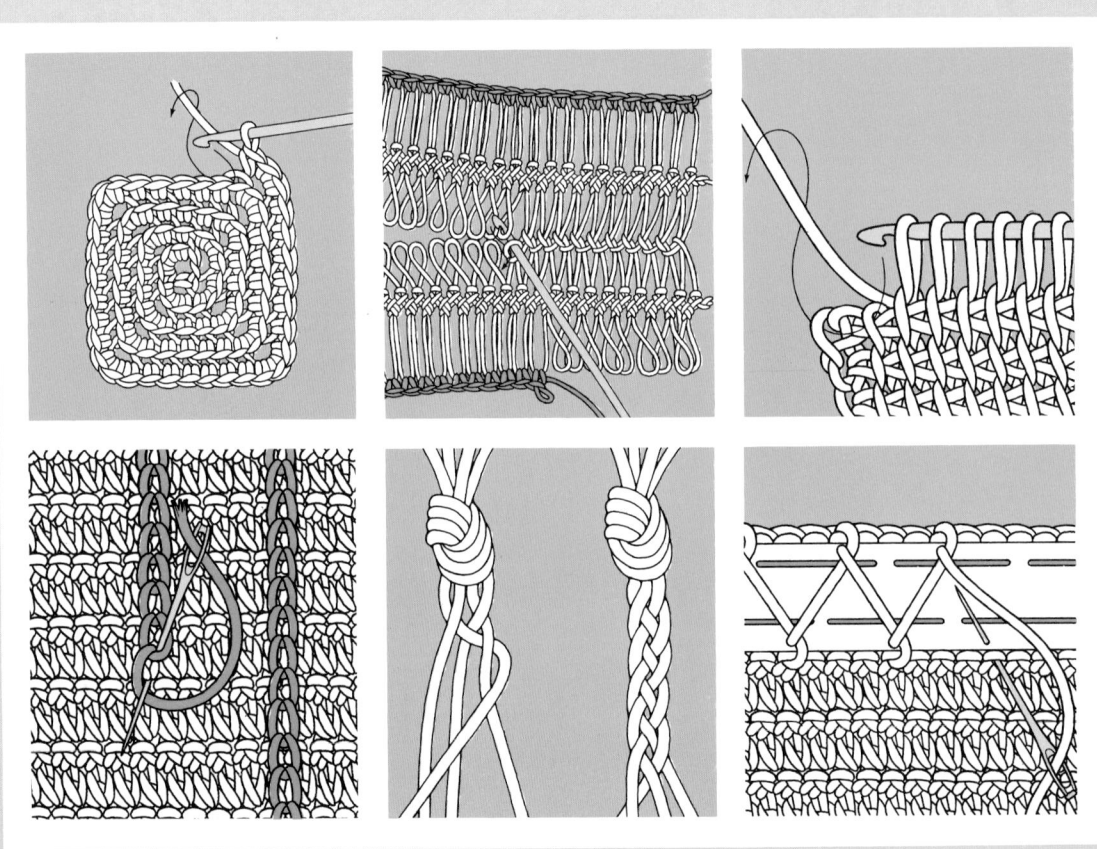

Marinella Nava

Häkeln

Material · Technik · Muster
Neue Ideen für eine alte Kunst

Aus dem Italienischen von Christina Callori

Delphin Verlag

© 1984, Arnoldo Mondadori, S. p. A., Milano
All rights reserved
Originaltitel: *il libro dell'UNCINETTO, materiali e tecniche – idee nuove per un'arte antica*
© Für die deutsche Ausgabe:
1985, Delphin Verlag GmbH, München und Zürich
Alle deutschen Rechte vorbehalten
Illustrationen: Paola Francinatti, Roberto Maresca
Fotografien: Roberto Circià, Giorgio Perego
Umschlaggestaltung und Umschlagfoto: Christa Manner, München
Satz: Fotosatz Uhl + Massopust GmbH, Aalen
Printed by Artes Gráficas Toledo, S. A. Spain
ISBN 3.7735.5236.X
D. L. TO: 832 -1985

Inhalt

Vorwort

Es gibt mehr als einen Grund dafür, die Technik – man könnte auch sagen die Kunst – des Häkelns zu erlernen, aber auch wer darin schon eine gewisse Fertigkeit erlangt hat, läßt sich immer wieder gern zu neuen Farbzusammenstellungen und Mustern anregen. Wie man sich denken kann, ist das Häkeln eine alte, sogar eine sehr alte Kunst (Reste von Häkelarbeiten wurden schon bei ägyptischen Ausgrabungen gefunden); sein eigentlicher Ursprung verliert sich im Dunkel der Geschichte. Sicher ist nur, daß das Häkeln zu Beginn so etwas war wie die arme Verwandte der wertvolleren Techniken zur Garnverarbeitung (Brüsseler Spitzen, Nadelspitzen, Klöppelspitzen, wie sie die Altäre der Kirchen und die Kleider der Frauen zierten). Sie verdankt ihre heutige Bedeutung historischen und sozialen Ereignissen, die wiederum die berühmten Vorfahren in die Antiquitätenläden und in den Bereich der wenig ausgeübten Volkskunst verbannt haben. Die Zeiten und der Geschmack haben sich geändert. Heute geht die Tendenz mehr zum Einfachen, Nützlichen, und die Situation ist genau umgekehrt: Viele Häkelarbeiten sehen so wertvoll aus, daß das Häkeln jetzt, zusammen mit dem Stricken und dem Sticken, zu den feineren Handarbeiten zählt. Aber Häkeln ist nicht nur »fein« geworden, es ist auch derartig beliebt und weit verbreitet, daß es in einer hypothetischen Beliebtheitsskala hinter dem Stricken den zweiten Platz belegt. Der Grund hierfür ist in erster Linie die Einfachheit der Technik, die aber trotzdem sehr anpassungsfähig ist und eine Vielfalt der Anwendungsmöglichkeiten erlaubt. Man kann die verschiedenartigsten Kleidungsstücke und andere Gegenstände aus den verschiedenartigsten Materialien herstellen und dabei der Phantasie freien Lauf lassen. Immer erzielt man damit sehr schöne und sehr wirkungsvolle Ergebnisse.
Und nicht zuletzt spricht für das Häkeln seine Originalität, der Eindruck der »Einmaligkeit«, den Häkelarbeiten ausstrahlen. Die Verbreitung der Strickmaschine, mit der sich ganz schnell ganz perfekte Maschen arbeiten lassen, hat dieser Handarbeit, dieser in besonderem Maß individuellen Kunst noch nichts anhaben können. Hier hängt immer noch alles ab von der persönlichen Geschicklichkeit, der Geduld, der Erfahrung, dem Geschmack, dem »Auge« und der »Hand« dessen, der die Arbeit ausführt. Ziel dieses Buches ist es nun, dem Leser bzw. der Leserin so klar und so einleuchtend wie möglich sowohl die theoretischen als auch die praktischen Voraussetzungen zu vermitteln, die für alle Arbeitstechniken notwendig sind, von den einfachsten bis hin zu den kompliziertesten. Das ist natürlich nur schrittweise zu erreichen und hängt hauptsächlich von den Fähigkeiten des einzelnen (weniger vom Schwierigkeitsgrad) ab. Das Buch ist daher in vier verschiedene Teile gegliedert. In jedem wird ein grundlegendes Thema ausführlich behandelt. Das Buch ist sowohl für den Anfänger gedacht als auch für jene, die schon über eine gewisse Arbeitserfahrung verfügen. Insgesamt wird ein schrittweiser Weg zum Erlernen des Häkelns gezeigt, erfahrenen Lesern werden aber auch je nach bereits vorhandenen Kenntnissen verschiedene Möglichkeiten der Verfeinerung und Vertiefung der einzelnen Arbeitstechniken geboten.

Im ersten Teil werden Handwerkszeug und Material genau beschrieben. Deren Kenntnis ist nicht nur notwendig, um mit den einzelnen Arbeitstechniken vertraut zu werden, sondern auch um noch phantasievoller und geschickter arbeiten zu können. Außerdem finden Sie hier die Grundtechniken sowie die Vorarbeiten, vom Anschlagen der Maschen bis zur Erklärung der Grundmaschen.

Im zweiten Teil sind die gebräuchlichsten Muster beschrieben, d. h. die Muster, die besonders häufig in den Arbeitsanleitungen der Kleidungsstücke und der anderen Gegenstände vorkommen. Sie sollen auch dazu anregen, neue Motive zu erfinden oder ganz »persönliche« Arbeiten zu entwerfen. Gemeinsam mit den Mustern werden in diesem Teil verschiedene Beispiele in sich geschlossener Einzelteile, Borten, Häkeleinsätze und Spitzen beschrieben: Verzierungen an Kleidungsstücken und Phantasiedingen.

Der dritte Teil ist der Beschreibung einiger Kleidungsstücke und anderer Gegenstände gewidmet, die sich mit den im Buch beschriebenen Mustern verwirklichen lassen. Die Beschreibungen der Modelle haben eine doppelte Funktion: Der Anfänger findet hier verschiedenes erklärt, was er in den Anleitungen der Häkelzeitschriften immer wieder liest; wer bereits über genügend Erfahrung verfügt, kann sich hier neue Ideen und Anregungen für originelle Kleidungsstücke und Gegenstände holen. Der vierte und letzte Teil liefert verschiedene nützliche Hinweise: Einige beziehen sich auf die eigentlichen Arbeitsvorgänge (Feinarbeiten, Verzierungen), andere auf die Fertigstellung, das Waschen, Bügeln und Aufbewahren der Kleidungsstücke und Gegenstände. Außerdem enthält dieser Teil besondere Techniken und Kniffe (z. B. die verschiedenen Möglichkeiten, für Gardinen, Tischdecken, Tagesdecken usw. Maß zu nehmen). Den Abschluß bilden die »Worterklärungen«, in denen die immer wieder auftauchenden und gebräuchlichsten Begriffe aufgeführt und erklärt werden, und ein Register, in dem der gesamte Inhalt des Buches noch einmal in Stichworten verzeichnet ist.

Zum Anfangen: Häkelnadel, Garn und die Grundmaschen

Das Handwerkszeug

Auf Seite 17 ist das zum Häkeln notwendige Handwerkszeug abgebildet. Unten sind die gleichen Gegenstände mit Nummern versehen:
1 Garnwinde
2 Tunesische Häkelnadel mit zwei Haken
3 Nadeln
4 Tunesische Häkelnadeln
5 Gabel
6 Normale Häkelnadel
7 Maßband
8 Häkelnadeln für Spitzen
9 Garnspule

Zum Häkeln benötigt man kein kompliziertes Werkzeug: unentbehrlich ist nur die Häkelnadel selbst. Aber es gibt natürlich nützliche Hilfsmittel, die die Vorbereitung und die Fertigstellung der Handarbeit erleichtern.

● *Normale Häkelnadel.* Sie besteht aus einem Stäbchen, an dessen Spitze sich ein Häkchen befindet. Mit diesem Häkchen nimmt man den Faden auf und führt ihn. Die ca. 20 cm lange Häkelnadel kann aus Metall, Holz, Plastik oder sogar aus Elfenbein hergestellt sein. Entsprechend der Stärke des Durchmessers sind die normalen Häkelnadeln mit einer fortlaufenden Numerierung versehen. Anders sieht die Numerierung bei den sehr feinen Häkelnadeln für Spitzen aus: die dünneren sind mit einer höheren Zahl versehen als die etwas stärkeren. Durch eine Abflachung in der Mitte läßt sich die Häkelnadel im allgemeinen besser handhaben. Von größter Bedeutung für das gute Gelingen einer Arbeit ist die Stärke der Häkelnadel.

● *Tunesische Häkelnadel.* Die Länge dieses 30–40 cm langen Stäbchens ist abhängig von der Anzahl der Maschen, die auf die Häkelnadel aufgenommen werden müssen; auf der einen Seite befindet sich ein Häkchen, auf der anderen Seite ein Köpfchen, das das Abgleiten der Maschen verhindert. Der Durchmesser bleibt auf der gesamten Länge gleich, ohne dünner oder dicker zu werden, was eine Unregelmäßigkeit der Maschen bewirken würde. Auch diese Häkelnadeln sind entsprechend ihrem Durchmesser numeriert und aus verschiedenen Materialien hergestellt.

● *Tunesische Häkelnadel mit zwei Häkchen.* Diese besondere Häkelnadel ist auf beiden Seiten mit einem Häkchen versehen. Dies ermöglicht das Arbeiten mit verschiedenen Fäden auf der Hin- und Rückreihe.

● *Gabel.* Diese haarnadelförmige Gabel wird zusammen mit der normalen Häkelnadel verwendet. Eine damit gearbeitete Gabelborte hat an den Außenrändern Schlingen, die durch die mittlere gehäkelte Rippe verbunden und befestigt werden. Die Breite wird durch die Breite der Gabel bestimmt. Will man die Schlingenbreite variieren, kann man eine dreizinkige Gabel verwenden; bei manchen Gabeln lassen sich die Zinken auch verstellen.
Bei der Gabelhäkelei kommt es darauf an, daß die senkrecht untereinander liegenden Schlingen jeweils die gleiche Breite haben; zu diesem Zweck werden die beiden Gabelzinken durch einen Metallschieber immer im notwendigen Abstand gehalten.
Die Stärke dieser Gabel (die aus Metall, Holz oder Plastik bestehen kann), muß nicht auf die Stärke des Garns abgestimmt sein. Sie darf aber nicht zu leicht sein, damit sie nicht bricht.

● *Garnwinde.* Hat man das Garn anstatt auf Knäueln auf Strängen, so erleichtert und vereinfacht die Garnwinde das Abwickeln. Meistens ist sie aus Holz und läßt sich mit Hilfe einer an der Spitze angebrachten Drehschraube verstellen.

● *Garnspuler.* Dieses noch nicht sehr häufig verwendete Gerät wird vor allem in Verbindung mit Strickmaschinen benutzt. Es ist leicht zu handhaben und nicht sehr teuer, kann also bei der Handarbeit nützlich sein. Das Gerät besteht aus einem Halter, dessen Kurbel an der Vorderseite einen senkrecht auf dem Halter befestigten Zapfen zum Drehen bringt. Die Spule zum Aufwickeln des Garns wird auf dem Zapfen aufgesetzt.

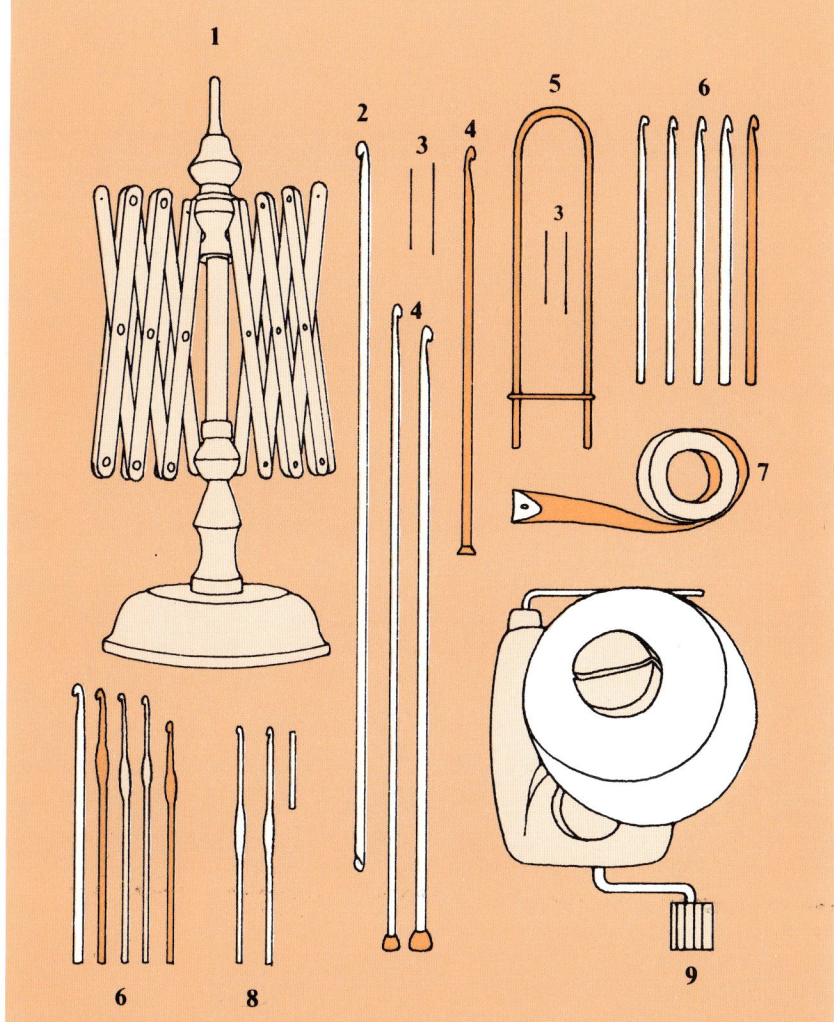

● *Maßband.* Es besteht aus plastiküberzogenem Stoff. Um zu vermeiden, daß es ausfranst oder zerreißt, rollt man es am besten nach jeder Benutzung wieder zusammen. Die Handarbeiten werden auf einer glatten Fläche gemessen.

● *Nadeln.* Diese dienen zum Zusammennähen der Arbeiten und um einzelne Stücke zu einer geschlossenen Form zusammenzufügen. Das Nadelöhr muß der Garnstärke entsprechen. Ist die Spitze der Nadel abgerundet, wird das Garn weniger leicht gespalten.

Die Garne

Zum Häkeln verwendet man Garne: einige sind besonders geeignet (wie die Baumwolle), aber im allgemeinen lassen sich alle Garne verarbeiten, berücksichtigt man ihre besonderen Eigenschaften. Sicherlich würden Einzelheiten Sie nur langweilen; wir wollen deshalb im folgenden versuchen, jenen einige nützliche Hinweise zu geben, die etwas Neues versuchen oder auch nur einfachere Arbeiten in Angriff nehmen wollen, sich durch die Vielfalt der auf dem Markt angebotenen Erzeugnisse aber nicht verunsichern lassen möchten. Zu Beginn einige Worte über die allgemeine Definition der Garne: man versteht darunter halbfertige Produkte aus Textilfasern, mit anderen Worten so weit zubereitete Textilfasern, daß sie gewebt oder – wie in unserem Fall – mit der Strick- oder Häkelnadel verarbeitet werden können.

Die Textilfasern, aus denen die Garne gewonnen werden, lassen sich in zwei große Gruppen unterteilen: die Naturfasern und die sogenannten Chemiefasern (d. h. künstlich hergestellte Fasern).

Zu den Naturfasern zählt man die tierischen Faserstoffe (aus dem Fell oder aus Substanzen tierischen Ursprungs gewonnen, z. B. Wolle, Seide), die pflanzlichen Faserstoffe (Baumwolle, Leinen, Hanf, Jute, Raphiabast) und die Fasern mineralischen Ursprungs (Asbest).

Chemiefasern oder Kunstfasern sind organische Zellulosefasern (Reyon), organische Proteinfasern (Lanital), organische Synthetikfasern (Nylon, Leakril, Terital usw.), anorganische Fasern (Glas- und Metallfasern).

Natürlich eignen sich nicht alle so hergestellten Garne für die Handarbeit. Keiner wird auf die Idee kommen, eine Tischdecke oder einen Pullover aus Asbest oder Glasfasern zu arbeiten. Dennoch gibt es sehr viel mehr Möglichkeiten, als man im allgemeinen glaubt, und über die wir später noch mehr erfahren werden.

Bevor wir die verschiedenen Garne im einzelnen besprechen, geben wir einige sicherlich nützliche Informationen über die Handelseigenschaften der Garne im allgemeinen.

Die Garne (im Knäuel oder in Strängen verkauft) werden nach verschiedenen Eigenschaften eingeteilt: Art und Qualität des Garnes, Dicke, Drallung, Elastizität, Zwirnung, Name.

In diesem Rahmen ist allerdings nur die Hauptunterteilung in:
● *einfache Garne* (aus nur einem Elementarfaden)
● *gedrehte Garne* (aus mehreren Elementarfäden) wichtig.

Insbesondere die gedrehten Garne haben die verschiedensten Handelsbezeichnungen. Eine allgemein übliche bezieht sich auf die Anzahl der Fäden: zweifädig, vierfädig usw., der oft Phantasiebezeichnungen wie *Zephir, Cablé, Sport* usw. hinzugefügt werden. Sie unterscheiden sich je nach Herstellerfirma. Im allgemeinen bezieht sich die Angabe der Fadenzahl auf die Stärke des Garns; andere Eigenschaften wie Weichheit, Festigkeit, Elastizität und Gesamtstärke können je nach Stärke und Beschaffenheit der Elementarfaser unterschiedlich sein.

Schließlich unterscheiden sich die gedrehten Garne in *einfach gedrehte Garne* (mit einheitlicher Struktur und Farbe) und in *gedrehte Phantasiegarne* (mit Kräuselung, Knoten, Schlaufen usw.). Im folgenden sollen die zum Häkeln geeigneten Garnarten und deren Eigenschaften aufgeführt werden.

Pflanzliche Fasern

Baumwolle. Sie wird zum Häkeln am meisten verwendet. Dies ist wahrscheinlich darauf zurückzuführen, daß die Häkeltechnik entstand, weil man versuchte, die wertvollen alten Spitzen zu imitieren. Dazu eignete sich die Baumwolle mit ihren dünnen, widerstandsfähigen Fäden am besten.

Die Baumwollfaser wird aus einem Gewächs aus der Malvenfamilie gewonnen. Die Ursprungsgegend ist nicht genau bekannt, weil sie seit frühester Zeit in der ganzen Welt, in Asien, in Afrika, in Amerika, angepflanzt wurde. Auch heute findet man sie in allen Ländern mit feuchtwarmem Klima. Die Faser wird aus der Kapselfrucht gewonnen; springt die walnußgroße Fruchtkapsel auf, quellen die Samenhaare – die Baumwolle – heraus; jede Frucht enthält sechs bis acht Samen.

Die Handelseinteilung erfolgte je nach Art, Herkunft oder auch nach physikalischen Eigenschaften (Länge, Feinheit, Reißfestigkeit).

Die Baumwollpflanze. Die Textilfaser wird aus der Frucht gewonnen, einer ovalen, grünen Kapsel mit drei, vier oder fünf Samen.

Aufgrund ihrer Faserlänge werden die »Sea-Island«-Baumwolle von den Barbados-Inseln und die Makobaumwolle aus Ägypten am meisten geschätzt. Es folgen die Baumwolle aus Peru, die Uplandbaumwolle aus den USA, die indische Baumwolle sowie Baumwolle aus Asien, Australien und Europa.

Diese Bezeichnungen findet man jedoch nicht auf den im Handel befindlichen Verpackungen; Ausnahme bildet der Name »Mako«, der die ägyptische und damit die hochwertigste Baumwolle bezeichnet.

Die von den Herstellerfirmen verwendeten Bezeichnungen beziehen sich, wie bereits gesagt, auf die äußeren Eigenschaften des Garns. Baumwolle zeichnet sich durch hohe Reißfestigkeit aus, bindet kaum Feuchtigkeit und brennt mit heller Flamme. Die Farbe der Fasern variiert von Weiß bis zu Gelb oder Rötlich, die Länge reicht von 10 bis 50 mm. Dabei unterscheidet man zwischen langstapeliger Baumwolle (Faserlänge über 28 mm), mittelstapeliger Baumwolle (Faserlänge von 18 bis 28 mm) und kurzstapeliger Baumwolle (Faserlänge kürzer als 18 mm). Die Feinheit, die sich aus dem Durchmesser der Faser ergibt, liegt zwischen 15 und 30 µm (1 µm – 1/1000 mm). Weitere Eigenschaften sind der Glanz, die Weichheit und die Elastizität. Durch das Mercerisieren, d. h. die Behandlung mit kalter konzentrierter Natronlauge unter Spannung, werden die Weichheit und der Glanz der Baumwolle noch erhöht. Diese Baumwollarten führen dann die Bezeichnung »Mercerisierte Baumwolle«.

Auf der Grundlage dieser Eigenschaften bedient sich die internationale Klassifizierung der Baumwolle unter warenkundlichem Gesichtspunkt der englischen Terminologie und unterscheidet zwischen folgenden Qualitäten: *fine, good, fair, middling, inferior* und *ordinary*. In Deutschland kennt man die Bezeichnungen: gezwirnte Baumwolle, Cablé, Perlgarn, Sport, geflammtes Garn, Baumwollkammgarn, Rohbaumwolle.

Für die Häkelarbeit (für die meistens die Makobaumwolle verwendet wird) ist außerdem die Feinheit des Garnes von großer Bedeutung. Diese wird durch eine Zahl angegeben, die sich umgekehrt proportional zum Durchmesser verhält. Je höher die Zahl, desto feiner das Garn – je niedriger die Zahl, desto stärker das Garn. Einige Beispiele: die Stärken 20 oder 12 (fein oder sehr fein) verwendet man vor allem für »wertvolle« Arbeiten wie Spitzen, Deckchen usw. Die Stärken 8 oder 5 (mittel) werden hingegen für leichte Kleidungsstücke, für Tischdecken oder auch für Badeanzüge verarbeitet.

Rohbaumwolle nimmt man gern für rustikale und haltbare Gegenstände, dicke Kleidungsstücke usw.

Leinen. Das Leinen stammt aus Asien und wurde seit der Zeit der ersten ägyptischen Dynastien zur Herstellung von Stoffen verwendet.

Die ursprünglich sehr rauhen und groben Fasern werden aus einer Pflanze der Familie der Lindengewächse gewonnen, und zwar aus dem Stiel der Pflanze, insbesondere aus dem inneren, von der Rinde geschützten Teil. Die Pflanze wird in Gebieten mit gemäßigt kühlem Klima angebaut. Die besten Qualitäten erhält man von Pflanzen aus Gebieten mit feuchtem, kontinentalem Klima: aus nordeuropäischen Ländern kommen die wertvollsten Qualitäten. Die Herkunft ist daher ein Hauptkriterium bei der Klassifizierung des Leinens im Handel: Leinen aus Rußland, das aus Riga, aus Archangelsk und aus Leningrad stammt, ist von ausgezeichneter Qualität; das belgische Leinen, insbesondere das aus Flandern, gilt als das beste Leinen der Welt; weitere Leinenarten kommen aus Schottland, aus Böhmen, aus Amerika, aus Holland und aus Frankreich.

Physikalische Eigenschaften des Leinens sind: guter Wärmeleiter, wenig hygroskopisch, große Reißfestigkeit, mit heller Flamme brennend wie Baumwolle, wird von sauren Lösungen, aber nicht von verdünnten Laugen angegriffen. Leinen kann weiß, gelb, grau oder grünlich sein.

Hanf. Diese Textilfaser wird aus dem Stiel der einjährigen, über 2 m hohen Hanfpflanze gewonnen, die in gemäßigt kühlem Klima wächst. Hanf stammt ursprünglich aus Asien und dem Fernen Osten. Lange bevor man Baumwolle kannte, wurde er schon zur Herstellung von Geweben verwendet.

Aus der Hanfpflanze (die zur Familie der Cannabis gehört) lassen sich von 1,5 bis zu 4 m lange Fasern gewinnen. Diese zeichnen sich durch eine hohe Reißfestigkeit aus und haben einen typischen sauren und durchdringenden Geruch. Hanf ist leicht brennbar, wird von sauren Lösungen angegriffen, durch Laugen perfekt gebleicht.

Gute Sorten des Hanfes zeichnen sich durch eine hellgraue bis weißliche Farbe aus, bei geringeren Sorten ist sie dunkel bis grünlich. Durch eine bestimmte Behandlung läßt sich Hanf in ein baumwollähnliches, jedoch weniger wertvolles Produkt verwandeln.

Im Handel gibt es keine einheitliche Klassifizierung. Der italienische Hanf, insbesondere aus der Emilia, übertrifft in der Qualität die Hanfarten aller anderen Länder. Weitere bekannte Sorten sind der gewöhnliche Hanf und der chinesische Hanf.

Jute. Die Textilfaser Jute wird aus einer Pflanze der Gattung *Corchorus* aus der Familie der Lindengewächse gewonnen, die vor allem in Indien, in Indochina und Birma angepflanzt wird. Wie beim Leinen und auch beim Hanf gewinnt man die Textilfaser aus dem Stiel der Pflanze.

Die sehr stark hygroskopische Faser ist weiß, gelblich oder braun gefärbt, rauh und reißfest. Auch das Garn ist rauh, hart und strapazierfähig.

Zum Häkeln eignet sich Jute nur gemischt mit anderen Garnen. Man stellt daraus Taschen, Gürtel, Hüte oder Teppiche her.

Raphia. Raphia wird aus den Blättern einer afrikanischen Palme gewonnen. Diese nicht sehr wertvolle Textilfaser ist glänzend, ziemlich steif, leicht und strapazierfähig. Sie eignet sich zur Herstellung von Taschen, Hüten, Teppichen, Sets, Untersetzern usw.

Tierische Fasern

Wolle. Als Wolle werden jene Textilfasern bezeichnet, die aus Schafshaaren gewonnen werden. Im weiteren Sinne meint man damit auch Textilfasern aus den Fellhaaren einiger Ziegenarten wie z. B. Kaschmirwolle aus dem Vlies einer vorwiegend in Tibet lebenden Ziege und Angorawolle aus dem Fell der Angorakaninchen. Fälschlicherweise bezeichnet man mit Wolle auch das Haar der Kamele und der Dromedare sowie das der Vikunja, des Lamas, des Alpakas und des Guanakos, die unter der Bezeichnung *hochwertige Wollarten* zusammengefaßt werden.

Die elf herkömmlichen Schafsrassen lassen sich in drei große Gruppen unterteilen: *Merinos,* die die wertvollste Wolle liefern, einheimische und Mischrassen.

Die Rohwolle der *Merinos* zeichnet sich durch gekräuselte, sehr weiche, gelbliche Fasern aus, die hauptsächlich für hochwertige Kammgarne verwendet wird.

Zu den »einheimischen Rassen« gehören auch die europäischen Rassen, unter denen vor allem die englischen besonders berühmt sind. Die sehr beliebten Rassen Dorset, Cheviot, Lincoln, Leicester wurden durch Kreuzungen der englischen Rassen mit den Merinoschafen erreicht. Fast alle anderen einheimischen Rassen haben nur einen geringen kommerziellen Wert.

Zu den Mischrassen zählt man Kreuzungen zwischen Merinoschafen und einheimischen Schafen oder zwischen einheimischen Rassen untereinander. Dabei interessieren ausschließlich solche Kreuzungen zwischen englischen Rassen untereinander oder zwischen Merinoschafen und englischen Rassen.

Wie bereits gesagt lassen sich auch von anderen Tieren wertvollere Wollarten gewinnen. Von den hier angeführten gebräuchlichsten Sorten findet man im Handel den Großteil zu unterschiedlichen Prozentsätzen mit Schafwolle gemischt.

- **Lambswool.** Lambswool ist die Wolle von Lämmern bis zu einem Jahr. Das daraus gesponnene Garn ist besonders weich, fein und warm.
- **Kaschmir.** Diese Ziegenwolle liefert eine Ziege aus dem Kaschmir, einer Himalajalandschaft zwischen Indien, China und Pakistan. Die sehr weichen, glänzenden, leichten weiß oder braun gefärbten Fasern ergeben eine sehr warme und sehr wertvolle Wolle.
- **Mohair.** Mohairwolle gewinnt man aus dem Vlies einer Angoraziege, die vor allem in der Türkei und in den USA gezüchtet wird. Ihr Fell ist silbrig, sehr glänzend, fein, sehr weich, lang und wenig gekräuselt.
- **Kamelhaar.** Diese sehr warme und wertvolle Wolle wird aus dem Wollhaar des asiatischen Kamels gewonnen.
- **Alpaka.** Alpakawolle wird aus dem Vlies des Alpaka gewonnen, einem südamerikanischen Haustier aus der Familie der Kamele. Das Haar ist elastisch, weich, fein; die Farbe variiert zwischen Rotbraun und Grauschwarz.
- **Lamawolle.** Aus dem Wollhaar des Lama, einem südamerikanischen wildlebenden Tier aus der Familie der Kamele, gewinnt man eine rauhe, weißlich-rötliche Wolle.
- **Vigogne.** Vom Vlies der Vikunja, dem kleinsten südamerikanischen Tier aus der Familie der Kamele, werden glänzende, feine, seidenartige, gelblich-rötliche oder weiße Fasern gewonnen.
- **Angorawolle.** Die eigentliche Angorawolle wird aus dem Fell des Angorakaninchens gewonnen. Das Haar ist sehr fein, weich und seidig. Die Wolle ist sehr teuer, dafür aber doppelt so ergiebig wie die gewöhnlichen Wollarten.

Andere wertvolle Garne finden nur gemischt mit gewöhnlichen Wollarten Verwendung; dazu gehören die Garne vom Jak, vom Rentier, vom Chinchilla, vom Nerz und die vom Biber.

Die kommerzielle Bezeichnung der Wolle (insbesondere der Schafswolle) hängt von verschiedenen Elementen ab. Besonders wichtig sind die physikalischen Eigenschaften, die diese Garne für unendlich viele Zwecke verwendbar machen.

Der Durchmesser der Wollhaare beträgt zwischen 15 bis zu über 80 μm, die Länge schwankt zwischen 3 und 40 cm. Wolle ist wenig reißfest, dafür aber sehr widerstandsfähig gegen Abnutzung. Sie ist elastisch, weich und sehr bereit, Feuchtigkeit aufzunehmen. Die Farbe variiert von Gelblich-Weiß bis Grau und in Abstufungen bis hin zu Schwarz. Wolle hält warm (d. h. sie hält Körperwärme, isoliert aber auch von der Außenwärme). Eine weitere wichtige Eigenschaft der einzelnen Wollhaare besteht darin, sich durch Wärme und Druck fest untereinander zu verbinden. Wollhaare brennen nur schwer; dabei bleibt ein kleiner, schwärzlicher und zerfallender Rest zurück. Saure Lösungen greifen sie nicht an, von Laugen können sie jedoch zerstört werden.

Abgesehen von den oben genannten Eigenschaften hängt die Qualität auch noch von dem Tier ab, von dem die Wollhaare stammen, sowie insbesondere von dem Körperteil des Tieres. Wolle, die vom Rückenhaar des Tieres stammt, ist hochwertiger als die vom Bauch und von den Beinen, wo die Haare kürzer und nicht so kräftig sind.

Die kommerziellen Bezeichnungen der verschiedenen Wollarten findet man nicht auf den im Handel befindlichen Verpackungen (Kammgarn, Streichgarn, Reißwolle usw.). Deshalb sei hier nur bemerkt, daß sich die Wolle hauptsächlich unterscheidet in:

- **Reine Schurwolle:** wenn es sich um 100 % neue Wolle handelt, (hinzu kommt das internationale Markenzeichen).
- **Reine Wolle:** wenn es sich um reine Wolle handelt, die jedoch aus der Wiederverarbeitung bereits benutzter Wolle gewonnen wird.
- **% Schurwolle oder Wolle:** wenn es sich um neue oder wiederverarbeitete Wolle handelt, die zu unterschiedlichem Prozentsatz mit anderen natürlichen, künstlichen oder synthetischen Fasern verarbeitet wurde, um die Eigenschaft zu verändern.

Wolle ist in Knäueln oder Strängen erhältlich. Es gibt kaum eine allgemeine Regel für die Einteilung der Wolle bezüglich ihrer Stärke; jede Firma hat ihre eigenen Bezeichnungen, zum Teil auch Phantasienamen. Dabei werden folgende Handelsbezeichnungen von allen Herstellerfirmen benutzt:

- **Extra:** Dünne Wolle, die ausschließlich von Industriemaschinen verarbeitet wird;
- **Zephir:** Wolle aus zwei bis vier Fäden, ein

weiches, klassisches Garn, sehr ergiebig, das sich für leichte Kleidungsstücke eignet;
- **Babywolle:** Wolle aus drei bis vier Fäden, sehr weiches, widerstandsfähiges Garn, das nicht eingeht und sich für Babykleidung und andere feine Kleidungsstücke eignet;
- **Cablégarn:** Stark gedrehtes oder sogar geflochtenes Garn, sehr ergiebig, mehr oder weniger stark;
- **Sportwolle:** Wolle aus vier bis acht Fäden, doppelt so stark wie Zephir-Wolle. Diese Wolle wird, obwohl sie nicht immer sehr ergiebig ist, viel verwendet, da sie sehr dick ist und die Arbeit dadurch schnell vorangeht. Sie ist außerdem sehr haltbar und eignet sich für festere Kleidungsstücke;
- **Shetland:** Im allgemeinen Wolle aus zwei bis drei Fäden, wenig gedreht und sehr haarig, von Schafen, die in der gleichnamigen schottischen Region gezüchtet werden; sie eignet sich vor allem für Pullover und weniger dicke Bekleidung;
- **Bouclé:** Sehr weiche und leicht schwammige Wolle mit dünnem, sehr gekräuseltem Haar, die in der Verarbeitung ähnlich wie ein Lammfell wirkt;
- **Pyrenäen:** Sehr weiche, wenig gedrehte Wolle mit dickem Haar;
- **Melange:** Aus Fäden verschiedener Farben hergestelltes Garn;
- **Lurex:** Wollgarn mit einem dünnen goldenen oder silbernen Metallfaden;
- **Naturwolle:** Nichtgefärbtes Garn, das die Naturfarbe beibehalten hat. Es ist sehr dick und trocken.

Seide. Diese zweifellos schönste und wertvollste Textilfaser wurde viele Jahrhunderte lang ausschließlich in China hergestellt, weil strenge Gesetze die Ausfuhr der Eier der Seidenraupe verboten. 550 wurde sie von zwei Mönchen eingeführt, die aus Konstantinopel zurückkehrten. Schnell hatte sich die Zucht dieser Raupe in allen europäischen Regionen verbreitet. Die äußerst feine, reißfeste und sehr elastische Naturfaser wird uns von der Raupe des Seidenspinners geliefert. Der verbreitetste Seidenspinner ist der Maulbeerseidenspinner, dessen Raupen 6–7 Wochen nach dem Ausschlüpfen beginnen sich einzuspinnen. Dazu fließen aus den Spinnwerkzeugen an der Unterlippe dünne Fibroinfäden, umgeben von einer gummiartigen Substanz (wiederum produziert von eigens dafür bestimmten Drüsen), die an der Luft zum Seidenfaden erstarren.

Der von der Raupe ausgestoßene Faden besteht aus zwei schwach abgeplatteten Kernfäden (aus Fibroin), die von einer gemeinsamen Hülle

Internationales Markenzeichen für Reine Schurwolle: es steht für 100 Prozent neue Wolle.

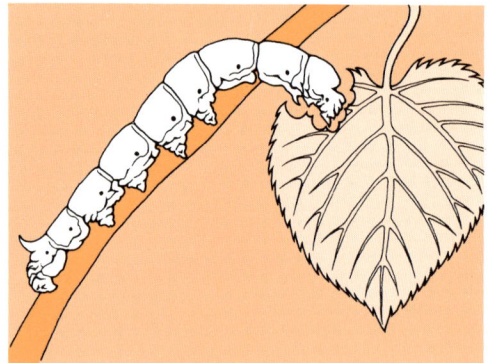

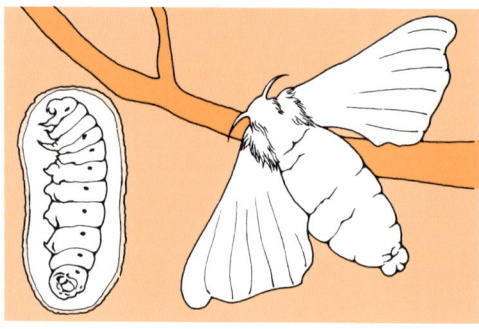

Kunstfasern und synthetische Fasern

Zu den Kunstfasern zählt man die Zellulosefasern und die künstlichen Proteinfasern.

Aus Zellulosefasern bestehen die verschiedenen Arten eines als Reyon bezeichneten Produktes (früher: Kunstseide). Sie werden je nach Herstellungsverfahren unterschieden (Viskosereyon, Cuprareyon, Acetatreyon). Viskosereyon und Cuprareyon sind ähnlich wie Seide, Acetatreyon wie Baumwolle. Diese Garne sind weich, elastisch, widerstandsfähig und leicht zu färben.

Proteinfasern werden aus tierischen oder natürlichen Substanzen, aus einigen Proteinen der Erdnuß oder aus Samen gewonnen. Die wichtigste dieser Fasern ist das Lanital, das aus dem Casein gewonnen wird, welches aus der Magermilch ausgefällt wurde. Die so hergestellte Faser ist weich, fast so wärmend wie Wolle, läuft nicht ein und wird von Motten nicht angegriffen; sie reißt jedoch leicht, ist sehr dehnbar und nicht knitterfest.

Die synthetischen Fasern werden in einem chemischen Prozeß hergestellt, bei dem zwei oder mehrere unterschiedliche Ausgangsstoffe vereint werden. Meist werden Erdölprodukte verwendet. Unmöglich lassen sich hier alle aufführen: es gibt unendlich viele dieser Fasern, und täglich werden neue für die verschiedenen Bedürfnisse und Verwendungszwecke geschaffen. Wir beschränken uns hier darauf, die Hauptgruppen je nach der chemischen Zusammensetzung aufzuführen:

● **Polyamidfasern,** wie Nylon, Perlon und viele andere mehr, entstehen aus der Polykondensation von Erdölderivaten;

● **Polyesterfasern** werden ebenfalls durch die Kondensation der Ausgangsprodukte auf der Grundlage eines Esters (Alkohol und eine Säure) hergestellt; sie werden vor allem gemischt mit Baumwolle und Wolle verwendet. Beispiele: Terital, Trevira.

● **Acrylfasern** sind Leacril, Orlon, Dralon und andere, ähnlich wie die Polyamidfasern.

● **Vinylfasern** sind die Polythene, Movil und andere Fasern auf der Grundlage von Äthylen. Sie ergeben ein weiches Garn, das auf der Haut angenehm zu tragen ist.

● **Polypropylenfasern** sind sehr reißfest, werden jedoch wenig für die Strickgarnproduktion verwendet.

(dem Seidenleim) umgeben sind. Diese Rohseide ist noch sehr steif und glänzt nur wenig. Einen Teil des Seidenleims entfernt man durch Einweichen in warmem Wasser. Diese *Soupleseide* ist schon weicher und glänzender. Durch wiederholte Bäder in warmem Wasser verliert die Seide die Steifheit und erhält den weichen Griff und den schönen Glanz. Bei dieser *Ciuteseide* ist dann der gesamte Seidenleim entfernt.

Die hauptsächlichen physikalischen Eigenschaften der Seide sind: beachtliche Reißfestigkeit, Feinheit, hohe Elastizität. Seide ist ein schlechter Wärme- und Elektrizitätsleiter und vermag 30 % ihres Eigengewichts als Quellungswasser aufnehmen, ohne daß sie sich feucht anfühlt. Wie Wolle verbrennt auch Seide schwer und hinterläßt einen unangenehmen Geruch.
Bei der Handelseinteilung werden Herkunft, Produktionsland, Rasse der Raupe, Gleichmäßigkeit des Fadens und physikalische Eigenschaften berücksichtigt.
Selten ist Seide in reiner Form anzutreffen, da die Herstellungskosten sehr hoch sind. Sie wird meistens gemischt mit anderen Fasern wie zum Beispiel mit Wolle.

Die nächste Seite zeigt das zum Häkeln notwendige Handwerkszeug. Auf Seite 11 sind die gleichen Gegenstände näher bezeichnet.

1

2

3

4

5

6

7

8

9

10

11

12

13

18

Vorarbeiten

Auf den folgenden Seiten wird deutlich, daß das Häkeln eine Reihe von Kenntnissen und genauen Fähigkeiten voraussetzt, die als Techniken bezeichnet werden können: den Umgang mit dem Werkzeug, die Ausführung der Maschen, die Fertigstellung usw.

Dennoch führen auch noch so gute »technische Kenntnisse« nicht unbedingt zu einem ausgezeichneten Ergebnis; bearbeitet man einen Rohstoff mit vielfältigen Möglichkeiten (das Garn) mit einfachen, fast rudimentären Werkzeugen (Häkeln, Stricken, Sticken usw.), so ist das Produkt stark von subjektiven Faktoren abhängig.

Sie müssen also vor allem für die Anfangs- und Endphase der Arbeit eine Reihe von Kunstgriffen erlernen, auf die man sich im Laufe der Zeit auf dem Gebiet dieser »Kunst« geeinigt hat. Vor allem die Vorarbeiten sind für einen korrekten Arbeitsansatz nützlich.

Diese betreffen die Wahl des Garnes, der Häkelnadel und des Musters entsprechend des Kleidungsstückes oder des Gegenstandes, der hergestellt werden soll; die Schnitte und die Maße; die Interpretation der Arbeitsanleitung und Anfertigung eines Schnittmusters.

Auswahl und Kauf des Garnes. Bevor Sie mit der Arbeit beginnen, müssen Sie selbstverständlich ein passendes Garn auswählen. Dabei spielen verschiedene Faktoren eine Rolle. Die Angaben in der Musterbeschreibung, die Sie zuerst zu Rate ziehen, sind nicht immer ausreichend genau.

Auch ist ein Anfänger oft nicht in der Lage, unter der Vielzahl der im Handel befindlichen Garne das für die Arbeit geeignete auszuwählen. Sehr gutes und daher auch sehr teures Material bietet noch keine Garantie dafür, das erhoffte Ergebnis zu erreichen.

Für einen eigenen Entwurf wird die Auswahl noch problematischer, und es ist noch mehr Erfahrung nötig. Eine Reihe von Faktoren wollen berücksichtigt werden: Muster, Maße, Art des Materials, Farbe, Ergiebigkeit usw. Gehen Sie nach einer Musterbeschreibung vor, ist die benötigte Menge (oder das Gewicht) angegeben; ansonsten berechnen Sie sie anhand der Größe der Arbeit und der Dichte des ausgewählten Musters.

Entsprechendes gilt es natürlich zu berücksichtigen, wenn man die Musterbeschreibung nach dem persönlichen Geschmack verändern oder ergänzen will.

Ein Anfänger, der eigene Schöpfungen wagen möchte, muß sich vor Augen halten, daß die Ergiebigkeit des Garnes sehr stark von dem jeweiligen Muster abhängig ist (im allgemeinen sind jedoch die dünnen Garne ergiebiger als die dicken) und daß sich nicht alle Muster für jede Garnsorte eignen.

Außerdem darf man nicht vergessen, daß nicht alle Erzeugnisse, die von verschiedenen Herstellerfirmen mit den gleichen Eigenschaften bezeichnet sind, auch wirklich gleichwertig sind. Manchmal treten beachtliche Unterschiede auf. Besonders wichtig ist es, beim Kauf des Garnes zu überprüfen, daß alle Knäuel – auch die der gleichen Herstellerfirma – die gleiche Nummer für das Farbbad tragen, denn mit jedem Farbbad ändert sich auch der Farbton.

Lassen Sie sich bei der Wahl des Garnes – abgesehen von den Einschränkungen durch die Arbeitsanleitungen – von ästhetischen Gesichtspunkten, aber vor allem von der Arbeitserfahrung leiten. Was die Menge betrifft, beachten Sie: Art des Garnes und Nummer der Häkelnadel; Art des Musters; Festigkeit der Maschen. Ein Abschätzen nach »Augenmaß« gibt nicht genügend Garantie für die Genauigkeit der Arbeit, und es ist immer ratsam, anhand einer extra angefertigten Maschenprobe die Maße zu überprüfen (die Zahl der Maschen und die Zahl der Reihen).

Vorbereitung des Garnes: vom Strang zum Knäuel. Das Garn muß auf Knäuel aufgewickelt sein, um damit häkeln zu können. In den meisten Fällen wird es bereits als Knäuel verkauft; Stränge muß man selbst zu Knäuels aufwickeln. Verschiedene Methoden führen dabei zum Ziel. Am einfachsten und schnellsten verwendet man die Garnwinde zum Abwickeln und den Garnspuler zum Aufwickeln. Dabei sollten Sie einige Hinweise beachten: zunächst legen Sie den Strang auf der Garnwinde durch Einstellen der Arme so auf, daß das Garn nicht zu viel Spiel hat, aber auch auf keinen Fall gespannt ist. Daraufhin können Sie den Faden zerschneiden, der den Strang zusammenhält. Dieses Garnende befestigen Sie an der Spule des Garnspulers (der mit Hilfe einer Zwinge am Tisch angebracht wird). Mit der Kurbel setzen Sie die Garnspule in Bewegung; das Garn wird auf die Spule aufgewickelt, wobei sich die Garnwinde dreht und der dort befindliche Strang abgewickelt wird. Ein regelmäßig geformter Knäuel entsteht: nicht zu fest und nicht zu locker; der Anfangsfaden kommt aus der Mitte des Knäuels.

Nicht jeder besitzt diese Geräte. Ohne Garnwinde können Sie sich von jemandem helfen lassen, der sich den Strang auf die ausgestreckten Hände legt und ihn gespannt hält. Sie können aber auch zwei Stühle mit den Lehnen

Links sind einige Garnarten abgebildet, die gern zum Häkeln verwendet werden:
1 Hanf
2 Lurex (Metallfaser)
3 Seide
4 melierte Mohairwolle
5 Kamelhaarwolle
6 Raphia
7 Shetlandwolle
8 Baumwolle Nr. 5
9 Baumwolle Nr. 8
10 Angorawolle
11 Strang Baumwolle
12 Nylonbändchen
13 Strang Sportwolle

gegeneinander stellen und den Strang über die beiden Lehnen legen; die Entfernung der Stühle wählt man so, daß das Garn gerade noch gespannt ist. Achten Sie darauf, daß der Strang nicht zu tief über die Lehnen rutscht, damit der Faden beim Abwickeln nicht ständig hängenbleibt. Ohne Garnwinde kann man auch den Garnspuler nicht verwenden und muß die Knäuel mit der Hand wickeln. Je nachdem ob der Anfangsfaden an der Außenseite oder im Innern des Knäuels liegen soll, wählen Sie dafür eine der beiden folgenden Methoden:

Soll der Faden außen liegen, so wickelt man ihn über drei Finger. Nach einigen Umwicklungen werden die Finger herausgezogen und man wickelt den Faden um den kleinen, so entstandenen Strang, wobei öfters die Richtung geändert wird.

Soll der Faden innen liegen, so hält man den Anfang in der Handfläche und wickelt den Faden in Form einer Acht um Daumen und Zeigefinger. Nach einigen Umwicklungen werden die Finger herausgenommen, der Anfang bleibt

Natürlich gilt im allgemeinen, daß man mit dünnen Häkelnadeln dünnes Garn und mit dikken Nadeln dickes Garn häkelt, ebenso wie dünne Häkelnadeln sich für enge und feste Muster mit kleinen und sehr feinen Verzierungen eignen. Jedoch lassen zu viele objektive und

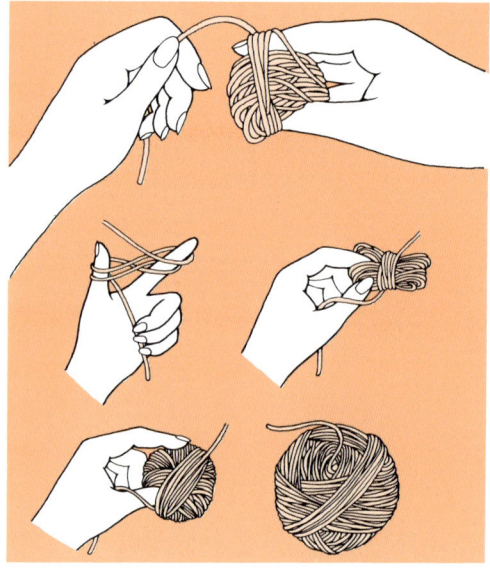

Die Hinweise auf diesen Seiten
sollen vor allem die Anfangsphase
des Häkelns erleichtern.
Erste Spalte: Garnwinde und
Garnspule. Das Aufwickeln eines
Stranges zu einem Knäuel geht am
schnellsten und am einfachsten mit
einer Garnwinde und einer
Garnspule, die mit einer Zwinge am
Tisch befestigt wird.
Zweite Spalte: Aufwickeln eines
Knäuels; die gängigste Methode mit
der Hand. Wichtig ist, den Faden
nicht zu fest zu wickeln.

weiterhin in der Handfläche und das Garn wird weitergewickelt.

In beiden Fällen ist es wichtig, sehr locker zu wickeln.

Auswahl der Häkelnadel. Für das gute Gelingen der Arbeit ist die Wahl des Werkzeuges, d. h. der Häkelnadel, sehr wichtig. Die Stärke der Nadel wählt man so, daß das Muster leicht auszuführen ist. Dadurch wird garantiert, daß das Ergebnis den Erwartungen oder den Anweisungen der Anleitung entspricht.

Genaue Hinweise sind hierbei schwer zu geben. Wie bereits gesagt gibt es Häkelnadeln in verschiedenen Größen, von den dünnsten bis zu den dicksten, und mit jeder von ihnen kann Garn verschiedener Art und verschiedener Dikke verarbeitet werden.

subjektive Faktoren zahlreiche Ausnahmen dieser Regel zu: für ein steifes, rauhes, fast schon seilartiges Garn wird man eine dickere Häkelnadel benötigen als für weichere und elastischere Wolle oder Baumwolle der entsprechenden Stärke.

Weitere Überlegungen gelten bei der Wahl des Werkzeuges, der Garnart und dem Muster, hauptsächlich auch der Größe der Arbeit. Daher spielt auch noch die Ergiebigkeit des Garnes und die Arbeitsweise des einzelnen eine Rolle, je nachdem wie fest jeder die Maschen arbeitet. Zu beachten ist also:

● beim Garn: arbeiten Sie mit der gleichen Festigkeit und der gleichen Häkelnadel das gleiche Muster, wird die Arbeit größer, je stärker das Garn ist;

● bei der Häkelnadel: arbeiten Sie mit der gleichen Festigkeit das gleiche Muster mit dem gleichen Garn, fällt die Arbeit größer aus, je größer der Durchmesser der Häkelnadel ist;

● beim Muster: verarbeiten Sie das gleiche

Garn mit der gleichen Häkelnadel und der gleichen Festigkeit, wird die Arbeit größer ausfallen, je lockerer das Grundmuster ausfällt;

● bei der Festigkeit: häkeln Sie das gleiche Muster mit dem gleichen Garn und der gleichen Häkelnadel, so wird die Arbeit größer, je weniger fest Sie häkeln.

Größe der Arbeit: das Problem der Größen und der Maße. Wie groß soll meine Häkelarbeit werden? Anfänger, die noch nicht so regelmäßig und gleichmäßig häkeln, können noch nicht mit einer gewissen Sicherheit vorausberechnen, wie ihre Arbeit ausfallen wird. Vor allen Dingen Kleidungsstücke sollen nachher auch von denen getragen werden können, für die sie bestimmt waren.

Die Größe der Maschenprobe ist von vier Faktoren abhängig. Rechts von oben nach unten: Fadenstärke; Stärke der Häkelnadel; Größe des Musters. Ganz rechts: Die individuelle Häkelart (fest oder locker).

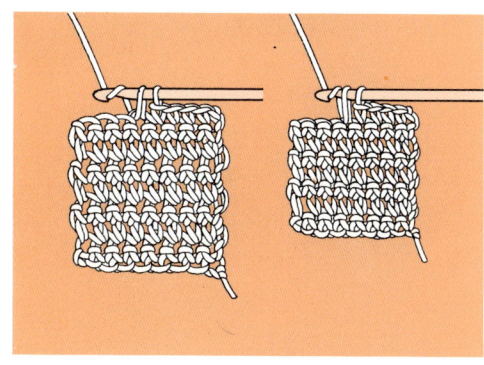

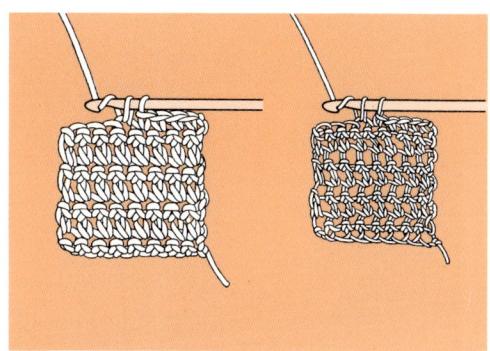

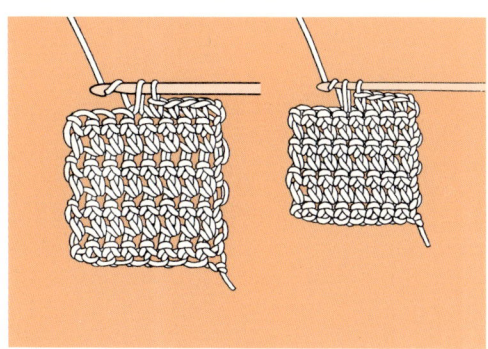

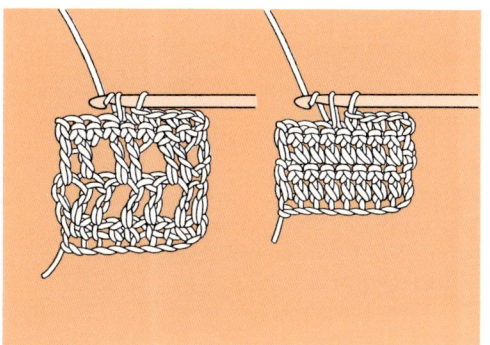

Es gibt konventionelle Größen, denen im allgemeinen der Brustumfang zugrunde liegt. Auf den Tabellen der folgenden Seite sind für die Damen- und Kindergrößen die Durchschnittsmaße (in cm) für die Anfertigung der klassischen Pullover mit eingesetzten Ärmeln angegeben. Allerdings handelt es sich bei den Größen um konventionelle Angaben, die sich auf die Durchschnittsmaße beziehen. Sie eignen sich nicht für alle Fälle, und es ist daher stets ratsam, die Maße am Körper der Person, für die das Kleidungsstück bestimmt ist, zu überprüfen.
Dieser Arbeitsgang ist sehr wichtig, ja sogar entscheidend für ein gutes Gelingen der Arbeit. Man muß genau wissen, welche Maße für die Anfertigung der verschiedenen Kleidungsstücke notwendig sind, und wie man sie auf korrekte Weise erhält.

Größentabelle und Maße für Kinder und Damen.

Kinder	Alter (in Jahren)	2/3	4/5	6/7	8/9	10/11	12/13
	Brustumfang	50	56	61	66	71	76
	Breite des Vorder- und Rückenteils	28	30	33	35	38	41
	Gesamtlänge	29	33	37	41	45	49
	Armlänge (ab Schulter)	26	30	34	38	42	46
	Halsausschnitt (Rückenteil)	7	8	9	10	11	12
	Länge der Armkugel	12	13	14	15	16	17
Damen	deutsche Größe	36	38	40	42	44	46
	italienische Größe	40	42	44	46	48	50
	französische und belgische Größe	38	40	42	44	46	48
	Größe in den USA	30	32	34	36	38	40
	Brustumfang	83	87	92	97	102	107
	Breite des Vorder- und Rückenteils	43	45	48	51	53	56
	Gesamtlänge	57	60	63	66	69	72
	Armlänge (ab Schulter)	53	56	59	62	65	68
	Halsausschnitt (Rückenteil)	13	14	15	16	17	18
	Länge der Armkugel	19	20	21	22	23	24

Das korrekte Maßnehmen:
Unten: Für eine Jacke, einen Pullover oder ein Kleid;
rechts: Für einen Rock.

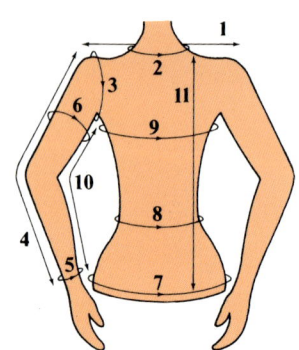

Für eine *Strickjacke,* einen *Pullover* oder ein *Kleid* brauchen Sie folgende Maße:
1. *Schulterbreite*
2. *Halsweite*
3. *Armloch (sollte großzügig bemessen werden)*
4. *Armlänge (bei gebeugtem Arm gemessen)*
5. *Handgelenk*
6. *größter Armumfang (wird in 4–5 cm Entfernung von der Achselhöhle gemessen)*
7. *Hüften (werden an der breitesten Stelle des Beckens gemessen)*
8. *Taille (nur nötig, wenn das Kleidungsstück in der Taille anliegen soll)*
9. *Brustumfang (an der Stelle des größten Brustumfangs gemessen)*
10. *Achsellänge (von der Achselhöhle aus gemessen)*
11. *Gesamtlänge (von der Schulter bis zur gewünschten Länge).*

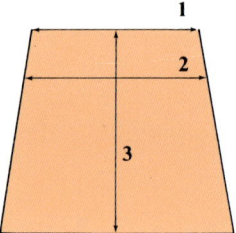

Wenn Sie einen *Rock* häkeln wollen:
1. *Taille*
2. *Hüftumfang*
3. *Länge.*

Das Maßnehmen:
Rechts: Für Hosen (im allgemeinen
für Kinder);
unten: Für Strümpfe.

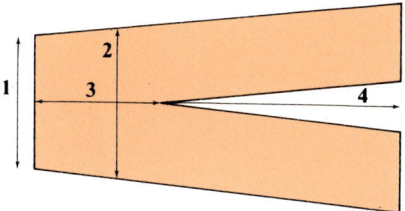

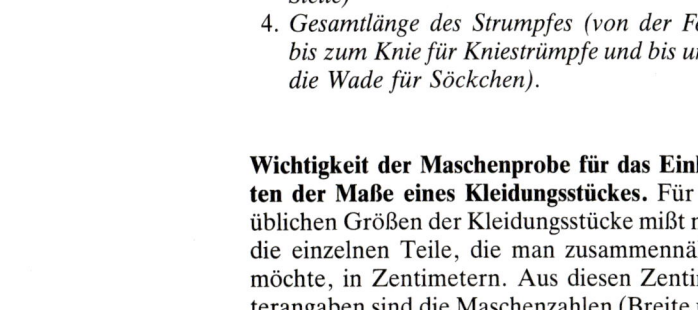

Für *Hosen* (sie werden im allgemeinen nur für Kinder gehäkelt):

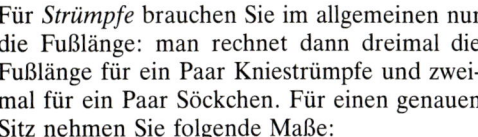

1. *Taille*
2. *Hüftumfang*
3. *Schritt (wird im Sitzen von der Taille bis zum Schritt gemessen)*
4. *Beinlänge.*

Für *Strümpfe* brauchen Sie im allgemeinen nur die Fußlänge: man rechnet dann dreimal die Fußlänge für ein Paar Kniestrümpfe und zweimal für ein Paar Söckchen. Für einen genauen Sitz nehmen Sie folgende Maße:
1. *Wadenumfang*
2. *Knöchelumfang*
3. *Fußumfang (gemessen an der breitesten Stelle)*
4. *Gesamtlänge des Strumpfes (von der Ferse bis zum Knie für Kniestrümpfe und bis unter die Wade für Söckchen).*

Wichtigkeit der Maschenprobe für das Einhalten der Maße eines Kleidungsstückes. Für die üblichen Größen der Kleidungsstücke mißt man die einzelnen Teile, die man zusammennähen möchte, in Zentimetern. Aus diesen Zentimeterangaben sind die Maschenzahlen (Breite und Umfang) und Reihenzahlen (Länge) zu errechnen.
Beispiel: ein Teil soll 10 cm breit und 40 cm lang werden. Wieviele Maschen müssen Sie für diese 10 cm aufnehmen, wieviele Reihen müssen Sie für diese 40 cm häkeln? Zahlreiche Faktoren (Art des Garns, des Musters, Stärke der Häkelnadel, Festigkeit der Maschen) lassen das Verhältnis zwischen Zentimetern und Maschenzahl variieren, so daß sich die Zahl der Maschen und der Reihen ohne Maschenprobe nicht genau bestimmen läßt.
In allen Arbeitsanleitungen für Kleidungsstücke ist daher eine Angabe enthalten, die über das Verhältnis zwischen Zentimetern, Maschen und Reihen Aufschluß gibt.
Sie lesen zum Beispiel folgende Angabe: 14 M (Maschen) und 14 R (Reihen) ergeben 10 cm

(aber auch: 14 M x 14 R = 10 x 10 cm). Das bedeutet: Häkeln Sie mit dem angegebenen Garn und der angegebenen Häkelnadelstärke das angegebene Muster, wird das Kleidungsstück den angegebenen Maßen entsprechen, wenn die Maschenprobe von 14 Maschen mal 14 Reihen ein Quadrat von 10 cm x 10 cm ergibt. Oder auch: wenn man innerhalb eines Quadrates von 10 cm x 10 cm 14 Maschen mal 14 Reihen abzählen kann.
Haben Sie diese Angaben überprüft, können Sie getrost die notwendigen Veränderungen bei den Angaben über die Zahl der Maschen und der Reihen für Ihre persönlichen Wunschmaße anbringen (ändern Sie also die Zahl der Maschen und Reihen, häkeln Sie nicht lockerer oder fester).
Größte Genauigkeit beim Nachmessen der Maschenprobe garantiert bestes Gelingen auch bei einem Stück nach Wunschmaßen.

Messen der Maschenprobe. Im allgemeinen empfiehlt es sich, die Maschenprobe größer als notwendig anzufertigen, um hierauf die Maschen und die Reihen der gewünschten Größe abzuzählen.
Für die Breite werden zwei Stecknadeln in der gewünschten Entfernung voneinander senkrecht zu den Häkelreihen eingestochen und die Maschen dazwischen gezählt.
Für die Höhe werden zwei Nadeln parallel zu den Reihen in der entsprechenden Entfernung eingesteckt und die Reihen dazwischen gezählt.

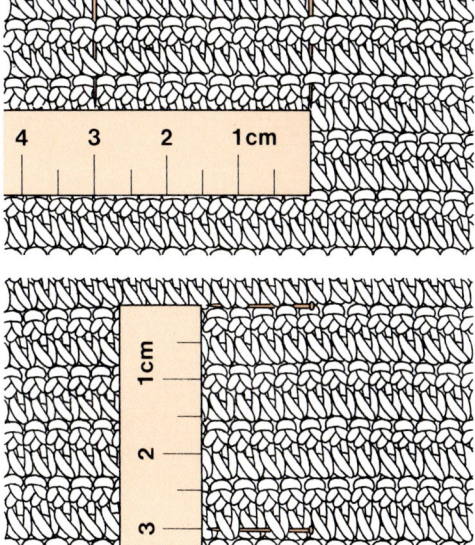

Rechte Spalte: Das Messen einer Maschenprobe (im allgemeinen größer als notwendig).
Oben: Das Abzählen von Maschen; unten: Das Abzählen von Reihen.

Vergleich der Maße der Maschenprobe mit den Maßen der Anleitung und die Abänderung der Arbeitsanleitung. Die Maße der Maschenprobe entsprechen meistens nicht genau den in der Anleitung angegebenen Maßen. Das Kleidungsstück fällt aber auch dann in der gewünschten Größe aus, wenn man die Zahl der angegebenen Maschen und der Reihen der einzelnen Teile der Anleitung wie folgt verändert:

Für die Breite:

$$\frac{\text{Maschenzahl des Stückes x Maschenzahl des angefertigten Strickmusters}}{\text{Maschenzahl des Anleitungsstrickmusters}}$$

Für die Höhe:

$$\frac{\text{Reihenzahl des Stückes x Reihenzahl des angefertigten Strickmusters}}{\text{Reihenzahl des Anleitungsstrickmusters}}$$

Nach dieser Rechnung erfährt man für jedes Teil aus der Arbeitsanleitung die Maschen- und Reihenzahl (entsprechend der Ergiebigkeit der Arbeit, die sich aus der Maschenprobe ergibt), die für Ihr gewünschtes Maß gearbeitet werden muß.

Verwendung der Maschenprobe zur Veränderung der Größe der Arbeitsanleitung oder zur Herstellung eines selbst erdachten Kleidungsstückes. Wenn keine der in der Arbeitsanleitung angegebenen Größen den Maßen entspricht, in denen Sie ein Kleidungsstück anfertigen möchten, legt man mit Hilfe der Maschenprobe die Zahl der Maschen und der Reihen fest, die den Maßen der Größe entsprechen.
Zuerst suchen Sie sich aus der Anleitung die Zentimeterangaben für jedes Teil heraus und ersetzen sie durch Ihre eigene Angaben. Im allgemeinen sind die Maße der Größen in der Anleitung angegeben; auf jeden Fall sollte man in der Tabelle auf S. 22 nachschlagen.
Als nächstes schreiben Sie sich aus der Anleitung Maschen- und Reihenzahlen heraus, die den einzelnen Maßangaben entsprechen. Zum Schluß fügen Sie die eigenen Maschen- und Reihenzahlen für die einzelnen Teile ein. Fertigen Sie nun eine Maschenprobe an und überprüfen Sie Maschenzahl x Reihenzahl = cm x cm.
Für jedes einzelne Teil des Kleidungsstückes wird dann in folgende Gleichung eingesetzt:

$$\frac{\text{cm der neuen Größe in der Höhe x Reihenzahl der angefertigten Maschenprobe}}{\text{cm der angefertigten Maschenprobe}}$$

oder:

$$\frac{\text{cm der neuen Größe in der Breite x Maschenzahl der angefertigten Maschenprobe}}{\text{cm der angefertigten Maschenprobe.}}$$

Nach diesem System läßt sich auch für ein beliebiges Maß in Zentimetern die Zahl der Maschen und der Reihen berechnen, es ist also auch für die Anfertigung eines selbst entworfenen Kleidungsstückes nützlich.

Anfertigung einer Maschenprobe für Kleidungsstücke oder Gegenstände mit sich wiederholenden Ziermustern. Für Kleidungsstücke oder Gegenstände aus einer Reihe sich wiederholender Ziermuster dient das erste Muster als Maschenprobe.
In diesen Fällen geben die Arbeitsanleitungen die Größe der einzelnen Muster an und die Gesamtgröße einer Serie, die aus einer bestimmten Zahl von Mustern besteht, oder auch die Gesamtgröße der Arbeit (bei Spitzen, Deckchen usw.). Wenn die Maße des Maschenprobenmusters nicht den Angaben entsprechen, wird auch die Endgröße der angefertigten Arbeit unterschiedlich ausfallen. Je öfter das Grundmuster wiederholt wird, desto größer ist die Abweichung. Wünschen Sie die Maße der Anleitung, können Sie zwei Wege wählen: entweder Sie verringern oder erhöhen die Zahl der Ziermuster, die die Gesamtheit der Arbeit ergibt, oder Sie versuchen sich der Arbeitsanleitung zu nähern, indem Sie z. B. die Stärke der Häkelnadel oder die Festigkeit der Maschen ändern.

Beginn und Abschluß der Arbeit

In diesem Kapitel geht es um die Grundtechniken für den Beginn und den Abschluß eines gehäkelten Stückes. Die beschriebenen Methoden lassen sich auf jede Häkelarbeit mit normaler Häkelnadel anwenden.

Haltung und Arbeitsweise. Über genügend Kenntnisse, um Werkzeug und Material auszuwählen und die Vorbereitungen für die Arbeit zu treffen, verfügen Sie bereits, also können wir nun zur praktischen Arbeit übergehen. Die Arbeitstechnik ist nicht schwer, und nur wenige Grundmaschen sind zu lernen. Mit diesen Grundelementen ist schon das meiste getan; mit der Zeit kommt durch Übung und Erfahrung immer größere Geschicklichkeit hinzu, und ohne große Schwierigkeiten können Sie auch sehr wertvolle Kleidungsstücke und Gegenstände anfertigen.

Es fehlen aber noch einige sehr wichtige Hinweise in bezug auf die Haltung der Hände, des Garnes und der Häkelnadel. Und sicher sind auch einige allgemeine Ratschläge zur Arbeitsweise nützlich: Ratschläge, die aus der Erfahrung kommen und dazu beitragen, daß Ihr neuer Zeitvertreib, das Häkeln, noch erholsamer wird und Ihnen noch mehr Freude bereitet.

Haltung der Hände, der Häkelnadel und des Garnes. Das Häkeln erlernt sich leichter, wenn man von Anfang an auf die korrekte Haltung achtet und die Grundbewegungen locker und im richtigen Rhythmus ausführt. Haben Sie sich einmal eine Haltung falsch angewöhnt, ist es schwierig, diese später zu verbessern. Außerdem werden Sie die Arbeitsfähigkeit nie über eine bestimmte Grenze steigern können.

Zuerst üben Sie also, den Faden und die Häkelnadel zu halten. Im allgemeinen läuft der Arbeitsfaden über den kleinen Finger der linken Hand (einige wickeln ihn einmal um diesen

Wenn Sie sich vor Arbeitsbeginn mit den Grundbewegungen des Häkelns vertraut machen, fällt Ihnen später die Ausführung der einzelnen Maschen umso leichter. Rechts: Haltung des Garns; rechte Spalte: Haltung der Häkelnadel: oben: Beim Arbeiten mit feinem oder mittlerem Garn; unten: Beim Arbeiten mit dickem, grobem oder wenig elastischem Material.

Finger), unter dem Ring- und Mittelfinger hindurch und über den Zeigefinger; mit dem Daumen wird er festgehalten. Ring- und Mittelfinger

halten den Faden locker, damit er beim Durchlaufen nicht aus der Hand rutscht; muß der Faden straff gezogen werden, greifen diese beiden Finger fester zu. Seltener wird der Arbeitsfaden in der geschlossenen Hand gehalten und läuft über den Zeigefinger, nicht über den kleinen Finger. Verbreiteter ist die erste Methode; arbeiten Sie jedoch so, wie es Ihnen am meisten liegt.

Die rechte Hand hält die Häkelnadel; zwei Arten haben sich dazu bewährt: Die erste ähnelt der Art, einen Schreibstift zu halten; Daumen und Zeigefinger umfassen die Häkelnadel in der Nähe der Spitze und lassen sie auf dem Mittelfinger aufliegen. Die zweite ähnelt der Art, ein Messer oder einen Schraubenzieher zu halten: Daumen und Zeigefinger halten die Häkelnadel in der Nähe der Spitze, aber der Stiel liegt in der Handfläche und wird von den restlichen drei Fingern umfaßt.

Im ersten Fall führen die Fingerspitzen die Häkelnadel; diese Haltung ist am gebräuchlichsten und wird bei allen Mustern und dem Großteil des Materials verwendet.

Im zweiten Fall führt die ganze Hand die Häkelnadel. Da sie hier als langer Hebel (nicht als

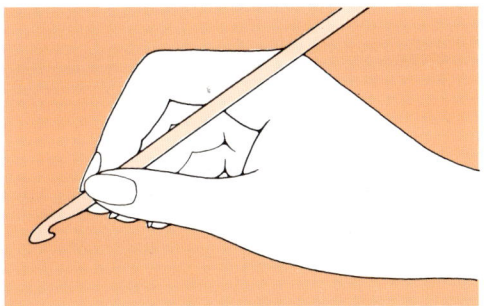

kurzer wie zuvor beschrieben) verwendet wird, kann man mehr Kraft ausüben. Besonders bei schwerem, rauhem und wenig elastischem Material zieht man diese Methode vor.

Wie bereits gesagt, wird die Häkelnadel wie ein Hebel verwendet. Für leichtes und schnelles

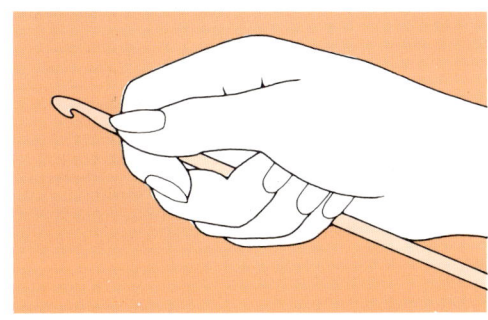

Arbeiten beachten Sie folgende Hinweise: Führen Sie die Bewegungen korrekt, locker und vor allem in einem gleichmäßigen Rhythmus aus. Halten Sie Ihre Hände fast unbeweglich (nur die Finger der linken Hand führen eine leichte Bewegung aus, um den Faden laufen zu lassen); die Kreis- und Hebelbewegung wird hauptsächlich durch das Handgelenk auf das Werkzeug übertragen.

Optimale Arbeitsbedingungen. Häkeln können Sie überall und unter den verschiedensten Bedingungen. Gegenüber anderen Handarbeiten (z. B. Stricken) bietet das Häkeln den Vorteil, daß man nicht die gesamte Arbeit auf den Nadeln mit sich tragen muß. Suchen Sie sich einen bequemen, ruhigen Ort mit günstigen Lichtverhältnissen und der Möglichkeit, die Arme aufzustützen (vor allem für schwierige Muster mit sehr dünnem Garn). Dies erleichtert die Arbeit und läßt sie eher zur Zufriedenheit ausfallen.

Die erste Luftmasche. Die erste Masche der Häkelarbeit, ein schlingenförmiger Knoten, entsteht folgendermaßen: den Fadenanfang mit der linken Hand zu einer Schlinge legen (Fadenanfang in der Handfläche); Faden über den Zeigefinger verlaufen lassen und mit dem Dau-

Rechts: Die erste Luftmasche der Häkelarbeit. Sie besteht aus einem Knoten und einer Schlinge. Ganz rechts: Ein Luftmaschenanschlag (Kette). Der Luftmaschenanschlag ist der einfachste Beginn einer Häkelarbeit; er muß sehr sorgfältig ausgeführt werden.

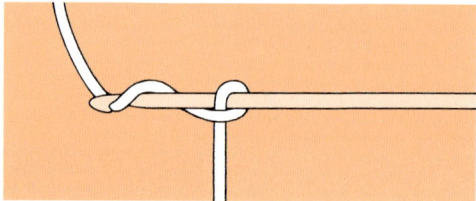

men halten, wobei er mit den anderen Fingern leicht nach unten gezogen wird. Die Häkelnadel unter den Faden, der über den Zeigefinger verläuft, führen; Faden in der Schlinge mit der Häkelnadel aufgreifen und beide Fadenenden anziehen. Nun Arbeitsfaden von hinten nach vorn über die Häkelnadel schlingen (dieser Arbeitsgang wird immer mit »Faden umschlagen« bezeichnet werden) und ihn durch die auf der Nadel befindliche Schlinge holen (dieser Arbeitsgang wird immer mit »Faden durchziehen« bezeichnet werden). So entsteht auf der Häkelnadel eine feste Schlinge, die den Anfang des Luftmaschenanschlags bildet.

Luftmaschenanschlag (Kette). Dieser einfachste Beginn jeder Häkelarbeit läßt sich sehr leicht arbeiten; achten Sie jedoch darauf, ihn mit

größter Regelmäßigkeit zu häkeln; die Luftmaschen dürfen nicht zu fest und nicht zu locker ausfallen, denn eine unregelmäßige oder falsche Kette am Anfang kann das Gelingen der gesamten Arbeit in Frage stellen.

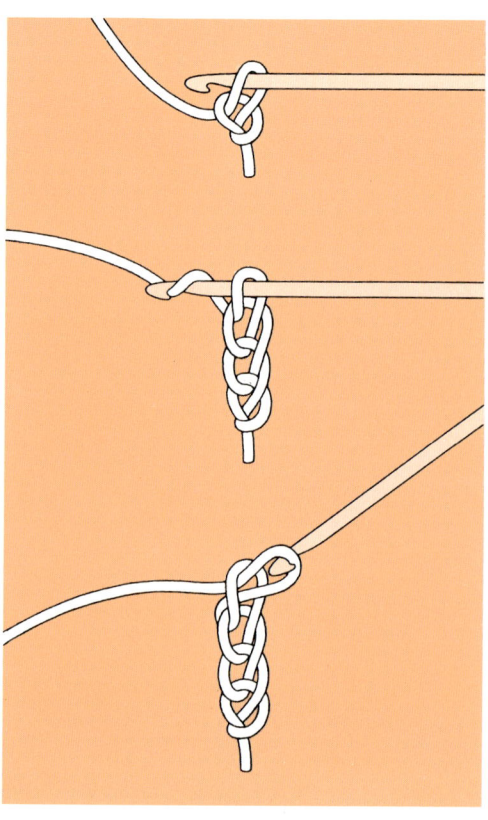

Luftmaschen häkelt man von unten nach oben: Haben Sie die erste, oben beschriebene Luftmasche auf der Nadel, wiederum den Arbeitsfaden von hinten nach vorn über die Häkelnadel schlingen (Faden umschlagen) und ihn durch die erste Luftmasche zu einer neuen Masche holen (Faden durchziehen); so weiter fortfahren und die neue Masche immer durch die vorhergehende ziehen.

Doppelte Luftmasche. Mit der doppelten Luftmasche wird der Anfang der Arbeit fester als mit der einfachen Luftmasche. Sie wird für Arbeiten verwendet, bei denen wie bei Strümpfen, Handschuhen oder Mützen der Rand stark belastet ist.
Mit der Anfangsschlinge beginnen und dann zwei einfache Luftmaschen häkeln; mit der Häkelnadel in die erste Masche einstechen, Faden umschlagen und durch eine auf der Nadel befindliche Schlinge ziehen, Faden erneut um-

*Rechts: Doppelte Luftmaschen.
Sie sind fester als die einfachen
und werden daher für Kanten
verwendet, die ständiger Spannung
ausgesetzt sind (Mützen,
Handschuhe usw.).*

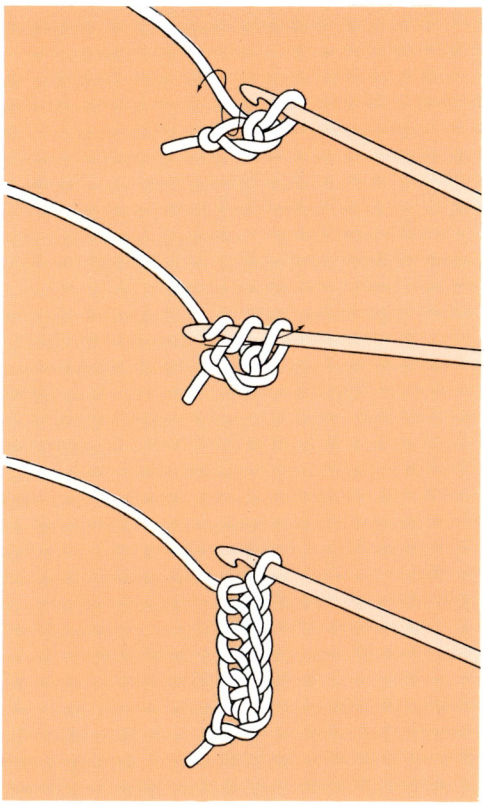

Einstechen in die Luftmasche. Jede Luftmasche des Luftmaschenanschlags besteht aus einem vorderen und einem hinteren Faden. Beim Häkeln der ersten Reihe sticht man mit der Häkelnadel zwischen beide Fäden ein. Im allgemeinen sticht man für die folgenden Reihen stets unter beiden obenauf waagrecht liegenden Fäden durch, wie die Zeichnung zeigt.

Verwahren des Fadens nach Abschluß der Arbeit. Eine Häkelarbeit ist dann vollständig abgeschlossen, wenn der Faden vom Knäuel abgeris-

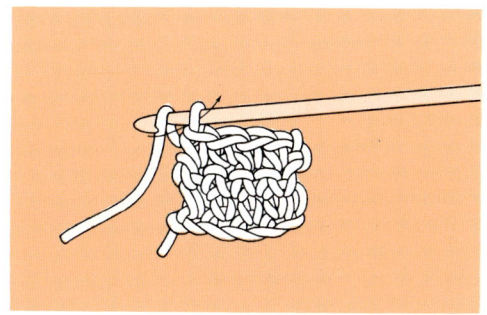

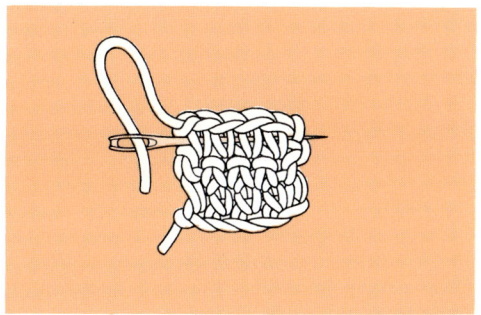

schlagen und durch beide auf der Häkelnadel befindliche Schlingen ziehen; damit ist die Masche abgeschlossen. Auf diese Weise fortfahren, wobei mit der Nadel in die linke, zuvor geschlossene Masche eingestochen wird, bis die Doppelkette die gewünschte Länge erreicht hat.

sen und fest verwahrt ist; dann können Sie sicher sein, daß die Maschen nicht wieder aufgehen. Dabei verfahren Sie folgendermaßen: den Faden abschneiden und ihn wie für eine Luftmasche durch die letzte Masche ziehen, die auf der Häkelnadel verblieben ist, das Fadenende mit hindurchziehen und etwas anziehen, den Faden in eine Nadel einfädeln und auf der Rückseite der Arbeit verwahren.

*Rechts, oben: Das Einstechen in die
Luftmasche in der ersten Reihe;
unten: Das Einstechen in die
folgenden Reihen. Ganz rechts:
Die beiden Abbildungen zeigen den
Abschluß der Arbeit und das
Verwahren des Fadens.*

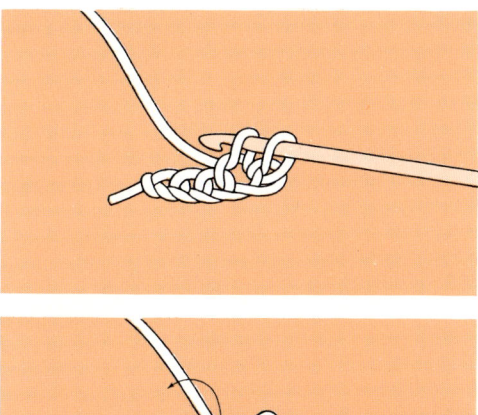

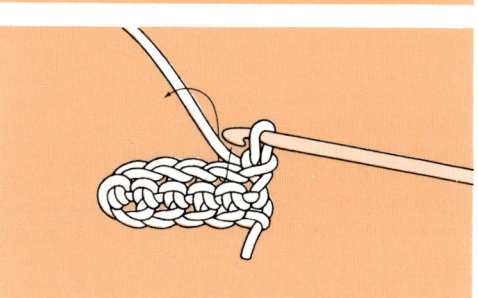

Die Grundhäkelarten

Die in diesem Kapitel beschriebenen Grundhäkelarten sind das ABC des Häkelns; zu den grundlegenden Funktionen einer jeden Maschenart kommen die verschiedensten Anwendungsmöglichkeiten hinzu. Mit anderen Maschenarten kombiniert lassen sich daraus die kompliziertesten Muster und geschlossene Formen entwickeln. Außerdem sind in diesem Kapitel die drei möglichen Häkelmethoden dargestellt. Die Entscheidung für die eine oder die andere (die von der Art des Gegenstandes, den Sie anfertigen möchten, oder von der beabsichtigten Wirkung abhängt) hat keinen Einfluß auf die Ausführungstechnik der Grundmaschen. Auch die Grundmaschen lassen sich für besondere Effekte variieren. Wir zeigen Ihnen hier die gebräuchlichsten.

Kettmasche. Die einfachste Häkelmasche, die Kettmasche, dient im allgemeinen dazu, eine Reihe abzuschließen oder Arbeiten zu umhäkeln (Feinarbeiten). In die vorletzte Luftmasche eines Luftmaschenanschlags einstechen, Faden umschlagen und durch beide auf der Häkelnadel befindlichen Schlingen ziehen. Die Kettmasche ist fertig. In die nächste (drittletzte) Luftmasche einstechen usw. Bis zum Ende der Kette weiterarbeiten.

Feste Masche. Diese am meisten verwendete Masche eignet sich für jedes Garn: Baumwolle, Wolle, Leinen usw. Mit den festen Maschen lassen sich eine Menge Arbeiten anfertigen. Sie sind leicht zu häkeln, müssen jedoch auch sehr regelmäßig ausgeführt werden. Sie treten oft in Kombination mit anderen Häkelmaschen auf. Mit der Häkelnadel in die vorletzte Luftmasche eines Luftmaschenanschlags einstechen, Faden umschlagen und durch eine Schlinge der Nadel ziehen; erneut Faden umschlagen und durch beide auf der Nadel befindliche Schlingen ziehen. Damit ist die feste Masche beendet. Mit der Häkelnadel in die drittletzte Luftmasche des Luftmaschenanschlags einstechen usw. Bis zum Ende der Kette weiterarbeiten.

Halbe Stäbchen. Mit dieser leicht auszuführenden Masche läßt sich jede mögliche Arbeit anfertigen. Auch sie wird für kompliziertere Muster mit anderen Maschen kombiniert.
Faden umschlagen, in die drittletzte Luftmasche eines Luftmaschenanschlags einstechen, den Faden durch eine Schlinge ziehen; Faden erneut umschlagen und durch alle drei auf der Nadel befindlichen Schlingen ziehen. Für die nächste Masche nach Fadenumschlag in die viertletzte Luftmasche einstechen usw. Bis zum Ende der Kette weiterarbeiten.

Stäbchen. Diese sehr wichtige Grundhäkelart wird für jede Art von Arbeit verwendet und kommt oft in komplizierten Mustern vor. Auch der Netz- oder Filetarbeit (s. S. 32) liegen Stäbchen zugrunde.
Faden umschlagen, mit der Häkelnadel in die viertletzte Luftmasche eines Luftmaschenanschlags einstechen, Faden erneut umschlagen

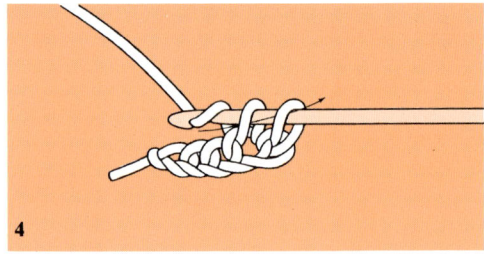

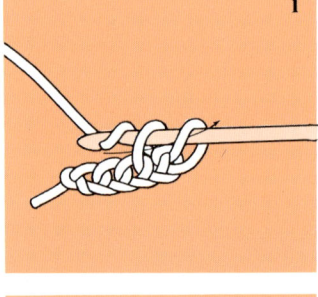

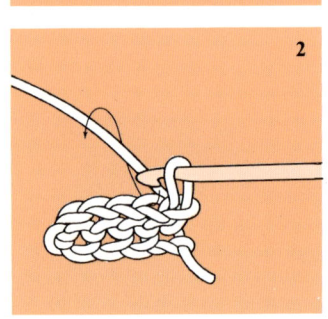

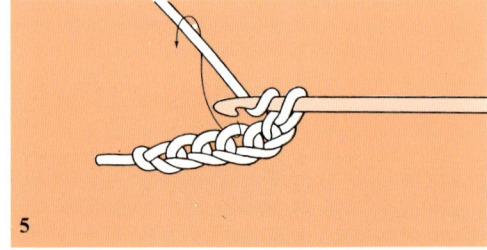

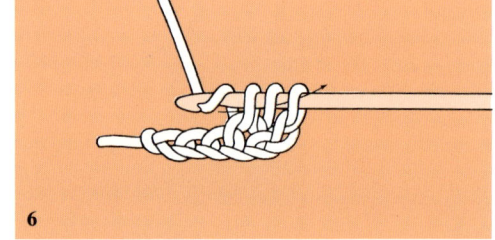

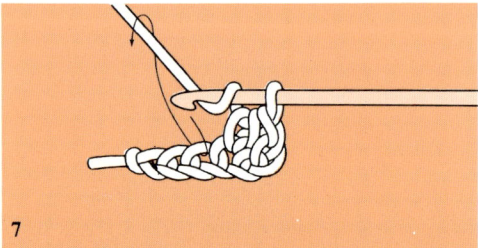

Die Grundhäkelarten sind sehr einfach. Man kann daraus ganze Kleidungsstücke herstellen oder sie als Grundelemente in komplizierten Mustern verwenden.
1 und 2 Kettmasche
3 und 4 Feste Masche
5, 6 und 7 Halbe Stäbchen

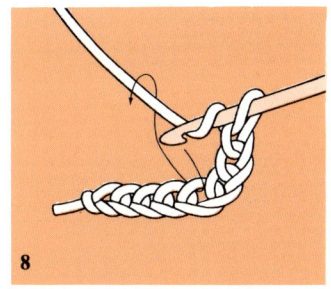

8

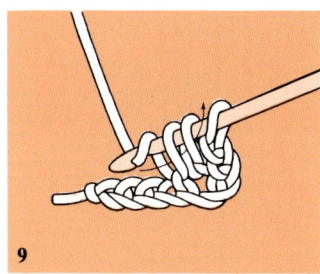

9

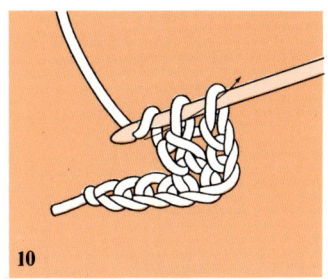

10

Weitere Grundhäkelarten:
8, 9 und 10 Stäbchen
11, 12 und 13 Doppelte Stäbchen
14, 15 und 16 Dreifache Stäbchen

und durch eine Schlinge ziehen; Faden umschlagen und durch zwei auf der Nadel befindliche Schlingen ziehen (halb abgemaschtes Stäbchen); Faden umschlagen und durch die letzten beiden Schlingen auf der Nadel ziehen. Damit ist das einfache Stäbchen fertiggestellt. Für die nächste Masche nach Fadenumschlag in die fünftletzte Masche des Luftmaschenanschlags einstechen usw. Bis zum Ende der Kette weiterarbeiten.

Doppeltes Stäbchen. Zweimal Faden um die Häkelnadel schlingen, in die fünftletzte Luftmasche eines Luftmaschenanschlags einstechen und nach erneutem Umschlag Faden durch eine auf der Nadel befindliche Schlinge ziehen; Faden erneut umschlagen und durch zwei Schlingen ziehen; Faden umschlagen und noch einmal durch zwei auf der Häkelnadel befindliche Schlingen ziehen; ein letztes Mal Faden umschlagen und durch die beiden letzten Schlingen ziehen. Das doppelte Stäbchen ist fertig. Bis zum Ende der Kette weiterarbeiten, wobei mit der Häkelnadel immer in die links neben der abgeschlossenen Masche liegende Masche eingestochen wird.

Dreifaches Stäbchen. Dreimal den Faden um die Häkelnadel schlingen, in die sechstletzte

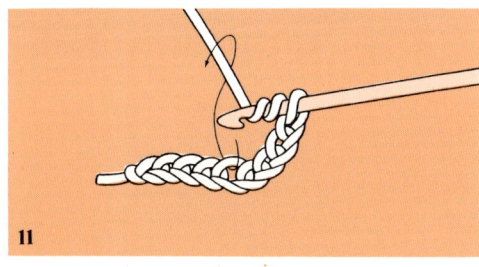

11

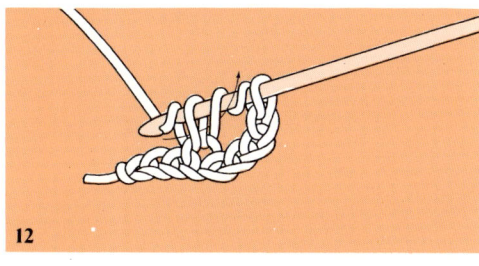

12

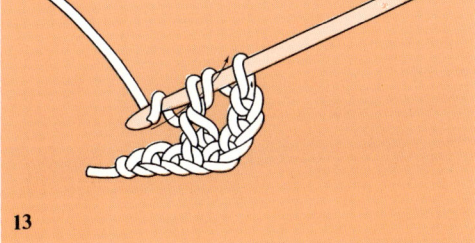

13

Luftmasche eines Luftmaschenanschlags einstechen und nach Fadenumschlag den Faden durch eine auf der Nadel befindliche Schlinge ziehen; Faden umschlagen und durch zwei Schlingen ziehen; erneut Faden umschlagen und durch zwei weitere Schlingen der Nadel ziehen; noch einmal Faden umschlagen und durch zwei Schlingen ziehen; Faden ein letztes Mal umschlagen und durch die letzten beiden noch verbliebenen Schlingen ziehen, wodurch das dreifache Stäbchen abgeschlossen ist. Für das nächste dreifache Stäbchen nach dreifachem Umschlag in die Luftmasche davor einstechen und so bis zum Ende der Kette weiterarbeiten.

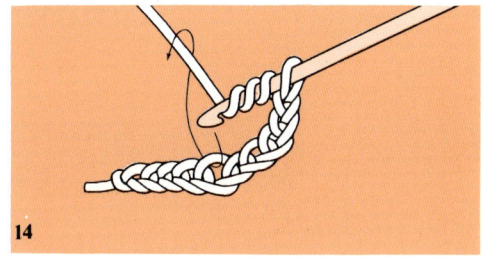

14

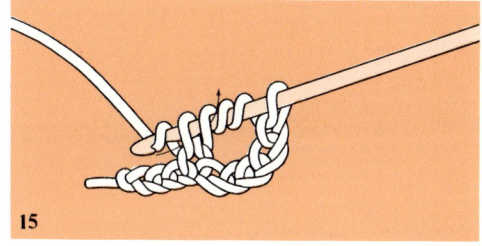

15

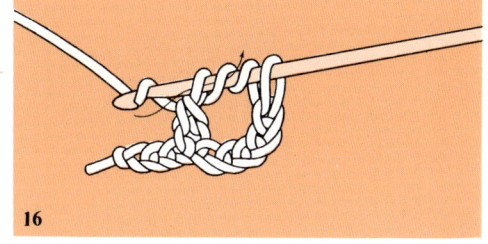

16

Hinreihe, Rückreihe und Luftmaschen zum Wenden. Die Hinreihe wie auch die Rückreihe werden immer von rechts nach links gehäkelt; am Ende einer jeden Reihe wird die Arbeit gewendet. Wenn die Anweisungen nicht anders lauten, bildet die Hinreihe immer die rechte Seite der Arbeit und die Rückreihe die linke Seite. Bevor man die Arbeit wendet, muß man folgende Anweisungen zu den verschiedenen Maschenarten beachten:
für die Kettmasche und die feste Masche häkelt man am Ende einer Reihe eine Luftmasche; für das halbe Stäbchen zwei, für das Stäbchen drei,

Masche	Zahl der Luftmaschen beim Wenden	Masche, in die eingestochen wird in der 2. Reihe	den folgenden Reihen
Kettmasche	1	2.	1.
feste Masche	1	2.	1.
halbes Stäbchen	2	3.	1.
Stäbchen	3	4.	2.
doppeltes Stäbchen	4	5.	2.
dreifaches Stäbchen	5	6.	2.

Die Tabelle oben zeigt für jede Grundmasche die Zahl der Luftmaschen beim Wenden der Arbeit und die Masche, in die zu Beginn einer jeden Reihe eingestochen werden muß.
In den Spalten unten und rechts werden einige besondere Arbeitstechniken gezeigt:
1 Luftmaschen zu einem Ring zusammenschließen für das Häkeln in Runden.
2, 3 und 4 Einige Formen, die man in Runden häkeln kann.
5 Schlauchhäkelei
6 und 7 Häkeln im Oval

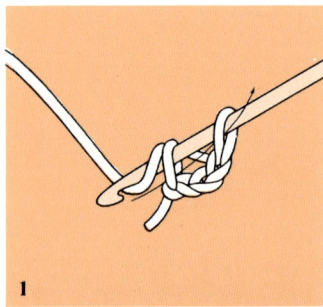

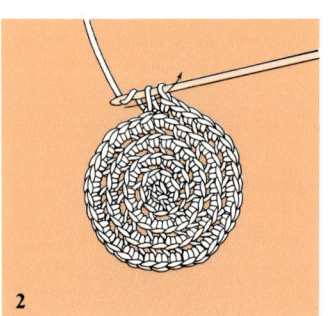

für das doppelte Stäbchen vier, für das dreifache Stäbchen fünf Luftmaschen.
Danach wird die Arbeit gewendet, wobei der Faden hinter der Häkelarbeit bleiben muß; nun arbeitet man wieder von rechts nach links und sticht mit der Häkelnadel jeweils in die zweite, dritte, vierte, fünfte oder sechste Luftmasche der vorherigen Reihe ein (je nachdem, welche Maschen man häkelt).

Runden häkeln und Schlauchhäkelei. Auch hier arbeitet man von rechts nach links. Dabei liegt stets die Vorderseite der Arbeit vor einem. Sie wird nie gewendet: der Luftmaschenanschlag wird mit einer Kettmasche zum Ring geschlossen. Jede der folgenden Runden wird mit einer (bzw. zwei oder mehr, je nach Maschenart) Luftmasche begonnen.
Auf diese Weise lassen sich die unterschiedlichsten Formen gestalten; sie hängen davon ab, wie oft und wo in den einzelnen Runden zugenommen wird (zunehmen: für zwei oder mehr Maschen in die gleiche Masche der Vorreihe einstechen):
Flacher Kreis: in jeder Runde wird regelmäßig zugenommen (jede zweite Masche wird verdoppelt);

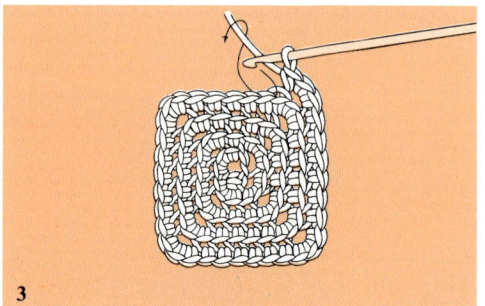

Quadrat, Sechseck oder Achteck: in regelmäßigen Abständen muß 4, 6 bzw. 8mal in jeder Runde an der gleichen Stelle zugenommen werden;
Schlauch (Strümpfe, Handschuhe, Ärmel, Mützen usw.): jede Runde wird auf die vorige Runde gesetzt, ohne zuzunehmen.

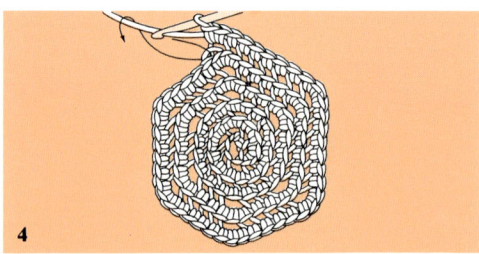

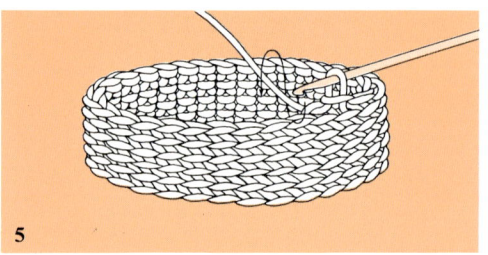

Ein Oval häkeln. Für ein Oval wird immer rechts gearbeitet, ohne die Arbeit zu wenden. Auf die gesamte Reihe des Luftmaschenanschlags werden die gewünschten Maschen gehäkelt. Am Ende der Kette werden zwei oder drei Maschen zugenommen und dann wird auf der untenliegenden Seite weitergearbeitet, wie auf der Zeichnung zu sehen ist. Um die Form zu erhal-

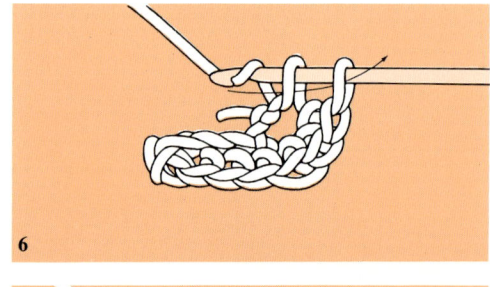

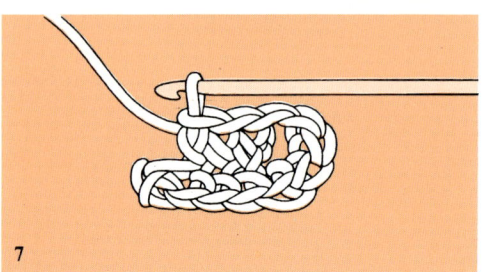

ten, wird bei den folgenden Reihen weiterhin auf beiden Seiten in der gleichen Weise zugenommen.

Grundhäkelarten – abgeändert. Die Grundmaschen kann man dadurch abändern, daß man auf verschiedene Art und Weise in die Masche einsticht.

Grundmaschen im Rippenmuster
Mit der Häkelnadel immer nur in den vorderen oder hinteren waagrecht liegenden Faden der vorhergehenden Reihe einstechen. Die erste Abbildung zeigt den Einstich in den hinteren,

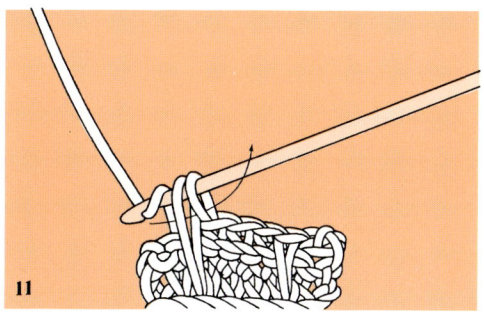

Verlängerte Grundmaschen
Mit der Nadel zwischen zwei Maschen der Vorreihe oder einer noch weiter darunterliegenden Reihe einstechen.

Einige Varianten der Grundmaschen:
 8 und 9 Grundmasche im Rippenmuster
10 Verschränkte Grundmasche
11 Verlängerte Grundmasche
12 Grundmaschen in Zwischenräumen
13 Relief-Grundmaschen

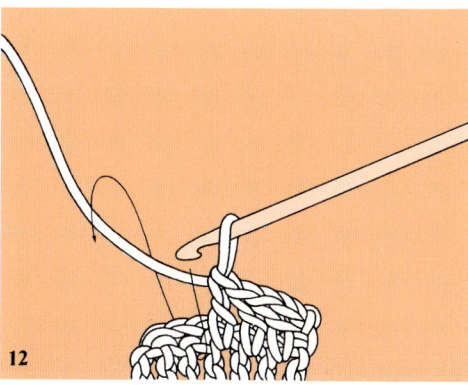

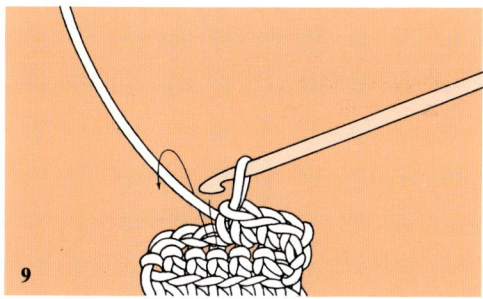

die zweite Abbildung den Einstich in den vorderen Faden.

Grundmaschen in Zwischenräumen
Mit der Häkelnadel in die Zwischenräume zwischen den Maschen der Vorreihe einstechen, entweder von vorn nach hinten oder auch von hinten nach vorn.

Verschränkte Grundmaschen
Die Häkelnadel von der Rückseite der Arbeit

Relief-Grundmaschen
Mit der Nadel um die Masche der Vorreihe

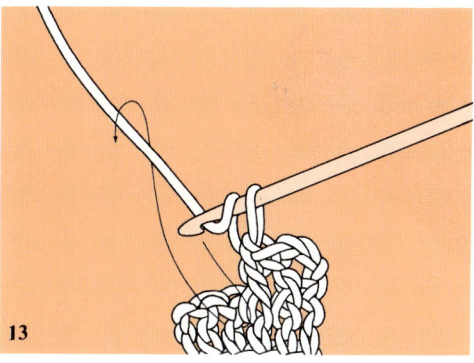

her in die obenauf waagrecht liegenden Fäden der Masche der Vorreihe einstechen.

(oder einer noch weiter darunter liegenden Reihe) von rechts nach links herumgreifen. Reliefmaschen von vorne gehäkelt lassen die Maschen hervortreten; von hinten gehäkelt wird der Effekt einer Vertiefung erreicht.

Besondere Häkeltechniken

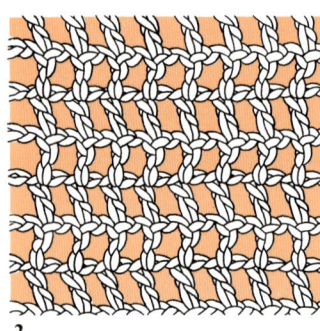

Bisher haben wir die Grundtechniken für die Verwendung der normalen Häkelnadel beschrieben. Wie bereits auf den ersten Seiten dieses Buches erwähnt, gibt es für entsprechende andere Techniken besondere Häkelnadeln oder auch andere Techniken mit der gewöhnlichen Häkelnadel, die dann aber eine größere Fertigkeit voraussetzen.

Lochmuster. Das Lochmuster (Filethäkelei) läßt sich mit entsprechender Genauigkeit leicht arbeiten. Aus einem aus »leeren« quadratischen Kästchen bestehenden Gittergrund tritt das aus »vollen« Kästchen gebildete Muster hervor.
Für die leeren Kästchen wechseln sich Luftmaschen mit Stäbchen wie folgt ab:
Die Zahl der Luftmaschen muß durch 3 teilbar sein, zusätzlich 1 Masche.
1. Reihe: * 1 Stäbchen, 2 Luftmaschen, 2 Maschen übergehen *. Die Reihe mit einem Stäbchen auf der letzten Masche der Vorreihe beenden, 5 Luftmaschen häkeln und dann wenden.
2. und folgende Reihen: 1 Stäbchen über dem zweiten Stäbchen der Vorreihe, * 2 Luftmaschen, 2 Maschen übergehen, 1 Stäbchen *, 5 Luftmaschen, wenden.

Folgende Anleitung ergibt ein dichteres Gitter:
1. Reihe: *1 Stäbchen, 1 Luftmasche, 1 Masche übergehen *. Alle Reihen mit einem Stäbchen und vier Luftmaschen zum Wenden abschließen.
2. und folgende Reihen: 1 Stäbchen auf das zweite Stäbchen der Vorreihe, *1 Luftmasche, eine Masche übergehen, 1 Stäbchen *.

Ausgefüllte Kästchen im Gitter: Für ein ausgefülltes Kästchen häkelt man statt der Luftmaschen die entsprechende Zahl an Stäbchen. Über einem leeren Kästchen sticht man mit der Häkelnadel in den Zwischenraum unter die Luftmaschen ein und häkelt ebenso viele Stäbchen wie Luftmaschen vorhanden sind.
Über einem »vollen« Kästchen häkelt man ebenso viele normale Stäbchen wie in der Vorreihe.

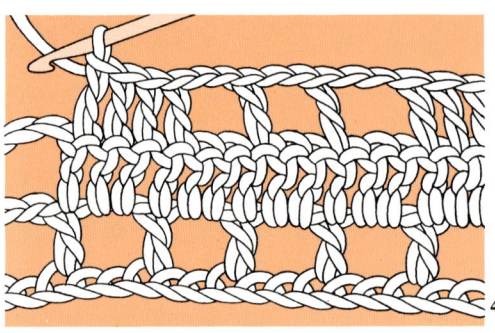

Ablesen des Zählmusters für die Filetarbeit. Das Filethäkelmuster besteht aus einer Zeichnung auf kariertem Papier. Leere weiße Kästchen symbolisieren die Löcher im Gitter, Kreuzchen die ausgefüllten Kästchen. Das Muster wird in hin- und zurückgehenden Reihen gearbeitet. Eine Kästchenreihe steht für eine Reihe

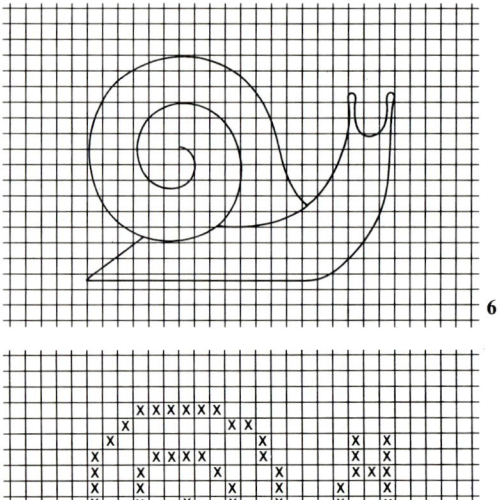

Besondere Arbeitstechniken lassen sich sowohl mit der normalen Häkelnadel als auch mit Spezialhäkelnadeln verwirklichen. Die Beispiele der Abbildungen beziehen sich auf:
1 Normales Lochmuster
2 Dichteres Gitter
3 und 4 Volle Kästchen im Gitter
Entwurf eines Filethäkelmusters:
5, 6 und 7 Übertragen des Entwurfes auf kariertes Papier

der Häkelarbeit, ein Kästchen entspricht einem leeren Raum, ein Kreuzchen einem ausgefüllten Quadrat.
Auch andere Symbole werden verwendet: statt Kreuzchen sieht man manchmal schwarze oder bunte Felder, aber auch graphische Symbole.

8 Eine andere Möglichkeit der Darstellung des Filethäkelmusters.

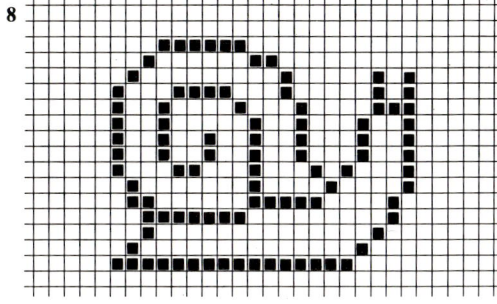

8

Ein Zählmuster können Sie auch selbst entwerfen, indem Sie Figuren erfinden oder Muster von einer anderen Vorlage abzeichnen.

Tunesische Häkelei. Bei dieser Technik häkelt man mit einer tunesischen Häkelnadel hin und zurück, ohne die Arbeit zu wenden. Auf der Hinreihe werden die Maschen auf die Häkelnadel aufgenommen; auf der Rückreihe werden die Maschen abgemascht.
Einen Luftmaschenanschlag häkeln.
1. Hinreihe: Mit der Häkelnadel in die vorletzte Masche einstechen, Faden umschlagen, durch eine Schlinge (die Luftmasche) ziehen. Bis zum Ende der Luftmaschenreihe so fortfahren.
1. Rückreihe: Der Faden bleibt hinten, die Arbeit wird nicht gewendet. Faden umschlagen und durch die erste Schlinge auf der Nadel ziehen. Faden umschlagen und durch zwei Schlingen ziehen (abmaschen). Solange abmaschen, bis nur noch eine Schlinge auf der Nadel ist.
2. und folgende Hinreihen: Eine Luftmasche häkeln, den Faden hinter der Arbeit halten und mit der Häkelnadel von rechts nach links durch die gut sichtbaren, senkrecht liegenden Schlingen jeweils nach Fadenumschlag eine Masche

Weitere Beispiele für Spezialhäkelarbeiten:
9 und 10 Erste Hin- und Rückreihe der Tunesischen Häkelei
11 und 12 Zweite Reihe der Tunesischen Häkelei
13, 14 und 15 Beginn der Gabelhäkelei

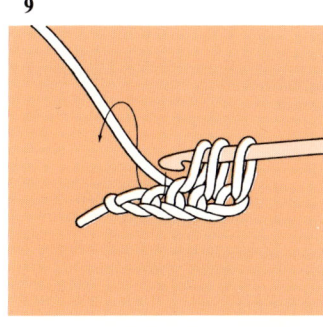

9

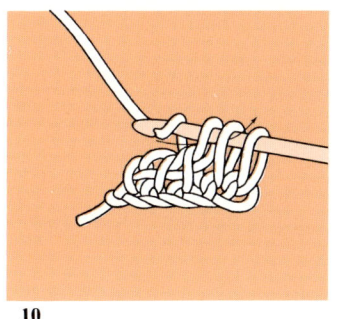

10

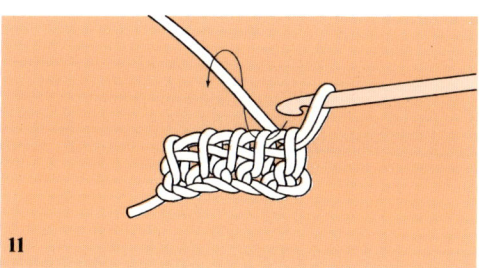

11

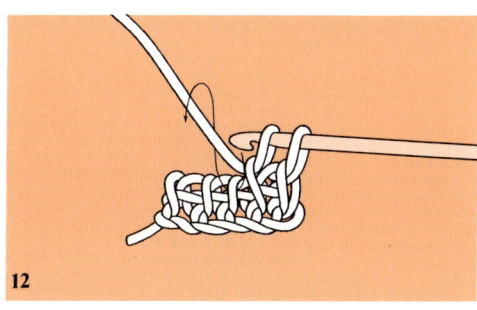

12

auf die Nadel holen. In den Rückreihen abmaschen, wie bei der ersten Reihe beschrieben wurde.

Gabelhäkelei. Die Verwendung einer Gabel in Verbindung mit der Häkelnadel ermöglicht es, Borten aus Baumwolle, Leinen oder Seide für Bordüren, Spitzen oder Einsätze zu arbeiten. Setzt man diese Streifen aus Wolle zusammen, kann man weiche, lockere Tücher oder Schals anfertigen.
Man hält die Gabel fest zwischen Daumen und Zeigefinger der linken Hand; die rechte Hand führt die Häkelnadel. Eine Schlinge über den

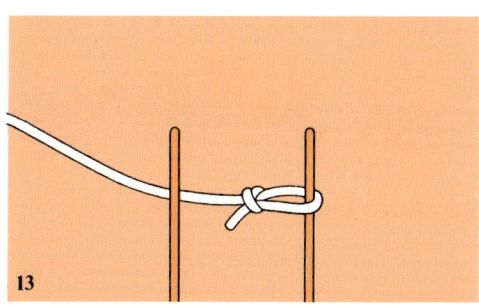

13

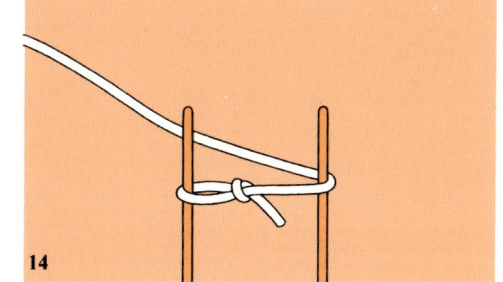

14

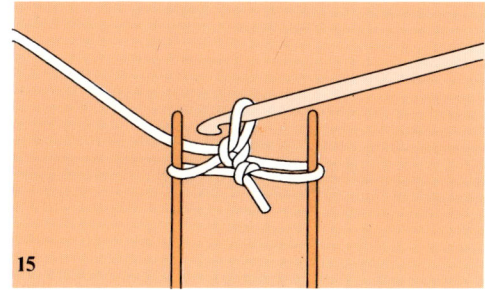

15

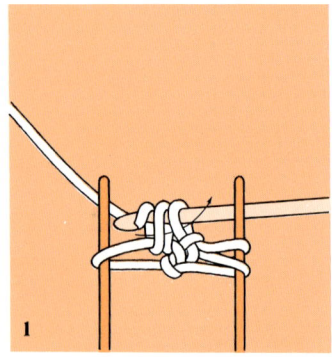

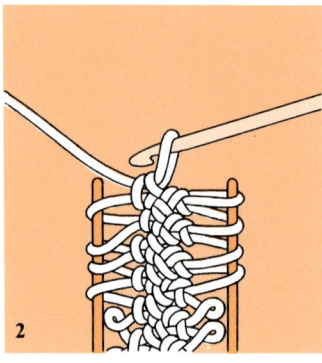

Gabelhäkelei, Fortsetzung:
1 Die erste feste Masche
2 Eine Borte weiterhäkeln
Einfassen der Borte:
3 Mit festen Maschen
4 Durch Bögen
5 Verdreht
Verbinden der Borten:
6 Durch Verschlingen

rechten Zinken der Gabel legen, wobei der Knoten der Schlinge zwischen den beiden Zinken verbleibt.

Der Arbeitsfaden läuft hinter dem linken Zinken über die Finger der linken Hand wie beim normalen Häkeln. Mit einer Drehung der Gabel von rechts nach links legt man ihn auch um den zweiten Zinken der Gabel; die Anfangsschlinge befindet sich nun auf dem linken Zinken. Mit der Häkelnadel den Arbeitsfaden durch die Anfangsschlinge ziehen und eine feste Masche häkeln. Die Gabel von rechts nach links drehen und eine feste Masche in die Schlinge auf dem linken Zinken häkeln. So weiterarbeiten und die Gabel drehen, bis diese mit Schlingen gefüllt ist. Zum Weiterarbeiten wird der Streifen bis auf die letzten zwei oder drei Schlingen von der Gabel genommen und auf die gleiche Weise weitergehäkelt.

Einfassen des Bortenrandes. Die Schlingen einer Borte lassen sich auf verschiedene Weisen befestigen:

Einfassen mit festen Maschen
Von rechts nach links in jede Schlinge eine feste Masche häkeln.

Einfassen durch Bögen
Von rechts nach links jeweils drei Schlingen mit

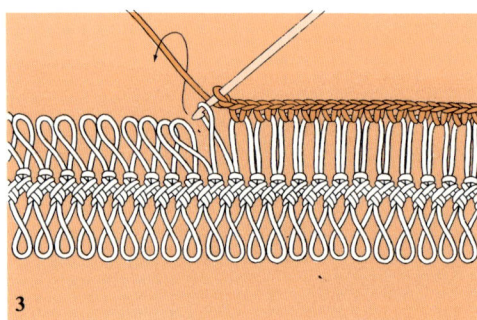

einer festen Masche zusammenarbeiten; zwischen je drei zusammengefaßten Schlingen zwei bis drei Luftmaschen häkeln.

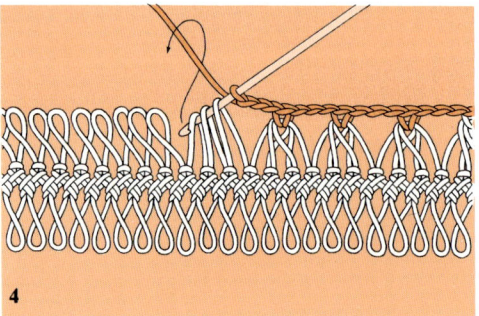

Dia nächste Seite zeigt das Häkeln von festen Maschen in sechs Schritten.

Verdrehtes Einfassen
Von rechts nach links in jede Schlinge eine feste Masche häkeln, wobei die Schlinge anstatt von vorn von hinten erfaßt oder mehrmals verdreht wird.

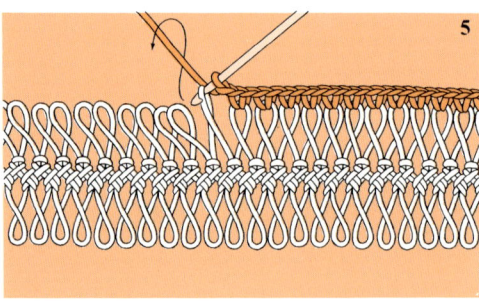

Verbinden der Borten. Es gibt verschiedene Möglichkeiten, die auf der Gabel gehäkelten Borten zusammenzufügen.

Verbinden durch Verschlingen
Man legt die Borten so aneinander, daß die Schlingen aufeinandertreffen. Von rechts nach links mit der Häkelnadel eine oder zwei Schlingen der einen Borte durch eine oder zwei Schlingen der anzusetzenden Borte ziehen. Dabei ist darauf zu achten, daß keine Schlinge ausgelassen wird. Es ist für diese Möglichkeit kein fremder Faden nötig.

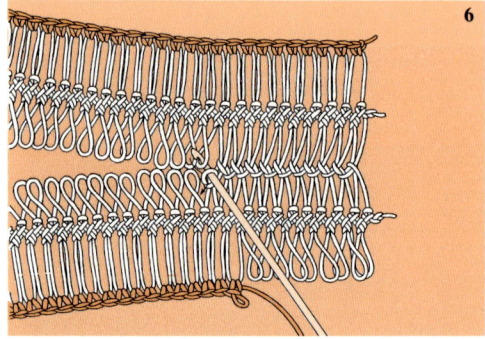

Verbinden mit Luftmaschenkette
Man legt beide Borten so aneinander, daß die Schlingen aufeinandertreffen. Alle Schlingen der Borten jeweils paarweise abwechselnd von beiden Borten auf die Häkelnadel aufnehmen, wobei von rechts eingestochen wird. Nun von links nach rechts arbeiten: Faden umschlagen, eine Luftmasche häkeln, wodurch zwei Schlingen einer Borte zusammengefaßt werden; Faden umschlagen, mit einer Luftmasche zwei Schlingen der anderen Borte zusammenfassen. So fortfahren, bis die Borten verbunden sind.

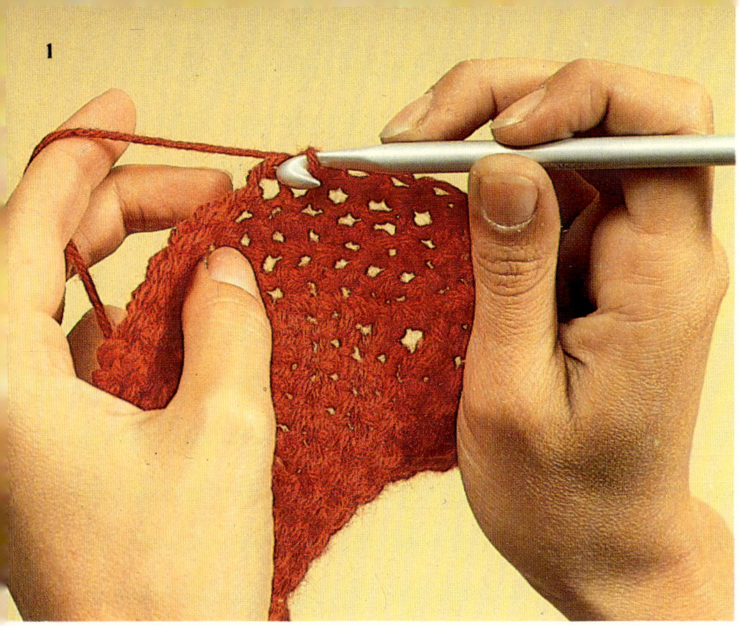

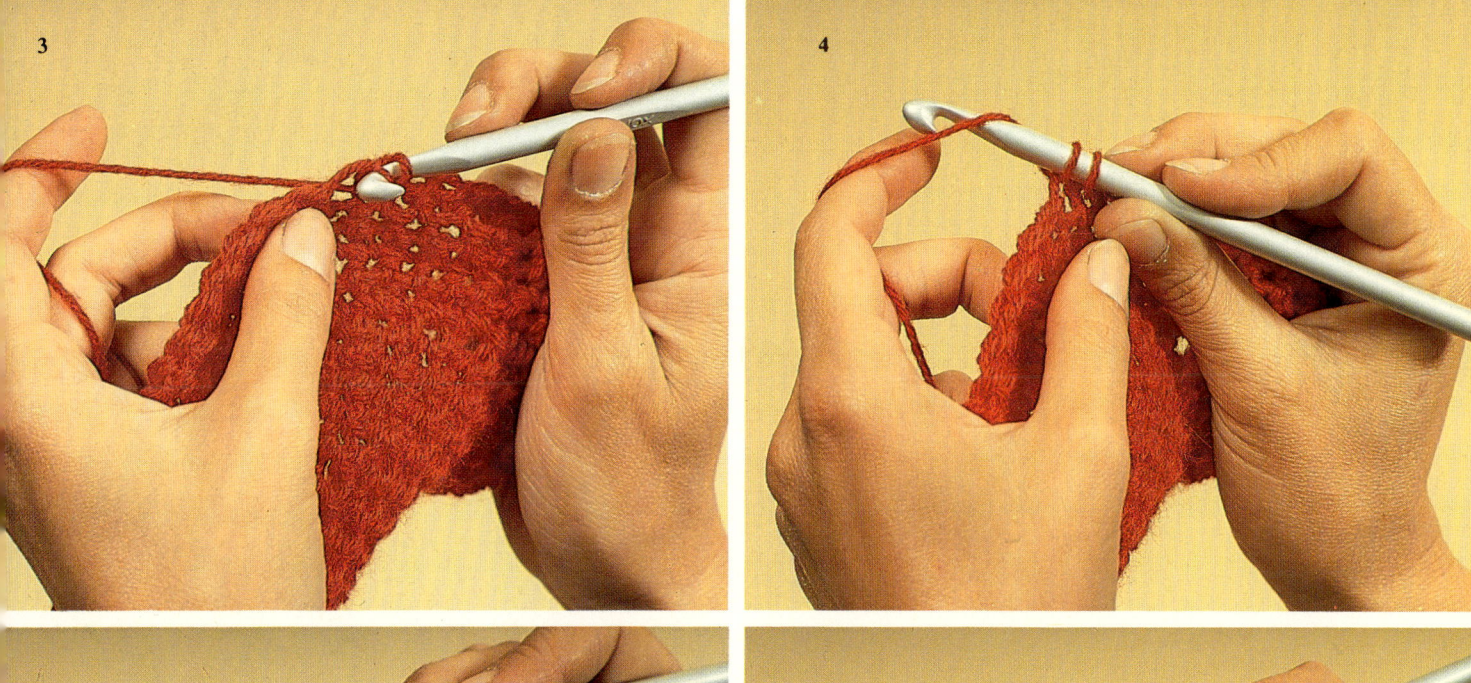

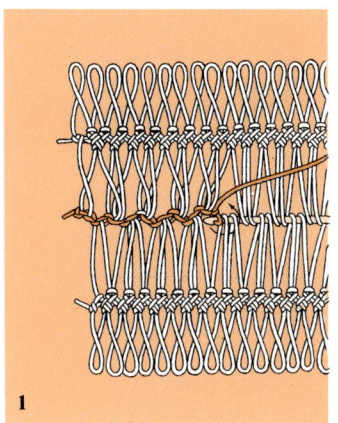

1

Weitere Beispiele, Borten
miteinander zu verbinden:
1 Verbinden mit Luftmaschenkette
2 Verbinden mit Kettmaschen
Schlingenhäkelei mit Stab:
3 Umwickeln des Stabes
4 Befestigen der Schlingen
5 Umwickeln des Stabes, so daß
übereinanderliegende Schlingen
entstehen.
6 Abnehmen und Zunehmen bei
Streifen aus Schlingenreihen.

Verbinden mit Kettmaschen

Man legt die Borten so aneinander, daß die Schlingen aufeinandertreffen und arbeitet dann folgendermaßen von rechts nach links:
1 Luftmasche, mit der Häkelnadel in die erste Schlinge der oberen und unteren Borte einstechen, Faden umschlagen, durch die ersten Schlingen durchziehen und Kettmasche häkeln. In die nächsten Schlingen einstechen und so fortfahren, bis die Borten verbunden sind.

Schlingenhäkelei mit Stab. Mit Hilfe eines glatten Stabes oder eines festen Pappstreifens wird

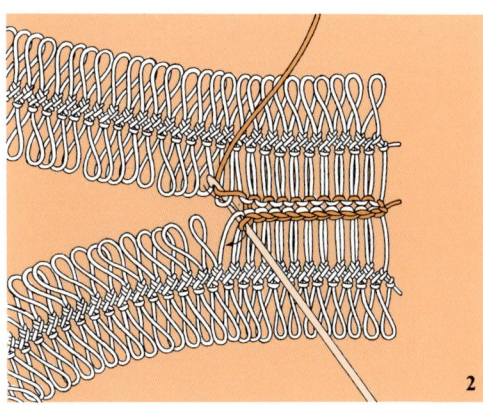

2

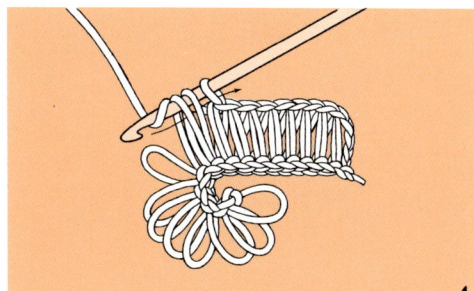

4

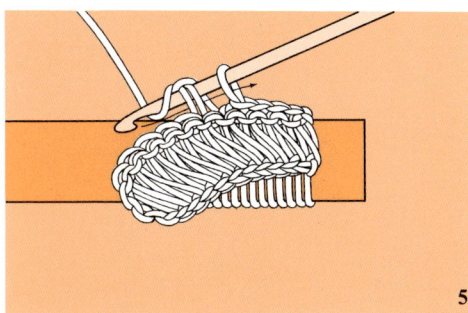

5

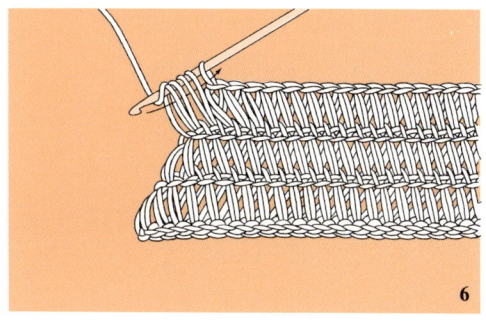

6

die Höhe der Maschen reguliert, die dann mit der normalen Häkelnadel befestigt werden. So lassen sich Fransen, Einsätze, Lochmuster, Spitzen und Schals herstellen. Halten Sie dabei den Stab unter dem rechten Arm und arbeiten Sie folgendermaßen von links nach rechts:
Mit der Häkelnadel in die zweite Luftmasche eines Luftmaschenanschlags der gewünschten Länge einstechen, den Faden zweimal von hinten nach vorn um den Stab wickeln, mit der Häkelnadel durch die um den Stab gewickelten Fäden stechen und sie mit einer Kettmasche (wahlweise auch mit einer festen Masche, einem halben Stäbchen oder einem Stäbchen) befestigen. Bis zum Ende der Kette weiterarbeiten.
Möchte man die Schlingen befestigen, arbeitet

man folgendermaßen: ist man wie oben beschrieben am Ende der Kette angekommen, wird der Stab aus den Schlingen gezogen, die wie auf der Abbildung gezeigt paarweise von rechts nach links zusammengefaßt werden.
Diese Art zu häkeln läßt sich nun beliebig fortsetzen. Eine weitere Schlingenreihe mit der vorherigen Reihe als Grundkette kann folgen usw.
Die Maschenzahl einer Reihe läßt sich leicht variieren: faßt man am Schluß vier statt zwei Maschen zusammen, verringert sich entsprechend die Maschenzahl, wickelt man den Faden viermal statt zweimal um den Stab und faßt dennoch nur jeweils zwei Maschen zusammen, erhöht sich die Maschenzahl entsprechend.

Links die einzelnen Arbeitsgänge
bei der Tunesischen Häkelei: Die
ersten zwei Abbildungen beziehen
sich auf die Hinreihe, die folgenden
vier Abbildungen auf die
Rückreihe.

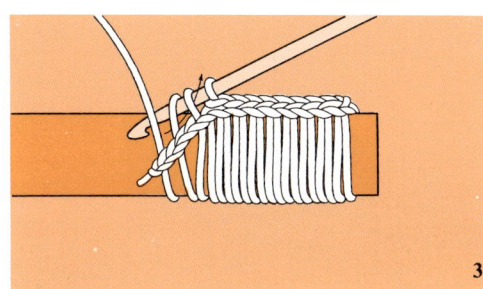

3

Zunehmen und Abnehmen

Bei den meisten Häkelarbeiten läßt es sich nicht vermeiden, Maschen zu- oder abzunehmen. Arbeitet man konstant mit der gleichen Maschenzahl, so erhält man rechteckige Formen (es sei denn, die Arbeit besteht aus sich wiederholenden oder verschiedenen Mustern, die zusammengesetzt werden). Will man schräge Ränder arbeiten, d. h. vieleckige Formen (Dreiecke, Rhomben, Fünfecke usw.), muß man die Zahl der Maschen fortlaufend auf den jeweiligen Reihen erhöhen oder verringern. Auf diese Weise wird das Arbeitsstück entweder größer oder kleiner.

Im allgemeinen nimmt man am Rand einer Reihe Maschen zu oder ab; bei runden Formen (Sternen, runden Deckchen usw.) erfolgt das Zunehmen in regelmäßigen Abständen innerhalb der Häkelrunde.

Zunehmen am Rande einer Reihe. Am Ende jeder Reihe häkelt man für die gewünschte Maschenzahl Luftmaschen hinzu, die auf der folgenden Reihe normal mitgearbeitet werden. Für einen schrägen, nicht stufenförmigen Außenrand werden in die letzte Masche der Reihe zwei Maschen gehäkelt; weitere Maschen nimmt man durch weitere Luftmaschen hinzu. Dabei dürfen die Luftmaschen zum Wenden nicht vergessen werden.

Zunehmen innerhalb der Reihe. Man häkelt zwei Maschen (für das einfache Zunehmen) oder drei Maschen (für das doppelte Zunehmen) in eine Masche der Vorreihe. Wenn Sie immer an der gleichen Stelle zunehmen möchten, sollten Sie die Masche, in die mehrfach gehäkelt wird, schon vorher mit einem andersfarbigen Faden kennzeichnen. Für eine Schrägung nach links werden die zwei Maschen in die Masche nach dem Fadenkennzeichen gehäkelt; für eine Rechtsschrägung häkelt man zwei Maschen in die davorliegende Masche. Beim doppelten Zunehmen werden drei anstatt zwei Maschen in eine Masche gehäkelt. Auf den folgenden Reihen wird beim Zu-

nehmen in der gleichen Weise verfahren, wobei man sich für die Richtung immer nach dem bunten Faden in der ersten zugenommenen Masche richtet.

Abnehmen am Rande der Reihe. Das Abnehmen erfolgt auf entgegengesetzte Weise wie das

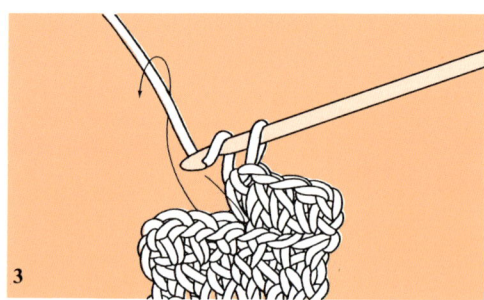

Zunehmen, d. h. man übergeht in jeder Reihe eine bestimmte Anzahl von Maschen.

Eine Masche am Anfang einer Reihe abnehmen: die zweite Masche übergehen; mit der Häkelnadel in die dritte Masche einstechen.
Eine Masche am Ende der Reihe abnehmen: die vorletzte Masche übergehen.
Eine Schrägung ohne Stufen erreicht man folgendermaßen: Angenommen, 2 Maschen sollen abgenommen werden. Die vorletzte Masche als Kettmasche arbeiten, eine Luftmasche häkeln, die letzte Masche übergehen und die Arbeit wenden, indem eine feste Masche in die auf die Kettmasche folgende Masche gehäkelt wird.

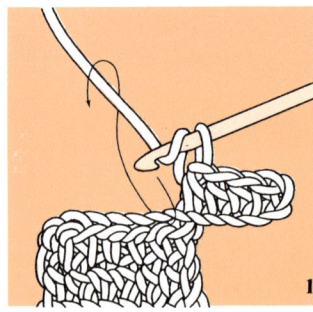

Das Zu- und Abnehmen ist wichtig für die Anfertigung von Kleidungsstücken oder anderen vieleckigen Formen:
1 Zunehmen am Rand der Reihe
2 Einfaches Zunehmen innerhalb der Reihe
3 Doppeltes Zunehmen innerhalb der Reihe
4 und 5 Abnehmen am Rand der Reihe

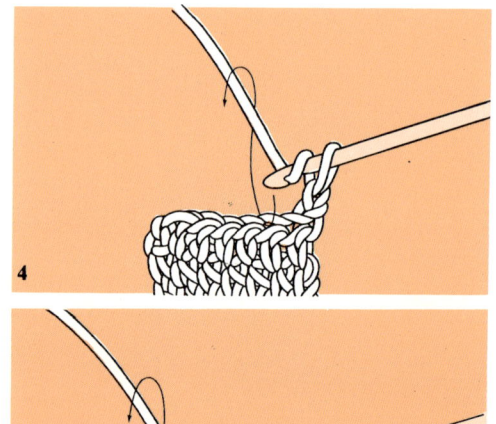

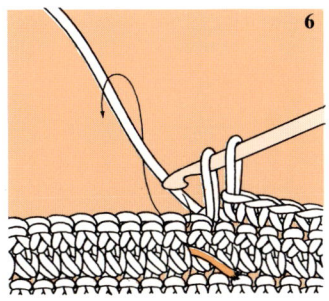

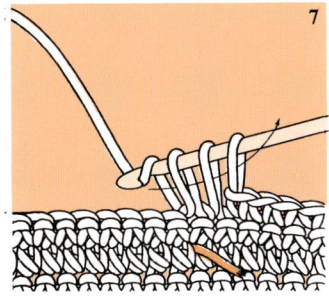

Weitere Beispiele des Zu- und Abnehmens:

6 und 7 Abnehmen innerhalb der Reihe

8 und 9 Zunehmen von leeren Kästchen bei der Filethäkelei am Anfang und am Ende der Reihe

10 und 11 Zunehmen von ausgefüllten Kästchen bei der Filethäkelei am Anfang und am Ende der Reihe

Abnehmen innerhalb der Reihe. Auch hier sollten wie beim Zunehmen für ein gutes regelmäßiges Maschenbild die zusammengefaßten Maschen in eine bestimmte Richtung laufen, d. h. Sie sollten immer an der gleichen Stelle abnehmen:

Wenden Sie die gleiche Methode an wie beim Zunehmen: Kennzeichnen Sie mit einem andersfarbigen Faden auf der vorhergehenden Reihe genau die Stelle, an der abgenommen werden muß, und richten Sie sich auch in den folgenden Reihen mit dem Abnehmen nach dieser Markierung:

In der folgenden Reihe mit der Häkelnadel in die Masche einstechen, die vor der gekennzeichneten Masche liegt, Faden umschlagen, durch eine Schlinge ziehen, in die Masche einstechen, die nach der mit Faden gekennzeichneten Masche liegt, Faden umschlagen und durch eine Schlinge ziehen, Faden umschlagen und durch alle auf der Nadel befindlichen Schlingen ziehen.

Zunehmen und Abnehmen beim Lochmuster (Filethäkelei). Bei der Filethäkelei nimmt man jeweils am Rande einer Reihe Maschen zu oder ab.

Zunehmen von leeren Kästchen. Am Anfang der Reihe: Am Ende der Vorreihe für jedes Kästchen, das zugenommen werden soll, drei Luftmaschen häkeln; dann vier weitere Luftmaschen häkeln, Arbeit wenden. In der neuen Reihe das erste Stäbchen arbeiten. Für ein dichteres Netz verringert sich die Zahl der zuzunehmenden Luftmaschen um zwei.

Am Ende der Reihe: Am Ende der Reihe den Faden dreimal umschlagen, in das zuletzt gearbeitete Stäbchen einstechen, ∗ Faden umschlagen und durch eine Schlinge ziehen ∗; von ∗ bis ∗ wiederholen, bis die Masche abgemascht ist. Damit kommt jeweils ein Kästchen dazu.

Zunehmen von ausgefüllten Kästchen. Am Anfang der Reihe: Am Ende der Vorreihe für jedes

Kästchen, das zugenommen werden soll, drei Luftmaschen häkeln; zwei zusätzliche Luftmaschen häkeln und die Arbeit wenden. Soviele Stäbchen häkeln, wie zum Ausfüllen der Kästchen notwendig sind.

Bei einem dichten Lochmuster verringert sich die Zahl der zuzunehmenden Luftmaschen um zwei.

Am Ende der Reihe: Soviele doppelte Stäbchen häkeln, wie für die Zahl der zuzunehmenden Kästchen notwendig sind, wobei man mit der Häkelnadel immer am Fuße der zuvor gearbeiteten Maschen einsticht.

Abnehmen von leeren Kästchen. Am Ende der Reihe: Ist die gewünschte Anzahl von Kästchen

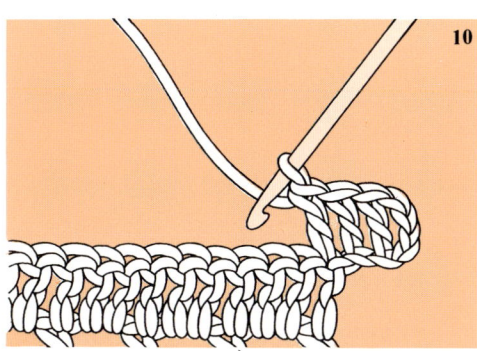

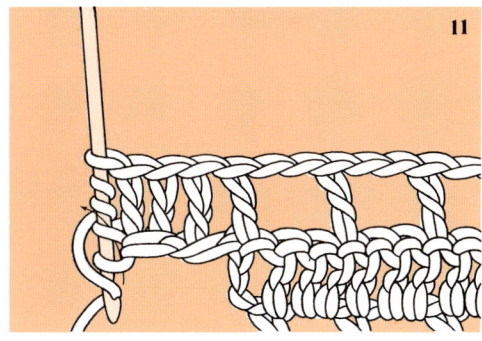

erreicht und die Reihe noch nicht zu Ende, kann die Arbeit gewendet werden, ohne die Reihe zu Ende zu häkeln.

Am Anfang der Reihe: so viele Kettmaschen häkeln, bis man an die gewünschte Stelle gelangt.

Abnehmen von ausgefüllten Kästchen. Wie beim Abnehmen der leeren Kästchen verfahren.

Zunehmen und Abnehmen mit der tunesischen Häkelnadel. Mit der tunesischen Häkelnadel kann man innerhalb oder am Rande der Reihe zunehmen.

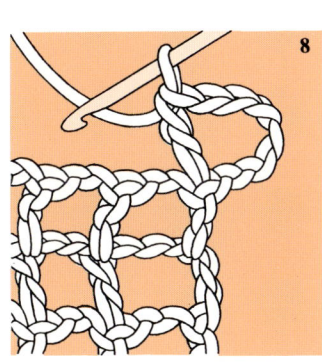

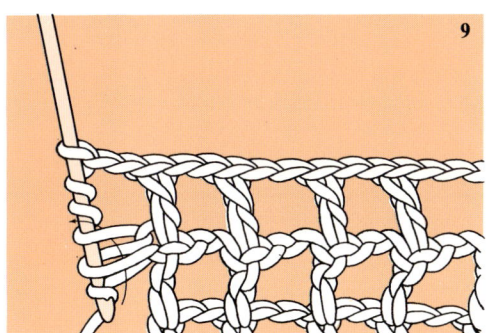

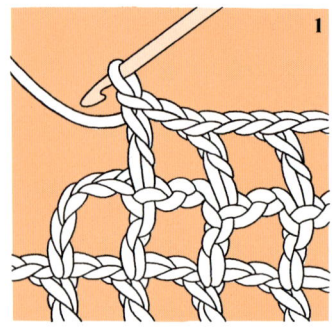

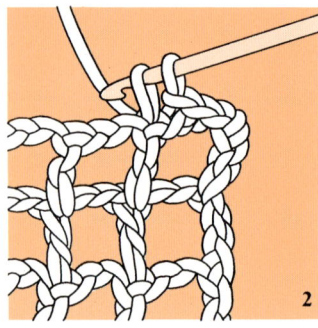

1 und 2 *Abnehmen von leeren Kästchen bei der Filethäkelei am Anfang und am Ende der Reihe*

3 und 4 *Zunehmen von einer oder mehreren Maschen mit der tunesischen Häkelnadel am Rand der Reihe*

5 und 6 *Abnehmen einer Masche am Anfang und am Ende einer Reihe mit der tunesischen Häkelnadel.*

Zunehmen am Rande der Reihe. Am Anfang der Hinreihe eine Masche zunehmen: eine Luftmasche, mit der Häkelnadel in den senkrechten Faden der ersten Masche einstechen, Faden umschlagen und durch diese Schlinge ziehen; die restlichen Maschen normal aufnehmen.

Am Anfang der Hinreihe mehrere Maschen zunehmen: am Ende der vorhergehenden Rückreihe für jede aufzunehmende Masche eine Luftmasche häkeln; Arbeit wenden, Maschen aus den Luftmaschen aufnehmen. Am Ende der Hinreihe eine Masche zunehmen: zwei Luftmaschen häkeln und auf die erste dieser beiden in der Rückreihe normal eine Masche häkeln.

Am Ende der Hinreihe mehrere Maschen aufnehmen: mit einem anderen Faden im Anschluß an die vorhergehende Hinreihe für jede ge-

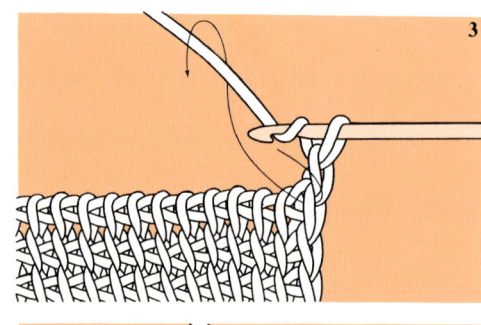

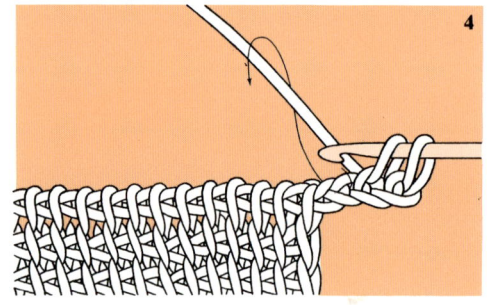

wünschte neue Masche eine Luftmasche häkeln; aus diesen Luftmaschen werden bei der Hinreihe die Maschen aufgenommen. Die Rückreihe wird normal gearbeitet.

Zunehmen innerhalb der Reihe: Kennzeichnen Sie die Stelle, an der zugenommen werden soll, mit einem andersfarbigen Faden. Auf der Hinreihe nun aus den querliegenden Maschenfäden der Vorreihe eine zusätzliche Schlinge holen: für Linksneigung aus denjenigen Maschenfäden, die die mit dem Faden gekennzeichnete Stelle mit der folgenden Masche verbinden, für Rechtsneigung aus den Maschenfäden vor dem andersfarbigen Faden.

Abnehmen am Rande der Reihe. Am Ende der Hinreihe: es genügt, die Zahl der Maschen, die abgenommen werden soll, nicht zu arbeiten.

Am Ende der Rückreihe: drei anstatt zwei Maschen zusammen abmaschen.

Am Anfang oder am Ende einer Reihe lassen sich auch Maschen abnehmen, indem auf der Hinreihe mit der Häkelnadel durch zwei senkrechte Fäden anstatt durch nur einen senkrechten Faden eingestochen wird.

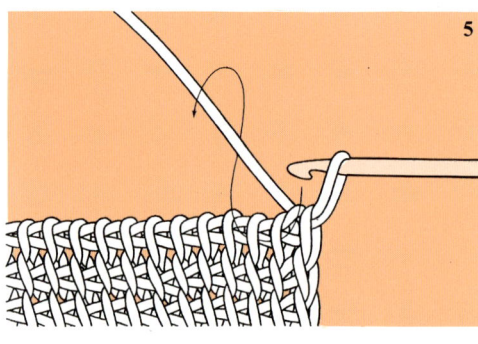

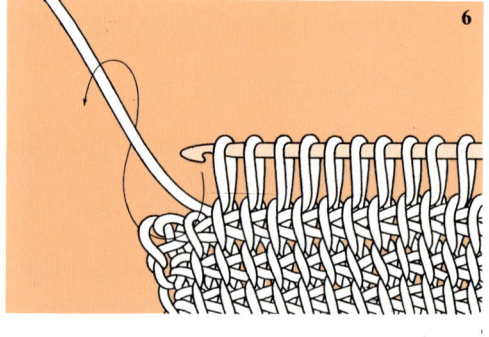

Abnehmen innerhalb der Reihe. Kennzeichnen Sie die Stelle, an der abgenommen werden soll, mit einem andersfarbigen Faden. Für eine Linksneigung auf der Hinreihe mit der Häkelnadel in die beiden senkrechten Fäden der Maschen, die vor der gekennzeichneten Stelle liegen, einstechen und eine Schlinge aufnehmen. Für eine Rechtsneigung in der Rückreihe durch drei (anstatt durch zwei) Schlingen den Faden ziehen, die vor der in der Vorreihe gekennzeichneten Stelle liegen.

Für Fortgeschrittene . . .

Phantasiemuster

Die von uns ausgewählten Muster eignen sich für die verschiedensten Verarbeitungen. Jedes dieser Muster kann ein- oder mehrfarbig gearbeitet werden; welches Muster man wählt, hängt von der Dichte des Musters und dem verwendeten Garn ab. Man kann eine allgemeine Unterscheidung zwischen festen bzw. engmaschigen und Lochmustern treffen. Für engmaschige Muster eignet sich hauptsächlich Sportwolle bzw. Cablégarn; für Lochmuster verwendet man gern gedrehte Baumwolle, Seide, dünne und weiche Wolle wie Mohair.

Überkreuzte feste Masche. Einen Luftmaschenanschlag arbeiten.
1. Reihe: Eine feste Masche nicht abgemascht in die erste Grundmasche (mit der Häkelnadel in die Masche einstechen, Faden umschlagen und durch eine Schlinge ziehen), eine Masche übergehen, eine feste Masche nicht abgemascht, Faden umschlagen und die Maschen schließen, 1 Luftmasche, * eine nicht abgemaschte feste Masche in die bereits gearbeitete Masche, eine Masche übergehen, eine nicht abgemaschte fe-

Überkreuzte feste Masche

ste Masche, Faden umschlagen und Maschen schließen, 1 Luftmasche *. Reihe mit einer festen Masche in die letzte bereits gearbeitete Masche abschließen.
2. und folgende Reihen: * eine nicht abgemaschte feste Masche in die erste Luftmasche, eine nicht abgemaschte feste Masche in die zweite Luftmasche, Faden umschlagen und Maschen schließen, 1 Luftmasche *. Von * bis * wiederholen; dabei immer in die letzte bereits gearbeitete Masche und in die darauffolgende Luftmasche einstechen, bis zum Ende der Reihe. Mit

einer festen Masche in die letzte bereits gearbeitete Masche abschließen.

Verlängerte feste Masche. Die Zahl der Luftmaschen des Luftmaschenanschlags muß durch 2 teilbar sein.

Verlängerte feste Masche

1. Reihe: * 1 feste Masche, 1 Luftmasche, 1 Masche übergehen *. Mit einer Luftmasche die Reihe beenden.
2. und folgende Reihen: * 1 feste Masche in den hinteren Faden der übergangenen Masche der vorletzten Reihe unter der Luftmasche der Vorreihe, 1 Luftmasche *. Mit einer Luftmasche die Reihe beenden.

Feste Phantasiemaschen

Feste Phantasiemaschen. Die Zahl der Luftmaschen des Luftmaschenanschlags muß durch 3 teilbar sein.

1. Reihe: eine Luftmasche, eine Masche übergehen, * 3 feste Maschen in die gleiche Masche arbeiten, 2 Maschen übergehen *. Mit 3 festen Maschen in die gleiche Masche abschließen.

2. und folgende Reihen: * 3 feste Maschen in die zweite Masche der Maschengruppe der Vorreihe *.

Maschen im Wechsel

Maschen im Wechsel. Einen Luftmaschenanschlag arbeiten.

1. Reihe: * ein Stäbchen, eine feste Masche *.

2. und folgende Reihen: jeweils eine feste Masche auf das Stäbchen und ein Stäbchen auf die festen Maschen arbeiten.

Schachbrettmuster

Schachbrettmuster. Die Zahl der Luftmaschen des Luftmaschenanschlags muß durch 8 teilbar sein.

1. Reihe: eine Reihe Stäbchen häkeln.

2. Reihe: * 4 Relief-Stäbchen rechts (mit der Häkelnadel um die zweite Masche der Vorreihe von rechts nach links herumgreifen, dabei von der Rückseite der Arbeit kommend), 4 Relief-Stäbchen links (wie oben, dabei von vorne kommend) *.

3., 4. und 5. Reihe: jeweils 4 Relief-Stäbchen rechts auf die entsprechend erscheinenden rechten Relief-Stäbchen häkeln, 4 Relief-Stäbchen links auf die entsprechend erscheinenden linken Relief-Stäbchen arbeiten.

6. bis 9. Reihe: Die Relief-Stäbchen gerade versetzt arbeiten (rechts auf links und links auf rechts).

10. Reihe: Wieder mit der 2. Reihe beginnen.

Phantasiemuster I. Die Zahl der Luftmaschen des Luftmaschenanschlags muß durch 3 teilbar sein.

Phantasiemuster I

1. und alle ungeraden Reihen: * Eine feste Masche, ein halbes Stäbchen, ein Stäbchen *.

2. und alle geraden Reihen: * Ein halbes Stäbchen, ein Stäbchen, eine feste Masche *.

Phantasiemuster II. Einen Luftmaschenanschlag arbeiten.

1. Reihe: Eine Reihe Stäbchen.

2. Reihe: (rechte Seite der Arbeit) Ein Stäbchen in das darunterliegende Stäbchen, * Faden umschlagen, auf der Vorderseite mit der Häkelnadel um die zweite Masche der Vorreihe von

Phantasiemuster II

rechts nach links herumgreifen, Faden durchziehen und eine ca. 1 cm große Schlinge bilden, Faden umschlagen und durch die beiden restlichen Schlingen ziehen *.
3. Reihe: (linke Seite der Arbeit) Wie die Vorreihe arbeiten, jedoch mit der Häkelnadel von hinten um die zweite Masche der Vorreihe herumgreifen.
4. Reihe: Mit der zweiten Reihe fortfahren.

Röschenmuster. Die Zahl der Luftmaschen des Luftmaschenanschlags muß durch 4 teilbar sein.
1. Reihe: Eine Luftmasche, in die zweite Luftmasche: * eine feste Masche, eine Luftmasche, eine feste Masche, alle in die gleiche Grundma-

Röschenmuster

sche, zwei Maschen übergehen *, mit einer festen Masche, einer Luftmasche, einer festen Masche in die gleiche Grundmasche die Reihe beenden.
2. und alle folgenden Reihen: * in die Luftmasche der Vorreihe eine feste Masche, eine Luftmasche, eine feste Masche arbeiten *.

Büschelmuster. Einen Luftmaschenanschlag arbeiten.
1. Reihe: eine feste Masche, * 3 Luftmaschen, 2 Maschen übergehen, 1 feste Masche *; mit 2 Luftmaschen zum Wenden abschließen.
2. Reihe: ein Büschel in den Luftmaschenbogen (Faden umschlagen, unter die Luftmasche einstechen und Faden durchziehen, Faden umschlagen und Schlinge herausziehen, wiederholen, bis 9 Schlingen auf der Häkelnadel sind, den Faden durch 8 Schlingen ziehen und erneut den

Büschelmuster

Faden durch die zwei restlichen Schlingen ziehen), 3 Luftmaschen, 1 feste Masche in die erste feste Masche, eine Luftmasche *, mit 2 Luftmaschen abschließen. 3. und folgende Reihen: * ein Büschel in den ersten Luftmaschenbogen, 3 Luftmaschen, 1 feste Masche in das Büschel der Vorreihe, 1 Luftmasche *, mit 2 Luftmaschen abschließen.

Treppenmuster. Die Zahl der Luftmaschen des Luftmaschenanschlags muß durch 6 teilbar sein.
1. Reihe: (linke Seite der Arbeit) Stäbchenmaschen.
2. Reihe: * 3 rechte Reliefstäbchen, 3 linke Reliefstäbchen *; (rechte Reliefstäbchen: von der Vorderseite aus mit der Nadel um die Masche der Vorreihe von rechts nach links herumgreifen; linke Reliefstäbchen: von der Rückseite

aus in gleicher Weise um die Masche der Vorreihe herumgreifen).

3. Reihe: 1 linkes Reliefstäbchen, * 3 rechte Reliefstäbchen, 3 linke Reliefstäbchen *, mit zwei linken Reliefstäbchen die Reihe beenden.

4. Reihe: 1 rechtes Reliefstäbchen, * 3 linke Reliefstäbchen, 3 rechte Reliefstäbchen *, die Reihe mit 2 linken Reliefstäbchen beenden.

5. Reihe: * 3 linke Reliefstäbchen, 3 rechte Reliefstäbchen *.

6. Reihe: Ab zweite Reihe wiederholen, wobei

Muschelmuster

Treppenmuster

die hervorstehende Rippe jeweils auf der Vorderseite um eine Masche nach rechts, bei der Rückseite um eine Masche nach links verschoben wird.

Muschelmuster. Die Zahl der Luftmaschen des Luftmaschenanschlags muß durch 3 teilbar sein.

1. Reihe: 1 Luftmasche, 1 Masche übergehen, * eine feste Masche, 2 Maschen übergehen, 5 Stäbchen in die gleiche Masche, 2 Maschen übergehen *.

2. und folgende Reihen: 1 Luftmasche, * 1 feste Masche in die dritte der fünf Stäbchen der Vorreihe arbeiten, 5 Stäbchen in die feste Masche der Vorreihe arbeiten *.

Margeritenmuster. Die Zahl der Luftmaschen des Luftmaschenanschlags muß durch 8 teilbar sein.

1. Reihe: * 1 feste Masche, 3 Maschen übergehen, in die folgende Masche 3 Stäbchen, 1 doppeltes Stäbchen und 3 Stäbchen arbeiten, 3 Maschen übergehen *, abschließen mit 1 festen Masche, 3 Maschen übergehen, 3 Stäbchen, 1 doppeltes Stäbchen und 3 Stäbchen.

2. Reihe: 2 Luftmaschen, * 1 feste Masche in das doppelte Stäbchen, 2 Luftmaschen; 3 halb abge-

Margeritenmuster

maschte Stäbchen in die 3 Stäbchen, 1 halb abgemaschtes Stäbchen in die feste Masche und 3 halb abgemaschte Stäbchen in die darauffolgenden Stäbchen, Faden umschlagen und alle sieben halb abgemaschten Maschen abmaschen, 2 Luftmaschen *.

3. Reihe: Erneut mit der 1. Reihe beginnen, wobei die feste Masche wieder in die feste Masche und die 7 Stäbchen in die Abschlußmasche der 7 halb abgemaschten Stäbchen der Vorreihe gearbeitet werden.

Kreuzstäbchen. Eine ungerade Anzahl Luftmaschen häkeln.

1. Reihe: 1 halbes Stäbchen, 1 Luftmasche, ∗ in die schon verarbeitete Grundmasche ein halbes, nicht abgemaschtes Stäbchen arbeiten (Faden umschlagen, in die Masche einstechen, Faden umschlagen und durchziehen), 1 Masche übergehen, ein halbes, nicht abgemaschtes Stäbchen, Faden umschlagen und die fünf Schlingen schließen, eine Luftmasche ∗, die Reihe mit einem halben Stäbchen in die letzte, bereits gearbeitete Grundmasche beenden.

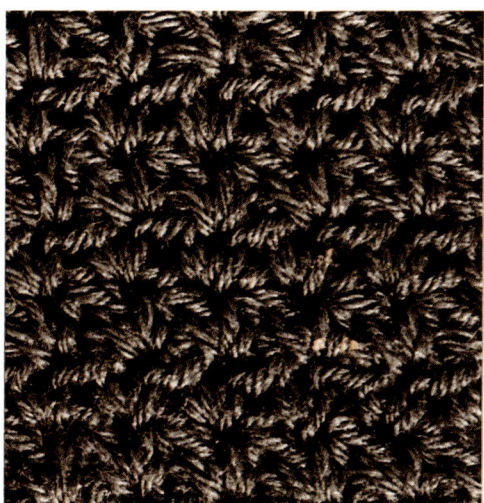

Kreuzstäbchen

2. und folgende Reihen: In den ersten Luftmaschenbogen der Vorreihe ein halbes Stäbchen, eine Luftmasche, ∗ in den gleichen Luftmaschenbogen der Vorreihe ein halbes, nicht abgemaschtes Stäbchen, Faden umschlagen und die fünf Schlingen schließen, eine Luftmasche ∗, die Reihe mit einem halben Stäbchen beenden.

Fächermuster I. Die Zahl der Luftmaschen des Luftmaschenanschlags muß durch 10 teilbar sein, zusätzlich 3 Maschen.

1. und alle ungeraden Reihen: (Rückseite der Arbeit) Feste Maschen.

2. Reihe: ∗ 3 feste Maschen, 3 Maschen übergehen, 7 doppelte Stäbchen in die gleiche Grundmasche, 3 Maschen übergehen ∗, die Reihe mit 3 festen Maschen beenden.

4. Reihe: 3 Luftmaschen, in die 2. der festen Maschen 5 doppelte Stäbchen arbeiten, ∗ 4 Maschen übergehen, 3 feste Maschen (in die 3., 4. und 5. Masche des Fächers), 3 Maschen übergehen, 7 doppelte Stäbchen in die gleiche Masche (in die 2. feste Masche) ∗. Mit 5 doppelten Stäbchen in die vorletzte Masche abschließen.

5. Reihe: Mit der ersten Reihe beginnen.

Fächermuster I

Fächermuster II. Die Zahl der Luftmaschen des Luftmaschenanschlags muß durch 7 teilbar sein, zusätzlich 2 Maschen.

1. Reihe: ∗ 2 Stäbchen, 2 Maschen übergehen, in die folgende Masche 3 Stäbchen, 1 Luftmasche, 3 Stäbchen, 2 Maschen übergehen ∗. Die Reihe mit zwei Stäbchen beenden.

Fächermuster II

2. und folgende Reihen: ∗ 2 Stäbchen in die beiden darunterliegenden Maschen; unter die Luftmasche der Vorreihe 3 Stäbchen, 1 Luftmasche und 3 Stäbchen arbeiten ∗. Mit 2 Stäbchen in die 2 darunterliegenden Maschen die Reihe beenden.

Fächermuster III. Die Zahl der Luftmaschen des Luftmaschenanschlags muß durch 5 teilbar sein, zusätzlich 3 Maschen.

Fächermuster III

1. Reihe: 3 Stäbchen in die erste Masche, eine Masche übergehen, eine feste Masche in die darauffolgende Masche, * 3 Luftmaschen, 2 Maschen überspringen, in die darauffolgende Masche 4 Stäbchen, 1 Masche übergehen, in die folgende Masche eine feste Masche *.

2. und folgende Reihen: 3 Luftmaschen zum Wenden, 3 Stäbchen in die 1. feste Masche der Vorreihe, 1 feste Masche in den Bogen der Luftmaschen der Vorreihe, * 3 Luftmaschen, 4 Stäbchen in die feste Masche, 1 feste Masche in den Bogen der Luftmaschen *.

Webmuster mit Knoten. Einen Luftmaschenanschlag arbeiten. 1. und folgende Reihen: 1 Luftmasche, eine feste Masche, * mit der Häkelnadel in die bereits verarbeitete Masche einstechen, Faden umschlagen und durch eine Schlin-

Webmuster mit Knoten

ge ziehen, in die folgende Masche einstechen, Faden umschlagen und durch eine Schlinge ziehen, Faden umschlagen und die drei Schlingen schließen.

Rippenmuster. Die Zahl der Luftmaschen des Luftmaschenanschlags muß durch 6 teilbar sein, zusätzlich 5 Maschen.
1. Reihe: (Rückseite der Arbeit) * 5 feste Maschen, 1 Stäbchen *, die Reihe mit 5 festen Maschen beenden.
2. Reihe: * 5 feste Maschen, ein rechtes Reliefstäbchen (von vorne mit der Nadel um die

Rippenmuster

Masche der Vorreihe von rechts nach links herumgreifen) *.
3. Reihe: * 5 feste Maschen, 1 linkes Reliefstäbchen (von hinten um die Masche mit der Nadel herumgreifen) *.
4. Reihe: Mit der zweiten Reihe beginnen.

Querverlaufendes Muster. Die Zahl der Luftmaschen des Luftmaschenanschlags muß durch 3 teilbar sein, zusätzlich eine Masche.
1. Reihe: * Eine feste Masche, 2 Luftmaschen, 2 Maschen übergehen *. Die Reihe mit einer festen Masche beenden.
2. Reihe: Die Arbeit nicht wenden (es wird immer auf der Vorderseite gearbeitet), 1 Luftmasche, * 1 Masche im Retourstich (mit der Nadel in die Mitte der festen Masche einstechen, Faden umschlagen, eine lockere Schlinge herausziehen, Faden umschlagen und durch beide auf der Nadel liegenden Schlingen ziehen), 2 Luftmaschen *, mit einer Masche im Retourstich die Reihe beenden.
3. Reihe: Wiederum die Arbeit nicht wenden. 2 Luftmaschen, * 1 feste Masche in den Bogen der

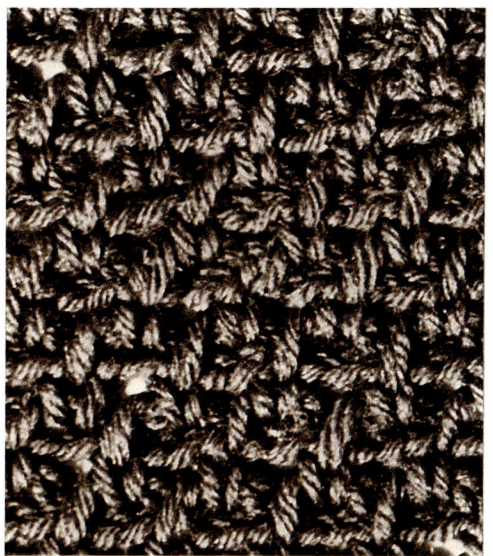

Querverlaufendes Muster

2 Luftmaschen, 2 Luftmaschen ∗. Die Reihe mit einer festen Masche in den Bogen der Vorreihe und einer festen Masche in die Masche im Retourstich beenden.

4. Reihe: Wiederum die Arbeit nicht wenden. 2 Luftmaschen, eine Masche übergehen, ∗ 1 Masche im Retourstich in die feste Masche, 2 Luftmaschen ∗. Mit einer Masche im Retourstich die Reihe beenden.

5. Reihe: Mit der ersten Reihe beginnen.

Schlingenmaschen. Einen Luftmaschenanschlag arbeiten.

1. Reihe: feste Maschen.

2. Reihe: ∗ Mit der Nadel in den hinteren Faden

Schlingenmaschen

der ersten festen Masche einstechen, einen festen Pappstreifen hinter die Arbeit legen, dessen Breite sich nach der Größe der Schlingen richtet, den Faden von vorn nach hinten um den Pappstreifen führen und mit der Nadel durch die Masche ziehen, eine feste Masche häkeln ∗.

3. Reihe: Mit der ersten Reihe beginnen.

Vierblättriges Kleeblatt. Die Zahl der Luftmaschen des Luftmaschenanschlags muß durch 8 teilbar sein, zusätzlich 1 Masche.

1. Reihe: 1 Stäbchen, ∗ 1 Luftmasche, eine Masche übergehen, 1 Stäbchen, 1 Luftmasche, 1 Masche übergehen, 5 Stäbchen ∗.

2. Reihe: ∗ 5 Stäbchen in die 5 Stäbchen der Vorreihe, 1 Luftmasche, 1 Stäbchen in das Stäbchen der Vorreihe, 1 Luftmasche ∗. Die Reihe mit einem Stäbchen beenden.

3. Reihe: 1 Stäbchen in das Stäbchen der Vorreihe, ∗ 1 Stäbchen in die Luftmasche, 1 Stäbchen in die Masche der Vorreihe, 1 Stäbchen in die

Vierblättriges Kleeblatt

Luftmasche, 1 Stäbchen in das 1. Stäbchen der Stäbchengruppe der Vorreihe, 1 Luftmasche, 1 Masche übergehen, ein Stäbchen in die 3. Masche der Stäbchengruppe der Vorreihe, 1 Luftmasche, 1 Stäbchen in die 5. Masche der darunterliegenden Gruppe ∗.

4. Reihe: 1 Stäbchen in das erste Stäbchen, ∗ 1 Luftmasche, 1 Stäbchen in das Stäbchen der Vorreihe, 1 Luftmasche, 5 Stäbchen in die 5 Stäbchen der Vorreihe ∗.

5. Reihe: Mit der ersten Reihe beginnen.

Irisches Netzmuster. Die Zahl der Luftmaschen des Luftmaschenanschlags muß durch 6 teilbar sein, zusätzlich 1 Masche.

1. Reihe: 1 feste Masche, ∗ 5 Luftmaschen, 5

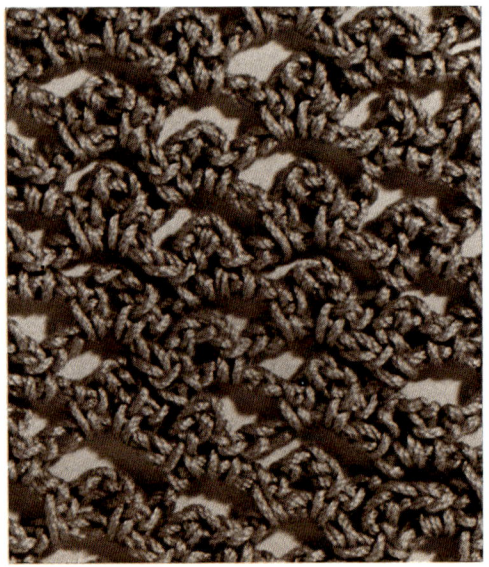

Oben: Irisches Netzmuster Rechts: Doppelnetzmuster

Maschen übergehen, 1 feste Masche *, 4 Luftmaschen zum Wenden.

2. und folgende Reihen: * In den Bogen der 5 Luftmaschen 1 feste Masche, 4 Luftmaschen, 1 feste Masche; 5 Luftmaschen *. Am Ende der Reihe 1 feste Masche in die 3. der 4 Luftmaschen zum Wenden, 4 Luftmaschen zum Wenden.

Variiertes Netzmuster. Die Zahl der Luftmaschen muß durch 10 teilbar sein, zusätzlich 1 Masche.

1. Reihe: 1 Stäbchen, * 2 Luftmaschen, 2 Maschen übergehen, 1 feste Masche, 3 Luftmaschen, 2 Maschen übergehen, 1 feste Masche, 2 Maschen übergehen, 1 Stäbchen *.

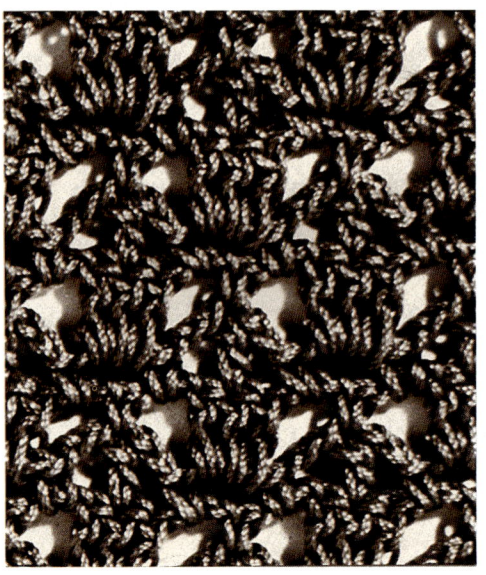

Variiertes Netzmuster

2. Reihe: 2 Luftmaschen, * 2 Luftmaschen, 3 Stäbchen in den Luftmaschenbogen, 2 Luftmaschen, 1 feste Masche *.

3. Reihe: 3 Luftmaschen, * 1 feste Masche in den Luftmaschenbogen, 2 Luftmaschen, 1 Stäbchen in das mittlere Stäbchen, 2 Luftmaschen, 1 feste Masche in den Luftmaschenbogen, 3 Luftmaschen *; Reihe mit 1 Stäbchen beenden.

4. Reihe: Beginnen mit 2 Luftmaschen und versetzt weiterarbeiten wie Reihe 2.

Doppelnetzmuster. Die Zahl der Luftmaschen muß durch 8 teilbar sein, zusätzlich 1 Masche.

1. Reihe: * 1 feste Masche, 3 Luftmaschen, 3 Maschen übergehen *; die Reihe mit 1 festen Masche beenden.

2. Reihe: 2 feste Maschen (eine in die feste Masche, eine in den Bogen der drei Luftmaschen), * 4 Luftmaschen, 1 feste Masche überge-

hen, 3 feste Maschen (eine in den Bogen vor der festen Masche, eine in die feste Masche, eine in den darauf folgenden Bogen) *; die Reihe mit 2 festen Maschen beenden.

3. Reihe: 1 feste Masche, 2 Luftmaschen, * 1 feste Masche in den Bogen, 3 Luftmaschen, 1 feste Masche in die zweite der drei festen Maschen, 3 Luftmaschen *.

4. Reihe: Wieder mit der zweiten Reihe beginnen, dabei das Muster wie folgt versetzen: 4 Luftmaschen, * 3 feste Maschen (eine in den Bogen, eine in die feste Masche, eine in den darauf folgenden Bogen), 4 Luftmaschen, 1 feste Masche übergehen *.

Netzmuster mit Pünktchen. Die Zahl der Luftmaschen muß durch 8 teilbar sein, zusätzlich 1 Masche.

1. Reihe: In die drittletzte Masche: * 1 halbes Stäbchen, 1 Luftmasche, 1 Masche übergehen *. Die Reihe mit einem halben Stäbchen beenden.

2. Reihe: 3 Luftmaschen, das zuletzt gearbeitete

Netzmuster mit Pünktchen

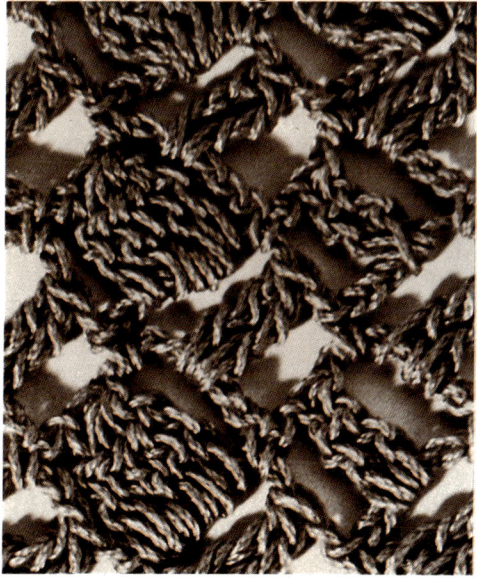

Durchbrochenes Spitzenmuster

1. Reihe: Die ersten 6 Luftmaschen übergehen, * in die folgenden 2 Luftmaschen je ein doppeltes, nicht abgemaschtes Stäbchen arbeiten, Faden umschlagen und die Schlingen auf einmal schließen, 7 Luftmaschen, eine Masche übergehen, 1 feste Masche in die folgende Luftmasche, 1 Luftmasche, 5 Maschen übergehen *. Die Reihe beenden mit zwei halb abgemaschten doppelten Stäbchen, die zusammen abgemascht werden, 7 Luftmaschen, 1 Masche übergehen, 1 feste Masche in die letzte Luftmasche.

2. Reihe: 5 Luftmaschen; in den ersten Bogen der 7 Luftmaschen: * 5 nicht abgemaschte Stäbchen, die alle auf einmal geschlossen werden, 7 Luftmaschen und eine feste Masche, 1 Luftmasche; in den folgenden Luftmaschenbogen 2 nicht abgemaschte doppelte Stäbchen auf einmal schließen, 7 Luftmaschen und eine feste Masche, 1 Luftmasche *. Die Reihe mit einer festen Masche beenden.

3. Reihe: 5 Luftmaschen; in den ersten Bogen der 7 Luftmaschen: * 2 nicht abgemaschte, doppelte Stäbchen, zusammen abschließen, 7 Luftmaschen und eine feste Masche, 1 Luftmasche *.

4. Reihe: 5 Luftmaschen; in den ersten Bogen: * 2 nicht abgemaschte doppelte Stäbchen, zusammen abschließen, 7 Luftmaschen und 1 feste Masche, 1 Luftmasche, in den folgenden Bogen 5 nicht abgemaschte doppelte Stäbchen, zusammen abschließen, 7 Luftmaschen und 1 feste Masche, 1 Luftmasche *. **5. Reihe:** wie 3. Reihe.
6. Reihe: Mit der zweiten Reihe beginnen.

Rankenmuster. Die Zahl der Luftmaschen muß durch 4 teilbar sein, zusätzlich eine Masche.

1. Reihe: 2 Luftmaschen, * in eine Masche ein

halbe Stäbchen übergehen, *, ** 1 halbes Stäbchen in das folgende halbe Stäbchen, 1 Luftmasche ** dreimal, mit der Nadel in das folgende halbe Stäbchen einstechen und ein Pünktchen arbeiten (*** 1 Umschlag, einstechen und einen leicht verlängerten Faden herausziehen *** viermal, die 8 Schlingen auf der Häkelnadel auf einmal abmaschen), 1 Luftmasche *, die Reihe beenden mit ** 1 halben Stäbchen in dem folgenden halben Stäbchen, 1 Luftmasche ** dreimal, 1 halbes Stäbchen in die zweite der drei Luftmaschen, mit denen die Vorreihe begonnen wurde.

3. Reihe: 3 Luftmaschen, das zuletzt gearbeitete halbe Stäbchen übergehen, * 1 halbes Stäbchen in das folgende halbe Stäbchen, 1 Luftmasche *. Das Pünktchen in der Vorreihe als ein halbes Stäbchen ansehen. Die Reihe beenden mit einem halben Stäbchen in die zweite der 3 Luftmaschen, mit denen die Vorreihe beginnt.
4. Reihe: 3 Luftmaschen, das zuletzt gearbeitete halbe Stäbchen übergehen, 1 halbes Stäbchen in das folgende halbe Stäbchen, * 1 Luftmasche, 1 Pünktchen in das folgende halbe Stäbchen, ** 1 Luftmasche, 1 halbes Stäbchen in das folgende halbe Stäbchen ** dreimal *. Die Reihe wie folgt beenden: 1 Luftmasche, 1 Pünktchen, 1 Luftmasche, 1 halbes Stäbchen in das folgende halbe Stäbchen, 1 Luftmasche, 1 halbes Stäbchen in die zweite der 3 Luftmaschen, mit denen die Vorreihe beginnt. **5. Reihe:** wie 3. Reihe.
6. Reihe: Mit der zweiten Reihe beginnen.

Durchbrochenes Spitzenmuster. Die Zahl der Luftmaschen muß durch 9 teilbar sein, zusätzlich 1 Masche.

Rankenmuster

Stäbchen, eine Luftmasche und ein Stäbchen häkeln, 1 Masche übergehen, 1 feste Masche, eine Masche übergehen *. Die Reihe mit einem Stäbchen, 1 Luftmasche, 1 Stäbchen in die letzte Masche abschließen. 2. und folgende Reihen: 2 Luftmaschen, * 1 feste Masche in den Luftmaschenbogen der Vorreihe; 1 Stäbchen, eine Luftmasche, 1 Stäbchen in die feste Masche der Vorreihe häkeln *.

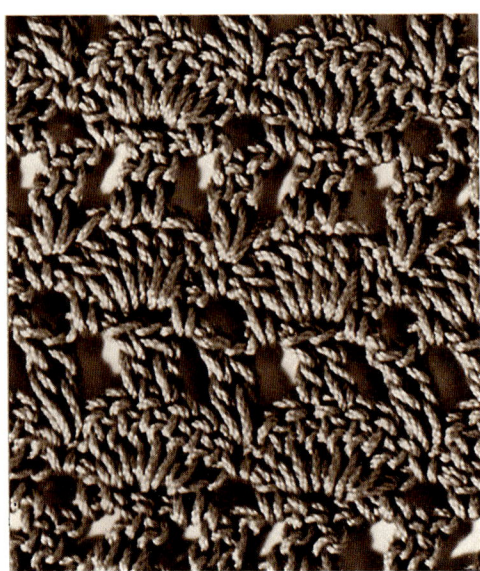

Muster »Graziella«. Die Zahl der Luftmaschen muß durch 6 teilbar sein, zusätzlich 3 Maschen.
1. Reihe: 3 Luftmaschen, 1 Masche übergehen, in die folgende Masche 2 Stäbchen häkeln, * 2 Luftmaschen, 2 Maschen übergehen, in die folgende Masche 2 Stäbchen häkeln *. Die Reihe

mit 2 Stäbchen in die vorletzte Masche der Vorreihe beenden, 1 Stäbchen, 3 Luftmaschen.
2. Reihe: * In die Luftmaschenbögen der Vorreihe 1 feste Masche, 2 Luftmaschen *, die Reihe mit einer festen Masche und 3 Luftmaschen abschließen.
3. Reihe: * 1 feste Masche in den ersten Luftmaschenbogen der Vorreihe, 6 Stäbchen in den darauffolgenden Bogen *. Die Reihe mit einer festen Masche und 3 Luftmaschen beenden.
4. Reihe: In die erste feste Masche 2 Stäbchen häkeln, * 2 Luftmaschen, 1 Stäbchen in die 3. Masche und 1 Stäbchen in die 4. Masche der Stäbchengruppe der Vorreihe häkeln, 2 Luftmaschen, 2 Stäbchen in die feste Masche *, die Reihe mit 1 Stäbchen, 3 Luftmaschen beenden.
5. Reihe: Mit der zweiten Reihe beginnen.

Links: Muster »Graziella«   *Oben: Smokmuster*

Smokmuster. Die Zahl der Luftmaschen muß durch 4 teilbar sein.
1. Reihe: (Rückseite der Arbeit) 2 Luftmaschen, 2 Maschen übergehen, * 1 Stäbchen, 2 Luftmaschen und 1 Stäbchen in eine Masche arbeiten, 3 Maschen übergehen *. Die Reihe mit ›V‹ beenden.
2. Reihe: (Vorderseite der Arbeit) 1 Luftmasche, * 3 halbe Stäbchen in den Luftmaschenbogen (halbes Stäbchen: Faden umschlagen, in die Grundmasche einstechen, Faden durch eine Schlinge ziehen; Faden umschlagen und durch alle drei auf der Nadel befindlichen Schlingen ziehen), 1 Luftmasche *. Die Reihe mit einem halben Stäbchen beenden.
3. Reihe: 2 Luftmaschen, mit der Nadel in den Bogen 2 Reihen unter dem ersten Stäbchen einstechen und 1 Stäbchen häkeln, * 3 halbe

Stäbchen übergehen, mit der Nadel 2 Reihen weiter unten zwischen das 2. Stäbchen des ersten ›V‹ und dem 1. Stäbchen des zweiten ›V‹ einstechen und 1 Stäbchen häkeln, 2 Luftmaschen und 1 Stäbchen ∗. Mit einem Stäbchen beenden.

4. Reihe: 1 Luftmasche, 1 halbes Stäbchen, 1 Luftmasche, ∗ 3 halbe Stäbchen in den Luftmaschenbogen, 1 Luftmasche ∗. Die Reihe mit 2 halben Stäbchen beenden.

5. Reihe: Mit der ersten Reihe beginnen, wobei für die Stäbchen wie in der 3. Reihe 2 Reihen weiter unten eingestochen wird.

Links:
Lochreihen

Oben: Muster »Silvia«
Unten: Lochmuster I

Lochreihen (Bänderdurchzug). Einen Luftmaschenanschlag mit ungerader Maschenzahl arbeiten.

1., 2. und 3. Reihe: Feste Maschen arbeiten.

4. Reihe: 3 Luftmaschen, ∗ 1 Stäbchen, 1 Luftmasche, 1 Masche übergehen ∗. Die Reihe mit einem Stäbchen beenden.

5. Reihe: ∗ 1 feste Masche in das Stäbchen, 1 feste Masche in die Luftmasche ∗.

6. Reihe: Mit der zweiten Reihe beginnen.

Muster »Silvia«. Die Zahl der Luftmaschen muß durch 6 teilbar sein, zusätzlich 4 Maschen.

1. Reihe: ∗ 4 Stäbchen, 2 Luftmaschen, 2 Maschen übergehen ∗. Abschließen mit 4 Stäbchen.

2. Reihe: 3 Luftmaschen, je 1 Stäbchen in die 4 Stäbchen, ∗ in den Luftmaschenbogen der Vorreihe 4 Stäbchen arbeiten, 2 Luftmaschen, in den Zwischenraum zwischen der 2. und 3. Masche der Stäbchengruppe der Vorreihe 1 feste Masche arbeiten, 2 Luftmaschen ∗. Mit 4 Stäbchen in den letzten Bogen, je 1 Stäbchen in die folgenden Stäbchen die Reihe beenden.

3. Reihe: 3 Luftmaschen, je 1 Stäbchen in die 4 Stäbchen, ∗ 4 Stäbchen in die 4 Stäbchen der Vorreihe, 2 Luftmaschen ∗; die Reihe mit 8 Stäbchen beenden.

4. Reihe: Mit der 2. Reihe beginnen, dabei das Muster entsprechend versetzt arbeiten.

Lochmuster I. Die Zahl der Luftmaschen muß durch 3 teilbar sein, zusätzlich 1 Masche.

1. Reihe: ∗ 1 feste Masche, 2 Luftmaschen, 2 Maschen übergehen ∗. Die Reihe mit einer festen Masche beenden.

2. Reihe: 3 Luftmaschen, ∗ in den ersten Luftmaschenbogen 1 Stäbchen, 1 Luftmasche; in den zweiten Luftmaschenbogen 2 Stäbchen, 1 Luftmasche und 2 Stäbchen, 1 Luftmasche ∗.

3. Reihe: ∗ 1 feste Masche vor das 1. Stäbchen, 2

Luftmaschen, 1 feste Masche hinter das Stäbchen, 2 Luftmaschen, 1 feste Masche in den Luftmaschenbogen zwischen der Vierergruppe, 1 Luftmasche *.

4. Reihe: mit der 2. Reihe beginnen, indem das Stäbchen in die feste Masche gearbeitet wird, die die Vierergruppe der Stäbchen trennt, wodurch das Motiv verschoben wird.

Lochmuster II. Die Zahl der Luftmaschen muß durch 6 teilbar sein, zusätzlich 1 Masche.

Links: Lochmuster II   Oben: Lochmuster III

1. Reihe: * 1 feste Masche, 1 Stäbchen, 4 doppelte Stäbchen *, die Reihe mit einer festen Masche beenden.

2. Reihe: 1 Stäbchen in die feste Masche, 3 Luftmaschen, * 1 feste Masche zwischen das 2. und 3. doppelte Stäbchen, 6 Luftmaschen *. Die Reihe mit einem Stäbchen in die letzte feste Masche abschließen.

3. Reihe: 1 feste Masche in das Stäbchen, * 1 Stäbchen, 4 doppelte Stäbchen in den Bogen der 6 Luftmaschen, 1 feste Masche in die feste Masche *. Die Reihe abschließen mit 1 Stäbchen und 1 doppeltem Stäbchen in den Bogen der 3 Luftmaschen der Vorreihe, 1 feste Masche in die letzte feste Masche der Vorreihe.

4. Reihe: Mit der ersten Reihe beginnen.

Lochmuster III. Die Zahl der Luftmaschen muß durch 7 teilbar sein.

1. Reihe: 1 Stäbchen in die viertletzte Luftmasche, * 2 Luftmaschen, 1 Masche übergehen; in die folgende Masche 1 feste Masche, 2 Luftmaschen, 1 Masche übergehen, in jede der folgenden 4 Maschen je ein Stäbchen *. Die Reihe in der letzten Wiederholung mit 2 anstatt 4 Stäbchen und weiteren 5 Luftmaschen beenden.

2. Reihe: 1 feste Masche in den ersten Bogen mit 2 Luftmaschen, * 3 Luftmaschen, 1 feste Masche in den folgenden Bogen, 4 Luftmaschen und 1 feste Masche in den darauffolgenden Bogen *. Die Reihe beenden mit 3 Luftmaschen, 1 festen Masche in den darauffolgenden Bogen, 2 Luftmaschen und 1 Stäbchen in die erste Luftmasche der Vorreihe, 1 Luftmasche.

3. Reihe: 1 feste Masche in den ersten Bogen der Vorreihe, 2 Luftmaschen, 1 Fächer (4 Stäbchen) in den folgenden Bogen mit 3 Luftmaschen, * 2 Luftmaschen, 1 feste Masche in die Mitte des darauffolgenden Bogens der 4 Luftmaschen, 2 Luftmaschen und 1 Fächer in den darauffolgenden Bogen der 3 Luftmaschen *. Die Reihe beenden mit 2 Luftmaschen, 1 festen Masche in die 3. der 5 Anfangsluftmaschen der Vorreihe, 4 Luftmaschen.

4. Reihe: 1 feste Masche in den ersten Bogen der 2 Luftmaschen, * 4 Luftmaschen, 1 feste Masche in den folgenden Bogen der 2 Luftmaschen, 3 Luftmaschen, 1 feste Masche in den folgenden Bogen der 2 Luftmaschen *. Die Reihe beenden mit 4 Luftmaschen, 1 festen Masche in den folgenden Bogen, 2 Luftmaschen, 1 halben Stäbchen in die letzte Grundmasche, 3 Luftmaschen.

5. Reihe: 1 Stäbchen in den ersten Bogen, * 2 Luftmaschen, 1 feste Masche in den Bogen der 4 Luftmaschen, 2 Luftmaschen, 1 Fächer in den Bogen der 3 Luftmaschen *. Die Reihe beenden mit 2 Luftmaschen, 1 festen Masche in den folgenden Bogen, 2 Luftmaschen, 1 Stäbchen in die 2. der 4 Anfangsluftmaschen der Vorreihe, 5 Luftmaschen.

6. Reihe: Mit der zweiten Reihe beginnen.

Zweifarbiges Zickzackmuster. Die Zahl der Luftmaschen muß durch 5 teilbar sein, zusätzlich 1 Masche.

1. Reihe: (1. Farbe) 3 Luftmaschen, eine Masche übergehen, ∗ einen kleinen Fächer in eine Masche arbeiten (2 Stäbchen, 1 Luftmasche, 2 Stäbchen), 2 Luftmaschen; 4 Maschen übergehen ∗. Die Reihe beenden mit einer festen Masche.

2. Reihe: (2. Farbe) 1 feste Masche, ∗ 5 Luftmaschen, in den Luftmaschenbogen der in der 1. Reihe übergangenen 4 Luftmaschen 1 feste

Oben: Zweifarbiges Fächermuster

Unten: Zweifarbiges Wellenmuster

Zweifarbiges Zickzackmuster

Masche häkeln, wobei der kleine Fächer der ersten Farbe hinter der Nadel bleibt ∗. Die Reihe mit einer festen Masche beenden.

3. Reihe: (2. Farbe) 3 Luftmaschen, ∗ mit der Nadel in den Luftmaschenbogen des Fächers der ersten Farbe einstechen und einen kleinen Fächer arbeiten, ebenso in den Bogen der 5 Luftmaschen der zweiten Farbe, 2 Luftmaschen ∗. Die Reihe mit einer festen Masche beenden.

4. Reihe: (1. Farbe) 1 feste Masche, ∗ 5 Luftmaschen, der kleine Fächer der zweiten Farbe bleibt hinter der Nadel, mit der Nadel in den Bogen der 2 Luftmaschen der ersten Farbe des darunter liegenden Motivs einstechen und eine feste Masche häkeln ∗.

5. Reihe: Mit der zweiten Reihe beginnen, immer zwei Reihen pro Farbe.

Zweifarbiges Fächermuster. Die Zahl der Luftmaschen muß durch 4 teilbar sein, zusätzlich 1 Masche.

1. Reihe: Feste Maschen mit der ersten Farbe.

2. Reihe: ∗ 2 Stäbchen in eine Masche, 1 Luftmasche, 3 Maschen übergehen ∗, die Reihe mit einem Stäbchen beenden.

3. Reihe: ∗ 2 Stäbchen in die zweite der Maschen, die in der ersten Reihe übergangen wurden, 1 Luftmasche ∗.

4. Reihe: Mit der zweiten Farbe, ∗ 2 Stäbchen

zwischen die 2 Stäbchen der 2. Reihe, 1 Luftmasche ∗.

5. Reihe: ∗ 2 Stäbchen zwischen die 2 Stäbchen der 3. Reihe, 1 Luftmasche ∗.

6. Reihe: mit der ersten Farbe wie bei der 5. Reihe zwischen die 2 Stäbchen der 4. Reihe einstechen.

7. Reihe: wie 6. Reihe, zwischen die 2 Stäbchen der 5. Reihe einstechen.

8. Reihe: Mit der 4. Reihe beginnen.

Zweifarbiges Wellenmuster. Die Zahl der Luftmaschen muß durch 14 teilbar sein.

1. Reihe: Mit der ersten Farbe in die vorletzte

Luftmasche beginnen. * 1 feste Masche, 2 halbe Stäbchen, 2 Stäbchen, 3 doppelte Stäbchen, 2 Stäbchen, 2 halbe Stäbchen, 2 feste Maschen *.

2. Reihe: (Vorderseite der Arbeit) 1 Luftmasche zum Wenden, 1 Masche übergehen und die Reihe mit festen Maschen arbeiten.

3. Reihe: (Rückseite der Arbeit) Mit der zweiten Farbe 4 Luftmaschen; in die zweite Luftmasche einstechen: * 1 doppeltes Stäbchen, 2 Stäbchen, 2 halbe Stäbchen, 3 feste Maschen, 2 halbe Stäbchen, 2 Stäbchen, 2 doppelte Stäbchen *.

4. Reihe: Wie 2. Reihe.

5. Reihe: Mit der ersten Reihe beginnen und die Farbe alle zwei Reihen wechseln.

Zweifarbiges Sternmuster. Mit der ersten Farbe eine durch 6 teilbare Anzahl von Luftmaschen häkeln, zusätzlich 1 Masche.

1. Reihe: feste Maschen.

2. Reihe: * 1 feste Masche, 2 Maschen überge-

Zweifarbiges Sternmuster

hen, in die folgende Masche 7 Stäbchen, 2 Maschen übergehen *.

3. Reihe: Mit der 2. Farbe 3 Luftmaschen (sie stehen für das erste Stäbchen der 2. Motivgruppe), in die ersten 3 Stäbchen je 1 halb abgemaschtes Stäbchen häkeln, die dann gemeinsam abgemascht werden, * 4 Luftmaschen, 1 feste Masche in das folgende Stäbchen (das mittlere Stäbchen der Stäbchengruppe der Vorreihe), 3 Luftmaschen, 3 halb abgemaschte Stäbchen in die folgenden Stäbchen, 1 halb abgemaschtes Stäbchen in die feste Masche, 3 halb abgemaschte Stäbchen in die folgenden Stäbchen, Faden umschlagen und alle 8 Schlingen auf der Häkelnadel auf einmal abmaschen *. Die Reihe mit einem halben Motiv beenden (3 halb abgemaschte Stäbchen in die letzten 3 Stäbchen der

Vorreihe und 1 Stäbchen in die folgende feste Masche, alle 4 Stäbchen auf einmal abmaschen).

4. Reihe: Mit der zweiten Farbe 3 Luftmaschen; in die Masche, die die 4 Stäbchen der Vorreihe abschließt, 3 Stäbchen, * 1 feste Masche in die feste Masche der Vorreihe, 7 Stäbchen in die Masche arbeiten, die die 7 Stäbchen der Vorreihe abschließt *. Die Reihe beenden mit 4 Stäbchen in die Masche, die die letzte Gruppe der Vorreihe schließt.

Mit der 3. Reihe erneut beginnen, dabei die Farbe alle 2 Reihen wechseln.

Dreifarbiges Muster

Dreifarbiges Muster. Die Zahl der Luftmaschen muß durch 4 teilbar sein, zusätzlich 3 Maschen.

1. Reihe: Mit der ersten Farbe 3 Stäbchen, * 1 Luftmasche, 1 Masche übergehen, 3 Stäbchen *.

2. Reihe: Mit der zweiten Farbe 2 Luftmaschen, * 3 Stäbchen in die übergangene Masche der 1. Reihe arbeiten, 1 Luftmasche *.

3. Reihe: Mit der dritten Farbe * 3 Stäbchen in das 2. Stäbchen der 1. Reihe, 1 Luftmasche *. Die 3. Reihe immer wiederholen, in jeder Reihe die Farbe wechseln.

Tunesisches Phantasiemuster. Eine Luftmaschenkette häkeln.

1. Reihe: Im Tunesischen Stich Hin- und Rückreihe arbeiten.

2. Reihe: Hinreihe: * durch 2 senkrechte Schlingen der Vorreihe stechen und 1 Masche arbeiten, in den waagrechten Faden von links einstechen und eine Masche arbeiten *. Rückreihe: 2 Maschen getrennt schließen, * 1 Luftmasche, 2 Maschen zusammen schließen *.

3. Reihe: Hinreihe: wie die Hinreihe der 2. Reihe. Rückreihe: wie die Rückreihe der 1. Reihe.

4. Reihe: Mit der 2. Reihe beginnen.

Zum Abketten der Maschen eine Hinreihe wie folgt arbeiten: * Für eine Kettmasche in die Luftmasche der Vorreihe einstechen; unter die

Oben: Tunesisches Phantasiemuster
Unten: Tunesisches Rippenmuster

Wechselmuster. Eine ungerade Anzahl Luftmaschen häkeln.

1. Reihe: Im Tunesischen Stich Hin- und Rückreihe arbeiten.

2. Reihe: Hinreihe: 1 Masche übergehen, unter den senkrechten Faden einstechen, Faden umschlagen und durchziehen, * Faden zweimal umschlagen, dabei mit der Häkelnadel hinter dem Faden durchgehen, zum Heraufholen der Schlinge durch die beiden senkrecht liegenden Fäden der Vorreihe hindurch nach hinten einstechen, die letzte Rückreihe wird dabei mitgefaßt, und den Faden durchziehen, Faden umschlagen und damit die zwei Maschen schließen (Faden

Wechselmuster

durch die zwei senkrechten Maschen ziehen) *.
Eine Masche aus dem letzten senkrechten Faden herauszuziehen. Rückreihe: 1 Luftmasche, * Faden umschlagen und zwei Maschen schließen (die Häkelnadel so drehen, daß nicht der Umschlagsfaden verlorengeht) *.

3. Reihe: wie 2. Reihe, dabei das Motiv verschieben (die erste Masche in der Hinreihe auslassen), arbeiten von * bis *.

4. Reihe: Mit der 2. Reihe beginnen.

zwei Fäden der zusammen abgeschlossenen Maschen einstechen und eine Kettmasche arbeiten *.

Tunesisches Rippenmuster. Die Zahl der Luftmaschen muß durch 3 teilbar sein.

1. Reihe: Im Tunesischen Stich Hin- und Rückreihe arbeiten.

2. und folgende Reihen: Hinreihen: * 3 normale Maschen, für 3 Maschen jeweils zwischen die zwei senkrechten Fäden einstechen *.
Rückreihe: wie die Rückreihe der ersten Reihe.

Tunesisches Karomuster. Die Zahl der Luftmaschen muß durch 5 teilbar sein.

1. Reihe: Mit der ersten Farbe im Tunesischen Stich Hin- und Rückreihe arbeiten.

2. und 3. Reihe: Mit der zweiten Farbe Hinreihe: * 2 Maschen übergehen, 3 Maschen arbeiten *. Rückreihe: * 3 Maschen schließen, 2 Luftmaschen *. Zum Schluß 3 Maschen abschließen (die dritte bleibt immer auf der Häkelnadel).

Tunesisches Karomuster

4. Reihe: Mit der ersten Farbe Hinreihe: 2 normale Maschen, ∗ ein halb abgemaschtes Stäbchen in den senkrechten Faden jeder übergangenen Masche der ersten Farbe, 3 Maschen ∗. Rückreihe: Mit der ersten Farbe wie die Rückreihe der ersten Reihe.
5. Reihe: Mit der 2. Reihe in der 2. Farbe wiederholen.

Tunesisches Hahnentritt-Muster. Eine ungerade Anzahl Luftmaschen in der ersten Farbe häkeln.
1. Reihe: Hinreihe: im Tunesischen Stich. Rück-

Tunesisches Hahnentritt-Muster

reihe: mit der zweiten Farbe die Maschen normal schließen.
2. Reihe: Hinreihe mit der zweiten Farbe: ∗ eine normale Masche, eine Masche übergehen ∗. Die Reihe mit einer normalen Masche beenden. Rückreihe mit der ersten Farbe: ∗ eine Masche schließen, eine Luftmasche ∗.
3. Reihe: Hinreihe mit der ersten Farbe: ∗ 1 Masche übergehen, 1 halb abgemaschtes Stäbchen in die Masche der ersten Farbe (unter den senkrechten Faden einstechen), die in der vorigen Hinreihe übergangen wurde ∗; die letzte Masche nicht arbeiten. Rückreihe mit der zweiten Farbe: ∗ eine Masche schließen, eine Luftmasche ∗.
4. Reihe: Hinreihe mit der zweiten Farbe: ∗ 1 halb abgemaschtes Stäbchen in die Masche der gleichen Farbe (unter den senkrechten Faden einstechen), die in der vorigen Hinreihe übergangen wurde, 1 Masche übergehen ∗. Die Reihe beenden mit einem halb abgemaschten Stäbchen in die letzte Masche. Rückreihe mit der 1. Farbe: ∗ eine Masche schließen, 1 Luftmasche ∗.
5. Reihe: Mit der 3. Reihe beginnen.

Abgewandeltes Tunesisches Muster. Einen Luftmaschenanschlag arbeiten.

Abgewandeltes Tunesisches Muster

1. Reihe: Im Tunesischen Stich Hin- und Rückreihe arbeiten.
2. und folgende Reihen: Hinreihe: 1 Masche übergehen, ∗ von hinten unter den senkrechten Faden und den waagrechten Faden einstechen und eine Masche heraufholen ∗. Rückreihe: Maschen normal schließen.

In sich geschlossene Einzelteile

Häkelarbeiten werden vielfach aus einzelnen gehäkelten Teilen wie Quadraten, Kreisen oder Rhomben zusammengesetzt. Unsere Beispiele lassen die Vielfalt der Möglichkeiten erkennen: vom farbenfrohen und lebendigen Patchwork, vor allem aus Wolle, bis zur Kombination komplizierter Motive, die aus Baumwolle, Leinen und Seide gearbeitet elegant und wertvoll wirken können.

Raute aus festen Maschen. 3 Luftmaschen häkeln.

1. Reihe: 1 feste Masche in die zweite Luftmasche, 1 feste Masche in die folgende Luftmasche.

2. Reihe: 1 Luftmasche zum Wenden, 2 feste Maschen in die erste Masche, 1 feste Masche in die folgende Masche.

3. Reihe: 1 Luftmasche zum Wenden, 2 feste Maschen in die erste Masche, je eine feste Masche in die 2 folgenden Maschen.

4. Reihe: 1 Luftmasche zum Wenden, 2 feste Maschen in die erste Masche, je eine feste Masche in die 3 folgenden Maschen.

5. bis 15. Reihe: jeweils in die erste Masche 2 feste Maschen, bis 16 feste Maschen erreicht sind.

16. Reihe: 1 Luftmasche zum Wenden, 1 Masche abnehmen (in die erste Masche einstechen, Faden durchziehen, in die zweite Masche einstechen, Faden durchziehen, die drei Schlingen auf einmal schließen), 14 feste Maschen.

Raute aus festen Maschen

17. Reihe: 1 Luftmasche zum Wenden, 1 Masche abnehmen, 13 feste Maschen.

18. bis 29. Reihe: am Anfang jeder Reihe 1 Masche abnehmen, bis außer der abgenommenen Masche noch 1 feste Masche gehäkelt wird.

30. Reihe: 1 Luftmasche zum Wenden, 1 Masche abnehmen, mit fortlaufendem Faden die Raute mit festen Maschen umhäkeln, in den Ecken eine Luftmasche häkeln. Faden abreißen.

Streifen »Alt-Amerika« für Decken. Mit der ersten Farbe 5 Luftmaschen häkeln, mit einer Kettmasche in die erste Luftmasche den Ring schließen.

1. Reihe: im Kreis arbeiten ∗ 3 halbe Stäbchen, 1 Luftmasche ∗ viermal. Diese und alle folgenden Reihen mit einer Kettmasche an die Anfangsmasche schließen, Faden abreißen.

2. Reihe: Mit der zweiten Farbe in jeden Luftmaschenbogen 3 halbe Stäbchen, 1 Luftmasche, 3 halbe Stäbchen; 1 Luftmasche; Faden abreißen.

3. Reihe: Mit der dritten Farbe ∗ in den Bogen der Eckluftmaschen 3 halbe Stäbchen, 1 Luftmasche und 3 halbe Stäbchen häkeln; 1 Luftmasche, in den Luftmaschenbogen zwischen den Ecken 3 halbe Stäbchen, 1 Luftmasche ∗, viermal; Faden abreißen.

4. Reihe: Mit der vierten Farbe ∗ in den Bogen der Eckluftmaschen 3 halbe Stäbchen, 1 Luftmasche und 3 halbe Stäbchen häkeln; 1 Luftmasche, 3 halbe Stäbchen in den folgenden Bogen; 1 Luftmasche, 3 halbe Stäbchen in den Bogen vor der Ecke ∗ viermal; Faden abreißen.

Weitere Quadrate in der gleichen Art herstellen; in der vierten Reihe werden sie wie folgt verbunden:

Bevor die Anfangsecke geschlossen wird, die Häkelnadel herausziehen, in den Eckbogen des ersten Quadrates einstechen und mit einer Kettmasche schließen. So entsteht eine Reihe von Quadraten in der gewünschten Länge, die untereinander an den Ecken verbunden sind.

5. Reihe: Mit der fünften Farbe an einer nicht verbundenen Ecke beginnen: ∗ 3 halbe Stäbchen, 1 Luftmasche und 3 halbe Stäbchen; ∗∗ 1 Luftmasche und 3 halbe Stäbchen ∗∗ dreimal, 1 Luftmasche ∗; von ∗ bis ∗ wiederholen, bis man die Verbindungsecke erreicht; in die Kettmasche, die der Ecke des zweiten Quadrates vorausgeht, 3 halbe Stäbchen, 1 Luftmasche häkeln.

So fortfahren: in die Bögen der Luftmaschen und in die Ecken entlang der gesamten Kante arbeiten, bis man zum Anfang gelangt; Faden abreißen.

6. Reihe: Mit der sechsten Farbe wie 5. Reihe.

7. Reihe: Mit der siebten Farbe wie 5. Reihe.

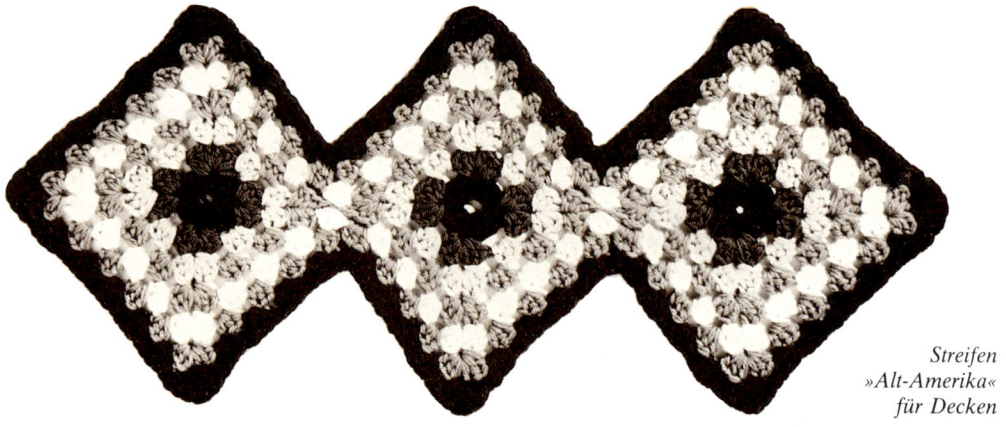

Streifen
»Alt-Amerika«
für Decken

Zweifarbiges Sechseck. Mit der ersten Farbe 8 Luftmaschen häkeln, die mit einer Kettmasche zu einem Ring geschlossen werden.

1. Reihe: In diesen Ring 18 feste Maschen arbeiten, mit einer Kettmasche an die erste Masche abschließen.

2. Reihe: 1 feste Masche in die erste feste Masche der Vorreihe, * 5 Luftmaschen, 2 Maschen übergehen, 1 feste Masche in die folgende Masche *. Abschließen mit einer Kettmasche an die erste Masche (= 6 Bögen).

3. Reihe: 1 Kettmasche in den ersten Bogen, 5 Luftmaschen, 7 dreifache Stäbchen in einen Bogen; in jeden folgenden Bogen 8 dreifache Stäbchen arbeiten, abschließen mit einer Kettmasche in die fünf Luftmaschen.

4. Reihe: 1 feste Masche in die fünfte Luftmasche der Vorreihe und in jedes der folgenden 7 dreifachen Stäbchen, * 3 Luftmaschen, je eine feste Masche in die folgenden 8 dreifachen Stäbchen *. Abschließen mit 3 Luftmaschen, 1 Kettmasche an die erste feste Masche, Faden abreißen.

5. Reihe: Mit der zweiten Farbe in den ersten Bogen der 3 Luftmaschen beginnen mit 4 Luftmaschen, 2 nicht abgemaschten, doppelten Stäbchen, die gemeinsam abgemascht werden (Grüppchen); dann 5 Luftmaschen, 1 Grüppchen von 3 doppelten, nicht abgemaschten Stäbchen in die gleiche Masche, *** 3 Luftmaschen, 1 Grüppchen von 3 doppelten Stäbchen in die dritte feste Masche ** zweimal, 3 Luftmaschen; in den folgenden Bogen 2 Grüppchen von je 3 doppelten Stäbchen, 5 Luftmaschen, 2 Grüppchen von je 3 doppelten Stäbchen *. Abschließen mit ** 3 Luftmaschen, einer Gruppe von 3 doppelten Stäbchen in die dritte feste Masche ** zweimal, 3 Luftmaschen, 1 feste Masche in die Abschlußmasche des ersten Grüppchens.

6. Reihe: Mit der ersten Farbe im ersten Bogen der 5 Luftmaschen beginnen: in den gleichen Bogen 3 feste Maschen, 3 Luftmaschen und 3 feste Maschen, * 3 feste Maschen in jeden der 3 folgenden Bögen, in den folgenden Zwischenraum 3 feste Maschen, 3 Luftmaschen und 3 feste Maschen *; abschließen mit 3 festen Maschen in jeden der folgenden 3 Zwischenräume, 1 Kettmasche an die erste feste Masche.

7. Reihe: 1 Kettmasche an die folgende feste Masche, 4 Luftmaschen, 1 Grüppchen von zwei nicht abgemaschten doppelten Stäbchen in die gleiche Masche wie die Kettmasche, * 3 Luftmaschen, in den folgenden Bogen 2 Grüppchen von

Zweifarbiges
Sechseck

je 3 doppelten Stäbchen, getrennt von 5 Luftmaschen, 3 Luftmaschen, 1 Grüppchen von 3 doppelten Stäbchen in die zweite feste Masche, ∗∗3 Luftmaschen, eine Gruppe von 3 doppelten Stäbchen in die dritte feste Masche ∗∗ viermal ∗; von ∗ bis ∗ wiederholen, dabei ein Grüppchen am Ende der Reihe auslassen, eine Kettmasche in die Abschlußmasche der ersten Gruppe.

8. Reihe: 3 feste Maschen in den folgenden Zwischenraum; in den darauf folgenden Zwischenraum 3 feste Maschen, 3 Luftmaschen und 3 feste Maschen; 3 feste Maschen in jeden der folgenden 5 Zwischenräume, wiederholen und mit einer Kettmasche in die erste feste Masche abschließen.

9. Reihe: Mit der zweiten Farbe mit 3 festen Maschen in den ersten Bogen der 3 Luftmaschen beginnen, ∗ 1 feste Masche in jede der folgenden 24 festen Maschen, in den folgenden Bogen 3 feste Maschen ∗. Abschließen mit einer festen Masche in jede der folgenden 24 festen Maschen, 1 Kettmasche in die erste feste Masche.

Mehrfarbiger Zickzackstreifen. 20 Luftmaschen häkeln.

1. Reihe: Mit der fünftletzten Luftmasche beginnen: ∗ 3 Stäbchen in die gleiche Masche, 2 Maschen übergehen ∗ viermal; 3 Stäbchen in die folgende Masche, 2 Maschen übergehen, 1 Stäbchen in die letzte Masche (5 Gruppen).

2. Reihe: 3 Luftmaschen zum Wenden, das Stäbchen und die zuletzt gearbeitete Gruppe übergehen, ∗ 1 Gruppe zwischen die zwei Gruppen der Vorreihe ∗ viermal; unter die 4 Luftmaschen, mit denen die 1. Reihe beginnt, einstechen und eine Gruppe häkeln, eine Luftmasche und noch ein Stäbchen.

3. Reihe: 4 Luftmaschen zum Wenden, 1 Gruppe in den Luftmaschenbogen nach dem Stäbchen, ∗ jeweils 1 Gruppe zwischen zwei Gruppen ∗ viermal; ein Stäbchen in die dritte der 3 Luftmaschen, mit denen die zweite Reihe beginnt.

4. bis 11. Reihe: Mit der zweiten Reihe beginnen und die Farbe bei der 8. Reihe wechseln.

12. Reihe: 3 Luftmaschen zum Wenden, das Stäbchen und die zuletzt gearbeitete Gruppe übergehen, ∗ eine Gruppe zwischen zwei Gruppen ∗ viermal, unter die 4 Luftmaschen am Beginn der Vorreihe einstechen und eine Gruppe häkeln.

13. Reihe: 3 Luftmaschen zum Wenden, die zuletzt gehäkelte Gruppe übergehen, ∗ 1 Gruppe zwischen zwei Gruppen ∗ viermal; unter die 3 Luftmaschen am Beginn der Vorreihe einstechen und 1 Gruppe häkeln, 1 Luftmasche, 1 Stäbchen.

14. Reihe: Farbe wechseln; 4 Luftmaschen zum Wenden, 1 Gruppe in den Luftmaschenbogen nach dem Stäbchen der Vorreihe, ∗ 1 Gruppe zwischen zwei Gruppen ∗ viermal; ein Stäbchen in die dritte Luftmasche der 3 Luftmaschen am Beginn der Vorreihe.

15. Reihe: 3 Luftmaschen zum Wenden, das Stäbchen und die zuletzt gearbeitete Gruppe übergehen, ∗ 1 Gruppe zwischen zwei Gruppen ∗ viermal, unter die 4 Luftmaschen am Beginn der Vorreihe einstechen und eine Gruppe häkeln, 1 Luftmasche, 1 Stäbchen.

16. bis 23. Reihe: Mit der 14. Reihe beginnen, Farbe bei der 20. Reihe wechseln.

24. Reihe: 3 Luftmaschen zum Wenden, 1 Gruppe in den Luftmaschenbogen nach dem Stäbchen der Vorreihe, ∗ 1 Gruppe zwischen zwei Gruppen ∗ viermal; ein Stäbchen in die dritte Luftmasche, mit denen die Vorreihe beginnt.

25. Reihe: 4 Luftmaschen zum Wenden, 1 Gruppe in den Luftmaschenbogen nach dem Stäbchen und vor der 5. Gruppe der Vorreihe, ∗ 1 Gruppe zwischen zwei Gruppen ∗ viermal; ein Stäbchen in die 3. Luftmasche der Anfangsluftmaschen der Vorreihe.

Mit der ersten Reihe beginnen.

Alle 6 Reihen Farbe wechseln.

Mehrfarbiger Zickzackstreifen

Mehrfarbiger Streifen für eine Decke. Mit der ersten Farbe 13 Luftmaschen aufnehmen.

1. Reihe: (Rückseite der Arbeit) In die neuntletzte Luftmasche 1 Stäbchen, 4 Luftmaschen, in die letzte Luftmasche 1 feste Masche.

2. Reihe: (Vorderseite der Arbeit) 3 Luftmaschen zum Wenden, 9 Stäbchen in den ersten Luftmaschenbogen, 1 Stäbchen in das Stäbchen, 10 Stäbchen in den zweiten Luftmaschenbogen.

3. Reihe: 6 Luftmaschen zum Wenden, 1 Stäbchen in das 3. Stäbchen, * 2 Luftmaschen, 1 Masche übergehen, 1 Stäbchen in die folgende Masche *, abschließen mit 2 Luftmaschen und einem Stäbchen in die dritte Luftmasche der Vorreihe (= 10 Zwischenräume).

4. Reihe: 3 Luftmaschen zum Wenden, * 3 Stäbchen in den Luftmaschenbogen, 1 Stäbchen in das Stäbchen *, abschließen mit 3 Stäbchen in den Luftmaschenbogen aus den Wendeluftmaschen der Vorreihe.

5. Reihe: 6 Luftmaschen zum Wenden, fortfahren wie bei der 3. Reihe (= 20 Zwischenräume). Mit dieser Reihe endet das Motiv; Faden abreißen.

6. Reihe: (Rückseite der Arbeit, in die gleiche Richtung wie die 5. Reihe) Mit der zweiten Farbe in das 8. Stäbchen eine feste Masche arbeiten, 4 Luftmaschen, 1 Stäbchen übergehen, 1 Stäbchen in das mittlere Stäbchen des vorhergehenden Motivs, 4 Luftmaschen, 1 Stäbchen übergehen, 1 feste Masche in das folgende Stäbchen. Abschließen mit 2 Luftmaschen und einer Kettmasche in das folgende Stäbchen des ersten Motivs.

7. Reihe: (Vorderseite der Arbeit) 9 Stäbchen in den ersten Luftmaschenbogen, 1 Stäbchen in das mittlere Stäbchen, 10 Stäbchen in den zweiten Luftmaschenbogen, abschließen mit 2 Luftmaschen und einer Kettmasche in das folgende Stäbchen des ersten Motivs.

8. Reihe: * 2 Luftmaschen, 1 Stäbchen in das zweite Stäbchen *. Abschließen mit 2 Luftmaschen und einer Kettmasche in das folgende Stäbchen des ersten Motivs (= 10 Zwischenräume).

9. Reihe: * 3 Stäbchen in den Luftmaschenbogen, 1 Stäbchen in das Stäbchen *. Abschließen mit 2 Luftmaschen und einer Kettmasche in das folgende Stäbchen des ersten Motivs.

10. Reihe: Wie 8. Reihe.

Von 6. bis 10. Reihe immer wiederholen und alle 5 Reihen die Farbe wechseln.

Stern. 8 Luftmaschen häkeln und mit einer Kettmasche zu einem Ring schließen.

1. Reihe: 12 feste Maschen in diesen Ring häkeln, mit einer an die erste Masche angehäkelte Kettmasche schließen. (In den folgenden Reihen die erste Masche durch eine Luftmasche ersetzen; das erste Stäbchen, doppelte Stäbchen bzw. dreifache Stäbchen jeweils drei, vier bzw. fünf Luftmaschen)

2. Reihe: Feste Maschen, viermal verteilt zunehmen. Abschließen mit einer an die erste Masche angehäkelte Kettmasche.

3. Reihe: * 1 dreifaches Stäbchen, 2 Luftmaschen * sechzehnmal. Abschließen mit einer an die erste Masche angehäkelten Kettmasche.

4. Reihe: Feste Maschen, die eine Kettmasche abschließt.

5., 6. und 7. Reihe: Feste Maschen, jeweils sechsmal verteilt zunehmen (die 7. Reihe muß aus 66 Maschen bestehen). Die Reihen jeweils mit einer Kettmasche abschließen.

8. Reihe: * 11 feste Maschen, wenden; 3 Luftmaschen, 9 feste Maschen, wenden; 3 Luftmaschen, 7 feste Maschen, wenden; so fortfahren und an den Rändern der Sternspitze jeweils 1 Masche abnehmen, bis nur noch 1 Masche übrig ist, dann auf der Rückseite mit Kettmaschen zum Anfang der Spitze zurückkehren * sechsmal.

9. Reihe: * 1 feste Masche in die feste Masche der Sternspitze, 16 Luftmaschen *, abschließen mit einer Kettmasche an den Anfang.
10. Reihe: 1 feste Masche in jede Masche; an jeder Spitze 3 feste Maschen in eine Masche. Abschließen mit einer Kettmasche. Faden abreißen.

Kleiner Kreis. 14 Luftmaschen häkeln und mit einer Kettmasche zu einem Ring schließen.
1. Reihe: 3 Luftmaschen (stehen für ein Stäbchen), 31 Stäbchen in den Ring arbeiten. Die Runde mit einer Kettmasche an die dritte Luftmasche des Anfangs beenden (insgesamt 32 Stäbchen).
2. Reihe: 8 Luftmaschen (stehen für 1 Stäbchen und 5 Luftmaschen), * 1 Stäbchen der Vorreihe übergehen, 1 Stäbchen, 5 Luftmaschen * 15mal. Abschließen mit einer Kettmasche an die dritte Luftmasche des Anfangs (16 kleine Bögen).
3. Reihe: 3 Kettmaschen an die ersten 3 der 5 Luftmaschen des ersten Bogens, um in die Mitte des Bogens zu gelangen. 3 Luftmaschen (stehen für ein Stäbchen), 1 Stäbchen, 2 Luftmaschen und 2 Stäbchen in eine Masche arbeiten. Das gleiche jeweils in die dritte der 5 Luftmaschen eines jeden Bogens arbeiten: * 2 Stäbchen, 2 Luftmaschen, 2 Stäbchen *. Die Reihe mit einer Kettmasche an die dritte Luftmasche des Anfangs abschließen (16 Bögen).

Kleiner Kreis

4. Reihe: 2 Kettmaschen an die ersten zwei Stäbchen der Vorreihe, um den ersten Luftmaschenbogen zu erreichen; in den ersten Bogen 3 Luftmaschen (stehen für ein Stäbchen), 2 Stäbchen mit einem Mäusezähnchen, 3 Stäbchen; in jeden Luftmaschenbogen der Vorreihe häkeln: * 3 Stäbchen, 1 Mäusezähnchen, 3 Stäbchen *. Die Reihe mit einer Kettmasche an die dritte Luftmasche des Anfangs abschließen (nochmals 16 Motive).
Faden abreißen.

Kleines Quadrat. 18 Luftmaschen häkeln und mit einer Kettmasche zu einem Ring schließen.
1. Reihe: In den Ring 36 feste Maschen arbeiten, abschließen mit einer Kettmasche an die erste Masche.
2. Reihe: 4 Luftmaschen und ein doppeltes, nicht abgemaschtes Stäbchen in jede der 2 folgenden Maschen, alle Schlingen auf einmal abschließen (erstes Blättchen), * 5 Luftmaschen, 1 Blättchen (in jede der drei folgenden Maschen je ein doppeltes, nicht abgemaschtes Stäbchen, die zusammen abgemascht werden) *. Abschließen mit 5 Luftmaschen und einer Kettmasche an die Schlußmasche des ersten Blättchens.
3. Reihe: 1 feste Masche in die darunterliegende Masche, * 5 Luftmaschen, den folgenden Bogen aus 5 Luftmaschen übergehen; in den folgenden Bogen neunmal ein dreifaches Stäbchen und 2 Luftmaschen arbeiten, ein dreifaches Stäbchen, 5 Luftmaschen, den folgenden Bogen überspringen und eine feste Masche in die Abschlußmasche des folgenden Blättchens häkeln *; bei der letzten Wiederholung muß anstelle der 5 Luftmaschen und einer festen Masche mit 2 Luftma-

Stern

Kleines Quadrat

schen des Zackens einstechen, die dem ersten Quadrat entsprechen, 1 Luftmasche, 3 feste Maschen * insgesamt sechsmal.

Vierblättrige Blume. 16 Luftmaschen häkeln und mit einer Kettmasche zu einem Ring schließen.

1. Reihe: 5 Luftmaschen für ein dreifaches Stäbchen und 33 dreifache Stäbchen in den Ring arbeiten. Mit einer Kettmasche an die erste Masche angehäkelt schließen.

2. Reihe: 3 Luftmaschen, ein Stäbchen in jedes der dreifachen Stäbchen. Mit einer an die erste Masche angehäkelten Kettmasche abschließen.

3. Reihe: * 3 doppelte Stäbchen, 3 Luftmaschen, 1 Mäusezähnchen, 3 Luftmaschen, eine Masche übergehen * achtmal. Abschließen mit einer Kettmasche an die erste Masche.

Mit Kettmaschen bis zum Mäusezähnchen gelangen und die vier Blätter der Blume getrennt arbeiten:

4. Reihe: 1 feste Masche in das Mäusezähnchen, 6 Luftmaschen, 1 doppeltes Stäbchen, 7 Luftmaschen, 1 doppeltes Stäbchen, 7 Luftmaschen, 1 doppeltes Stäbchen, 6 Luftmaschen, 1 feste Masche. Wenden und in jeden Bogen 10 Stäbchen arbeiten, wiederum wenden und 1 Stäbchen in jedes darunterliegende Stäbchen arbeiten (40 Stäbchen), am Ende der Reihe eine Kettmasche an den Bogen der 3. Reihe arbeiten. Wenden, 2 Luftmaschen, 1 Kettmasche an die Luftmasche, die auf die 3 doppelten Stäbchen der 3. Reihe folgt, und weiterarbeiten mit je 1 Stäbchen in jedes darunterliegende Stäbchen. Abschließen mit einer Kettmasche an den Luftmaschenbogen der 3. Reihe. Sind die vier Blätter gearbeitet, die nächste Reihe wieder rundum arbeiten:

5. Reihe: * 1 Stäbchen in das 5. Stäbchen des Blattes, 2 Luftmaschen, 1 Masche übergehen, ** 1 Stäbchen und 2 Luftmaschen, 1 Masche übergehen ** bis zum fünftletzten Stäbchen des Blattes * viermal.

6. Reihe: In jeden Bogen der Vorreihe eine feste Masche, ein Mäusezähnchen und eine feste Masche arbeiten.

Sechseck mit Stern. 6 Luftmaschen häkeln und mit einer Kettmasche zu einem Ring schließen.

1. Reihe: In den Ring arbeiten: * 1 Stäbchen, 2 Luftmaschen * sechsmal. (In den folgenden Reihen das erste Stäbchen durch 3 Luftmaschen ersetzen, die erste feste Masche durch eine Luftmasche; alle Reihen abschließen mit einer Kettmasche an die letzte Luftmasche des Anfangs.)

2. Reihe: In jeden Bogen 3 feste Maschen.

3. Reihe: * 1 Nüßchen (5 Stäbchen in die gleiche Masche, die Häkelnadel aus der Schlinge ziehen

schen und einem Stäbchen abgeschlossen werden, die in die erste Masche gearbeitet wird.

4. Reihe: 3 Luftmaschen, * 1 Stäbchen in den folgenden Bogen der 5 Luftmaschen, ** 5 Luftmaschen, den folgenden Bogen der 2 Luftmaschen übergehen, 1 feste Masche in den folgenden Bogen ** zweimal, ** 5 Luftmaschen und 1 feste Masche in den folgenden Bogen ** zweimal, 5 Luftmaschen, den folgenden Bogen übergehen und in den folgenden Bogen eine feste Masche häkeln, 5 Luftmaschen, den folgenden Bogen übergehen und ein Stäbchen in den Bogen der 5 Luftmaschen häkeln *; bei der letzten Wiederholung muß anstatt mit einem Stäbchen mit einer Kettmasche an die dritte Luftmasche des Anfangs die Reihe beendet werden.

5. Reihe: * In jeden der Bögen der 5 Luftmaschen 3 feste Maschen, 3 Luftmaschen und 3 feste Maschen (ein Zacken) *. Abschließen mit einer Kettmasche an die erste feste Masche. So entsteht ein einzelnes Quadrat.

Möchte man mehrere Quadrate miteinander verbinden, arbeitet man auf die gleiche Weise bis zur 4. Reihe und ändert die 5. Reihe wie folgt ab:

5. Reihe: 1 Zacken in jeden der ersten drei Bögen, * 3 feste Maschen, 1 Luftmasche, 1 feste Masche, dabei unter den Bogen der 3 Luftma-

Vierblättrige Blume

und die Schlinge durch die erste der 5 Stäbchen ziehen). 1 feste Rippenmasche (für eine feste Masche in den hinteren waagrecht liegenden Faden der Masche einstechen), 3 feste Rippenmaschen in die folgende Masche ∗.

4. Reihe: ∗ 2 feste Rippenmaschen, 3 feste Rippenmaschen in eine Masche, 2 feste Rippenmaschen ∗.

5. Reihe: ∗ 1 feste Rippenmasche, 1 Nüßchen, 1 feste Rippenmasche, 3 feste Rippenmaschen in die folgende Masche (eine Ecke entsteht), 2 feste Rippenmaschen, 1 Nüßchen, ∗.

6. Reihe: ∗ 4 feste Rippenmaschen, 1 Ecke (3 feste Rippenmaschen in die gleiche Masche), 4 feste Rippenmaschen ∗.

7. Reihe: ∗ 1 Nüßchen, 1 feste Rippenmasche, 1 Nüßchen, 2 feste Rippenmaschen, 1 Ecke, 3 feste Rippenmaschen, 1 Nüßchen, 1 feste Rippenmasche ∗.

8. Reihe: ∗ 6 feste Rippenmaschen, 1 Ecke, 6 feste Rippenmaschen ∗.

9. Reihe: ∗ 1 feste Rippenmasche, 1 Nüßchen, 5 feste Rippenmaschen, 1 Ecke, 6 feste Rippenmaschen, 1 Nüßchen ∗.

10. Reihe: ∗ 8 feste Rippenmaschen, 1 Ecke, 8 feste Rippenmaschen ∗.

11. Reihe: ∗ 1 Nüßchen, 8 feste Rippenmaschen, 1 Ecke, 9 feste Rippenmaschen ∗.

12. Reihe: ∗, ∗∗ 1 Stäbchen, dafür in den hinteren Faden der Grundmasche einstechen, 1 Luftmasche, 1 Masche übergehen ∗∗ fünfmal; 1 Stäbchen, dafür in den hinteren Faden einstechen, 2 Luftmaschen, 1 Stäbchen in die gleiche Masche, 1 Luftmasche, 2 Maschen übergehen, von ∗∗ bis ∗∗ viermal, ∗.

13. Reihe: 1 feste Rippenmasche in jede Masche, in den Ecken 3 feste Maschen in den Bogen der 2 Luftmaschen.

14. Reihe: ∗, ∗∗ 3 feste Rippenmaschen, 1 Nüßchen, 1 feste Rippenmasche ∗∗ zweimal; 2 feste Rippenmaschen, 1 Ecke, von ∗∗ bis ∗∗ zweimal ∗.

15. Reihe: ∗, ∗∗ 2 feste Rippenmaschen, 1 Nüßchen, 1 feste Rippenmasche, 1 Nüßchen ∗∗ zweimal; 3 feste Rippenmaschen, 1 Ecke, 1 feste Rippenmasche; von ∗∗ bis ∗∗ dreimal ∗.

16. Reihe: ∗, ∗∗ 1 feste Rippenmasche, 1 Nüßchen, 3 feste Rippenmaschen ∗∗ zweimal; 1 feste Rippenmasche, 1 Nüßchen, 2 feste Rippenmaschen, 1 Ecke, 2 feste Rippenmaschen; von ∗∗ bis ∗∗ zweimal ∗.

17. Reihe: Entlang der Seiten wie folgt arbeiten: ∗ 1 Stäbchen, in den hinteren Faden einstechen, 1 Luftmasche, 1 Masche übergehen ∗; in den Ecken; 1 Stäbchen, 3 Luftmaschen, 1 Stäbchen.

18. Reihe: 1 feste Rippenmasche in jede Grundmasche; in den Ecken 3 feste Maschen in den Bogen der drei Luftmaschen. Faden abreißen.

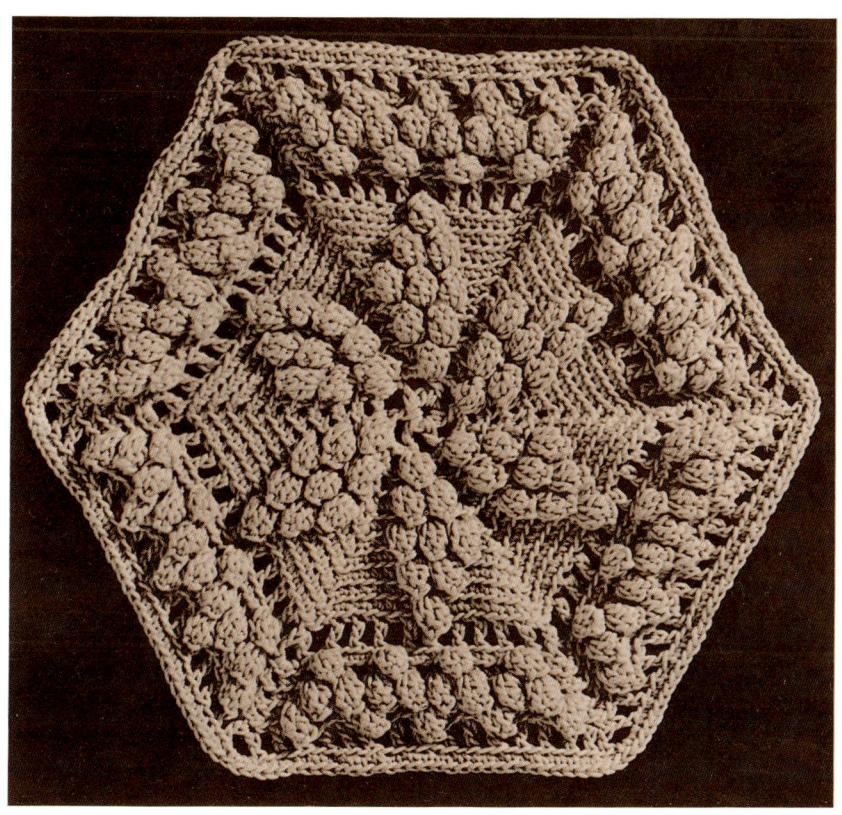

Sechseck mit Stern

Blume in einem Quadrat. Wenn Sie dieses Quadrat arbeiten, so zeigen die Blumenblätter immer auf Sie; die Arbeit wird nicht gewendet.

6 Luftmaschen häkeln und mit einer Kettmasche zu einem Ring schließen.

1. Reihe: 6 Luftmaschen (stehen für 1 Stäbchen und 3 Luftmaschen); in den Ring siebenmal 1 Stäbchen und 3 Luftmaschen arbeiten. Mit einer an die dritte Luftmasche des Anfangs angehäkelten Kettmasche die Reihe schließen. (= 8 kleine Bögen)

2. Reihe: In jeden Luftmaschenbogen der Vorreihe eine feste Masche, 3 Stäbchen, 1 feste Masche. (= 8 Blütenblätter)

3. Reihe: 1 feste Masche in die Kettmasche der ersten Reihe (zwischen zwei Blättern), vier Luftmaschen. Siebenmal je 1 feste Masche in das Stäbchen der ersten Reihe (zwischen zwei Blättern) und 4 Luftmaschen. Reihe abschließen mit einer Kettmasche an die feste Masche der Vorreihe. (= 8 Bögen)

4. Reihe: In jeden Luftmaschenbogen der Vorreihe 1 feste Masche, 1 Stäbchen, 3 doppelte Stäbchen, 1 Stäbchen, 1 feste Masche. (= zweite Reihe von 8 Blütenblättern)

5. Reihe: 1 feste Masche in die Kettmasche der dritten Reihe (zwischen zwei Blütenblättern), 5 Luftmaschen. Siebenmal je 1 feste Masche in die feste Masche der dritten Reihe (zwischen zwei Blättern), 5 Luftmaschen. Reihe mit einer Kettmasche an die erste feste Masche der Vorreihe abschließen. (= 8 kleine Bögen)

6. Reihe: In jeden Luftmaschenbogen der Vorreihe 1 feste Masche, 1 Stäbchen, 5 doppelte Stäbchen, 1 Stäbchen, 1 feste Masche. (= dritte Reihe von 8 Blütenblättern)

7. Reihe: 1 feste Masche in die Kettmasche der 5. Reihe (zwischen zwei Blättern), 6 Luftmaschen. Siebenmal je 1 feste Masche in die folgende feste Masche der fünften Reihe (zwischen zwei Blättern), 6 Luftmaschen. Reihe abschließen mit einer Kettmasche an die erste feste Masche der Vorreihe (= 8 Bögen).

8. Reihe: In jeden Luftmaschenbogen der Vorreihe 1 feste Masche, 1 Stäbchen, 3 doppelte Stäbchen, 1 Luftmasche, 3 doppelte Stäbchen, 1 Stäbchen, 1 feste Masche. (= vierte Reihe von 8 Blütenblättern)

Die Blume ist fertig.

9. Reihe: 5 Kettmaschen in die ersten 5 Maschen des ersten Blütenblattes, um zur mittleren Luftmasche zu kommen, 4 Luftmaschen (sie ersetzen ein doppeltes Stäbchen); 3 doppelte Stäbchen, 2 Luftmaschen, 4 doppelte Stäbchen, 2 Luftmaschen in eine Masche arbeiten; 2 Stäbchen zwischen die beiden Blütenblätter, 3 Luftmaschen; 1 feste Masche in die mittlere Luftmasche des folgenden Blütenblattes, 3 Luftmaschen; 2 Stäbchen zwischen die beiden folgenden Blütenblätter, 2 Luftmaschen. Folgendes dreimal wiederholen: In die mittlere Luftmasche des folgenden Blattes 4 doppelte Stäbchen, 2 Luftmaschen, 4 doppelte Stäbchen, 2 Luftmaschen; 2 Stäbchen zwischen die beiden Blätter, 3 Luftmaschen; 1 feste Masche in die mittlere Luftmasche des folgenden Blütenblattes, 3 Luftmaschen; 2 Stäbchen zwischen die beiden folgenden Blätter, 2 Luftmaschen. Die Reihe abschließen mit einer Kettmasche an die vierte der Luftmaschen am Anfang.

10. Reihe: 4 Kettmaschen in die 4 doppelten Stäbchen der Vorreihe, um zu den zwei Eckluftmaschen zu gelangen; in den Bogen der 2 Luftmaschen einstechen und 4 Luftmaschen arbeiten (sie ersetzen ein doppeltes Stäbchen), 4 doppelte Stäbchen, 2 Luftmaschen, 5 doppelte Stäbchen, 2 Luftmaschen; in den Bogen der ersten 2 Luftmaschen der Vorreihe 2 Stäbchen, 2 Luftmaschen; in den Bogen der 3 folgenden Luftmaschen 2 Stäbchen, 2 Luftmaschen; in die feste Masche in der Mitte des Blattes 2 Stäbchen, 2 Luftmaschen; in den Bogen der 3 Luftmaschen 2 Stäbchen, 2 Luftmaschen; in den Bogen der 2 Luftmaschen 2 Stäbchen, 2 Luftmaschen. Folgendes dreimal wiederholen: in den Bogen der 2 Eckluftmaschen 5 doppelte Stäbchen, 2 Luftma-

Blume in einem Quadrat

schen, 5 doppelte Stäbchen, 2 Luftmaschen; in den Bogen der ersten 2 folgenden Luftmaschen 2 Stäbchen, 2 Luftmaschen; unter die 3 folgenden Luftmaschen 2 Stäbchen, 2 Luftmaschen; in die feste Masche in der Mitte des Blattes 2 Stäbchen, 2 Luftmaschen; nun in den Bogen der folgenden 3 Luftmaschen 2 Stäbchen, 2 Luftmaschen; in den Bogen der 2 Luftmaschen 2 Stäbchen, 2 Luftmaschen. Die Reihe abschließen mit 1 Kettmasche in die vierte Luftmasche am Anfang.

11. Reihe: 5 Kettmaschen in die 5 doppelten Stäbchen der Vorreihe, um zu den 2 Eckluftmaschen zu gelangen; in diese 4 Luftmaschen arbeiten (stehen für ein doppeltes Stäbchen), dann 4 doppelte Stäbchen, 2 Luftmaschen, 5 doppelte Stäbchen, 2 Luftmaschen; in den Bogen der ersten 2 Luftmaschen der Vorreihe 2 Stäbchen, 2 Luftmaschen; in den Bogen der 2 folgenden Luftmaschen 2 Stäbchen, 2 Luftmaschen; den folgenden Bogen aus 2 Luftmaschen übergehen und zwischen die zwei Stäbchen der Vorreihe 2 Stäbchen arbeiten, 2 Luftmaschen; die folgenden 2 Luftmaschen übergehen und in den Bogen der folgenden 2 Luftmaschen 2 Stäbchen arbeiten, 2 Luftmaschen; in den Bogen der folgenden 2 Luftmaschen 2 Stäbchen, 2 Luftmaschen. Folgendes dreimal wiederholen: in den Bogen der 2

Eckluftmaschen 5 doppelte Stäbchen, 2 Luftmaschen, 5 doppelte Stäbchen, 2 Luftmaschen; in den Bogen der ersten 2 folgenden Luftmaschen 2 Stäbchen, 2 Luftmaschen; in den Bogen der zwei folgenden Luftmaschen 2 Stäbchen, 2 Luftmaschen; die 2 folgenden Luftmaschen übergehen und zwischen die 2 Stäbchen der Vorreihe 2 Stäbchen arbeiten; die folgenden 2 Luftmaschen übergehen und in den folgenden Bogen der 2 Luftmaschen 2 Stäbchen, 2 Luftmaschen; in den Bogen der 2 folgenden Luftmaschen 2 Stäbchen, 2 Luftmaschen. Die Reihe mit einer Kettmasche an die vierte Luftmasche am Anfang beenden.

12. Reihe: wie 11. Reihe.

13. Reihe: Noch einmal 11. Reihe wiederholen, dabei 3 statt 2 Luftmaschen zwischen die Stäbchen arbeiten.

14. Reihe: 3 Luftmaschen (stehen für 1 Stäbchen). In jede Luftmasche, in jedes Stäbchen, in jedes doppelte Stäbchen der Vorreihe 1 Stäbchen arbeiten. In den Bogen der 2 Eckluftmaschen 2 Stäbchen, 2 Luftmaschen, 2 Stäbchen arbeiten. Reihe mit einer Kettmasche an die dritte Luftmasche am Anfang beenden. Faden abreißen.

Quadrat mit geflochtenem Ring. 8 Ringe werden getrennt gearbeitet; jeder Ring wird mit 18 Luftmaschen begonnen, die mit einer Kettmasche geschlossen werden. In diesen Ring 36 Stäbchen arbeiten, abschließen mit einer Kettmasche an die erste Masche der Reihe. (In den folgenden Reihen für das erste Stäbchen 3 Luftmaschen häkeln; für die erste feste Masche bzw. das erste doppelte Stäbchen jeweils 1 bzw. 4 Luftmaschen; jede Reihe wird mit einer Kettmasche an die letzte dieser Anfangsluftmaschen abgeschlossen.

Bevor jede Luftmaschenkette zum Ring geschlossen wird, zieht man sie durch den vorigen Ring. Die Stäbchen eines jeden Ringes werden in die gleiche Richtung gearbeitet, wozu der Anfangsring entsprechend gedreht werden muß.

Die erste Luftmaschenkette zieht man durch den vorigen Ring und den ersten Ring. Ein geschlossener, geflochtener Kreis ist entstanden.

Den Faden der Masche, die 2 Ringe vereinigt, verwahren und wie folgt arbeiten: * 1 feste Masche gleichzeitig in 2 übereinanderliegenden Stäbchen von 2 Ringen; 9 Luftmaschen, 6 Maschen des nächsten Ringes übergehen, 1 feste Masche in die folgende Masche, 9 Luftmaschen, wieder in 2 Stäbchen gleichzeitig einstechen * achtmal.

1. Reihe: In jeden Bogen 14 feste Maschen arbeiten.

Quadrat mit geflochtenem Ring

67

2. Reihe: *, ** 2 Stäbchen, zusammen abgemascht, 2 Luftmaschen ** siebenmal; 5 Maschen übergehen, 3 Stäbchen, 2 Luftmaschen, 6 Maschen übergehen *.

3. Reihe: *, ** 2 Stäbchen, zusammen abgemascht, zwischen 2 Stäbchengruppen der Vorreihe, 2 Luftmaschen ** sechsmal, 1 Stäbchen in den Bogen rechts der 3 Stäbchen (einmal rechts zunehmen), 3 Stäbchen in die Stäbchen, 1 Stäbchen in den Bogen links der 3 Stäbchen der Vorreihe (einmal links zunehmen), 2 Luftmaschen *.

4. Reihe: * Von ** bis ** der dritten Reihe fünfmal; einmal rechts zunehmen, 5 Stäbchen, einmal links zunehmen, 2 Luftmaschen *.

5. Reihe: * Von ** bis ** der dritten Reihe viermal; einmal rechts zunehmen, 7 Stäbchen, einmal links zunehmen, 2 Luftmaschen *.

6. bis 8. Reihe: Wie 5. Reihe; dabei die Zahl der Stäbchen in den 8 Gruppen auf 15 erhöhen, die Anzahl der Gruppen aus zusammen abgemaschten Stäbchen verringert sich dabei bis zu einem, die Anzahl der Luftmaschen in den Bögen an den Seiten der Stäbchen wird immer um eins erhöht.

9. Reihe: * 7 feste Maschen in den ersten Bogen, 15 feste Maschen in die Stäbchen, 7 feste Ma-schen in den Bogen und schließlich 7 feste Maschen in den folgenden Bogen *.

10. Reihe: * 1 feste Masche in die zusammen abgemaschten Stäbchen, 5 Luftmaschen, 1 feste Masche in die erste der 15 festen Maschen, 14 Luftmaschen, 1 feste Masche in die letzte feste Masche, 5 Luftmaschen, 1 Stäbchen, 3 Luftmaschen und 1 Stäbchen in die zusammen abgemaschten Stäbchen, 5 Luftmaschen, 1 feste Masche in die erste der 15 festen Maschen, 14 Luftmaschen, 1 feste Masche in die letzte der 15 festen Maschen, 5 Luftmaschen *.

11. Reihe: * 7 feste Maschen in den ersten Bogen, 15 feste Maschen in den Bogen der 14 Luftmaschen, 7 feste Maschen in den Bogen der folgenden 5 Luftmaschen, 2 Stäbchen, 2 Luftmaschen und 2 Stäbchen in die folgende Ecke, 7 feste Maschen in den Bogen nach der Ecke, 15 feste Maschen in den Bogen der 14 Luftmaschen, 7 feste Maschen in den folgenden Bogen *.

12. Reihe: Entlang der vier Seiten des Quadrates in alle Maschen Stäbchen häkeln, die vier Ecken wie folgt arbeiten: * 1 Stäbchen, 2 Luftmaschen * zweimal; 1 Stäbchen, 3 Luftmaschen und 1 Stäbchen in den Bogen der 3 Luftmaschen; * 2 Luftmaschen, 1 Stäbchen * zweimal.

13. Reihe: * 1 Stäbchen, 2 Luftmaschen, 2 Maschen übergehen *; die Ecken wie folgt arbeiten: ** 1 Stäbchen in das Stäbchen, 2 Luftmaschen ** dreimal; 1 Stäbchen, 3 Luftmaschen und 1 Stäbchen in den Bogen der 3 Luftmaschen; ** 2 Luftmaschen, 2 Maschen übergehen, 1 Stäbchen ** dreimal.

14. Reihe: wie die 13. Reihe.

Quadrat mit Stern. 10 Luftmaschen häkeln und mit einer Kettmasche zu einem Ring schließen.

1. Reihe: * In den Kreis 1 feste Masche, 1 halbes Stäbchen, 3 Stäbchen, 1 halbes Stäbchen * fünfmal; abschließen mit einer Kettmasche an die erste Masche.

2. Reihe: * Mit der Nadel von hinten um die feste Masche des Blütenblattes von rechts nach links herumgreifen und eine feste Masche häkeln, 4 Luftmaschen *, fünfmal. Abschließen mit einer Kettmasche an die erste Masche.

3. Reihe: * In den linken Bogen 1 feste Masche, 1 halbes Stäbchen, 5 Stäbchen, 1 halbes Stäbchen, 1 feste Masche * fünfmal. Abschließen mit einer Kettmasche an die erste Masche.

4. Reihe: Hinter das in der Vorreihe gearbeitete Blättchen arbeiten: * 1 feste Masche, 6 Luftmaschen * viermal in regelmäßigem Abstand. Abschließen mit einer Kettmasche an die erste Masche.

5. Reihe: * 1 Stäbchen in die feste Masche, 2

Quadrat mit Stern

Luftmaschen, in den Bogen der 6 Luftmaschen der Vorreihe: ✶✶ 1 Stäbchen, 2 Luftmaschen ✶✶ dreimal ✶ viermal.

6. Reihe: ✶ 1 Stäbchen in das Stäbchen, 2 Luftmaschen, 1 Nüßchen in den ersten Bogen der zwei Luftmaschen (Nüßchen: ✶✶ Faden umschlagen, in die Masche einstechen, eine Schlinge durchziehen ✶✶ fünfmal; mit einem Umschlag alle auf der Nadel befindlichen Schlingen abmaschen, 1 Luftmasche), 1 Luftmasche, 1 Stäbchen in ein Stäbchen, 2 Luftmaschen ✶ achtmal.

7. Reihe: ✶ 1 Stäbchen in das Stäbchen, 2 Luftmaschen, 1 Nüßchen rechts von dem Nüßchen der Vorreihe, 1 Nüßchen links davon, 1 Luftmasche, 1 Stäbchen in das Stäbchen, 2 Luftmaschen ✶ achtmal.

8. Reihe: ✶ 1 Stäbchen in das Stäbchen, 2 Luftmaschen, 1 Nüßchen rechts, 1 Nüßchen zwischen und 1 Nüßchen links der zwei Nüßchen der Vorreihe, 1 Luftmasche, 1 Stäbchen in das Stäbchen, 2 Luftmaschen ✶ achtmal.

9. Reihe: ✶ 1 Stäbchen in das Stäbchen, 4 Nüßchen (zwischen die Nüßchen der Vorreihe und rechts und links davon), 1 Luftmasche, 1 Stäbchen in das Stäbchen, 2 Luftmaschen ✶ achtmal.

10. Reihe: ✶ 1 Stäbchen in das Stäbchen, 2 Luftmaschen, 1 Stäbchen in die Schlußmasche des folgenden Nüßchens, 2 Luftmaschen, 3 Nüßchen, 1 Luftmasche, 1 Stäbchen in die Schlußmasche des Nüßchens, 2 Luftmaschen, 1 Stäbchen in das Stäbchen, 2 Luftmaschen ✶ achtmal.

11. Reihe: ✶ 1 Stäbchen in das Stäbchen, 2 Luftmaschen, 1 Stäbchen in das Stäbchen, 2 Luftmaschen, 1 Stäbchen in die Schlußmasche des folgenden Nüßchens, 2 Luftmaschen, 2 Nüßchen, 1 Luftmasche, 1 Stäbchen in die Schlußmasche des dritten Nüßchens, 2 Luftmaschen, 1 Stäbchen in das Stäbchen, 2 Luftmaschen, 1 Stäbchen in das Stäbchen, 2 Luftmaschen ✶ achtmal.

12. Reihe: ✶, ✶✶ 1 Stäbchen in das Stäbchen, 2 Luftmaschen ✶✶ dreimal; 1 Stäbchen in die letzte Masche des folgenden Nüßchens, 2 Luftmaschen, 1 Nüßchen, 1 Luftmasche, 1 Stäbchen in die Schlußmasche des zweiten Nüßchens, 2 Luftmaschen; von ✶✶ bis ✶✶ dreimal ✶ achtmal.

13. Reihe: ✶, ✶✶ 1 Stäbchen in das Stäbchen, 2 Luftmaschen ✶✶ viermal; 1 Stäbchen in die Schlußmasche des Nüßchens, 2 Luftmaschen, von ✶✶ bis ✶✶ viermal ✶ achtmal.

14. Reihe: ✶, ✶✶ 1 feste Rippenmasche (in den hinteren Faden der Masche einstechen) in das Stäbchen, 2 feste Rippenmaschen in die 2 Luftmaschen ✶✶ viermal; 3 Luftmaschen, 1 Bogen von 2 Luftmaschen übergehen, ✶✶✶ in den folgenden Bogen 1 feste Masche, 1 Mausezähnchen, 1 feste Masche, 4 Luftmaschen ✶✶✶ fünfmal ✶ viermal.

Mäusezähnchen: 3 Luftmaschen, 1 Kettmasche an die soeben gearbeitete Masche.

15. Reihe: ✶ Feste Rippenmaschen in die festen Rippenmaschen, 2 feste Rippenmaschen in die 2 folgenden Luftmaschen, 5 Luftmaschen, viermal von ✶✶✶ bis ✶✶✶ der 14. Reihe, 1 Luftmasche, 2 feste Rippenmaschen in die 2 Luftmaschen, 16 Rippenmaschen ✶ viermal.

16. Reihe: ✶ Feste Rippenmaschen in die festen Rippenmaschen, 2 feste Rippenmaschen in die 2 folgenden Luftmaschen, 6 Luftmaschen, dreimal von ✶✶✶ bis ✶✶✶ der 14. Reihe, 2 Luftmaschen, 2 feste Rippenmaschen in die 2 folgenden Luftmaschen, 18 feste Rippenmaschen ✶ viermal.

17. Reihe: ✶ feste Rippenmaschen in die festen Rippenmaschen, 2 feste Rippenmaschen in die 2 folgenden Luftmaschen, 6 Luftmaschen; zweimal von ✶✶✶ bis ✶✶✶ der 14. Reihe, 2 Luftmaschen, 2 feste Rippenmaschen in die 2 folgenden Luftmaschen, 20 feste Rippenmaschen ✶ viermal.

18. Reihe: ✶ Feste Rippenmaschen in die festen Rippenmaschen, 2 feste Rippenmaschen in die folgenden Luftmaschen, 7 Luftmaschen; einmal von ✶✶✶ bis ✶✶✶ der 14. Reihe, 3 Luftmaschen, 2 feste Rippenmaschen in die folgenden Luftmaschen, 22 feste Rippenmaschen ✶ viermal.

19. Reihe: ✶ Feste Rippenmaschen in die festen Rippenmaschen, 2 feste Rippenmaschen in die 2 folgenden Luftmaschen, 15 Luftmaschen (= Ekke), 2 feste Rippenmaschen in die 2 Luftmaschen des Bogens der 7 Luftmaschen, die nach dem Mausezähnchen gearbeitet wurden, 24 feste Rippenmaschen ✶ viermal.

20. Reihe: Feste Rippenmaschen in alle Maschen. Das Quadrat beenden.

Feinarbeiten

Zierabschlüsse

Kleidungsstücke wie auch andere gehäkelte und gestrickte Gegenstände lassen sich am schnellsten mit einfachen Häkelmaschen umranden, die direkt angehäkelt werden. Mit dem entsprechenden Garn lassen sich auch Stoffe umhäkeln; z. B. kann man Taschentücher, Handtücher, Tischtücher so verzieren.

Zierabschluß im Retourstich. Der Retourstich wird als Abschluß am meisten angewendet und gibt gehäkelten und auch gestrickten Kanten den festesten Halt.
Häkeln Sie eine Reihe rechter Maschen auf der Vorderseite der Arbeit. Dann arbeiten Sie, ohne die Arbeit zu wenden, eine Reihe im Retourstich von links nach rechts: mit der Nadel von vorne nach hinten auf der Vorderseite einstechen und eine feste Masche häkeln.

Zierabschluß im Saumstich. Dieser Stich ist leicht auszuführen und stellt einen eleganten Abschluß dar: * 1 feste Masche, 3 Luftmaschen, 2 Maschen übergehen *.

Zierabschluß im Zackenmuster. Nur eine Reihe ist dazu nötig: * 1 feste Masche, 3 Luftmaschen; 3 Stäbchen in eine Masche, 2 Maschen übergehen *.

Zierabschluß mit verdrehter Masche. Die Kante wird mit diesem Abschluß sehr fest und besonders elastisch.
1. Reihe: Feste Maschen arbeiten.
2. Reihe: * Mit der Nadel in die Masche einstechen, Faden umschlagen und eine etwas locker gehaltene Schlinge herausziehen, die beiden Schlingen verdrehen, indem die Häkelnadel gegen den Uhrzeigersinn gedreht wird, Faden umschlagen und die Masche wie eine feste Masche schließen *.

Zierabschluß im Retourstich

Zierabschluß im Saumstich

Zierabschluß im Zackenmuster

Zierabschluß mit verdrehter Masche

Borten

Diese Streifen, die oft Muster aus kunstvollen Maschenkombinationen beinhalten, dienen als einfacher Abschluß wie auch als Schmuck für wertvolle Kleidungsstücke oder Gegenstände. An Tischdecken, Decken, Taschentücher und Kleider werden sie angehäkelt. Diese Borten – vorwiegend aus Baumwolle oder ähnlichem Garn – können auch getrennt gearbeitet werden. Sie werden dann an die entsprechenden Teile angenäht.

Borte I

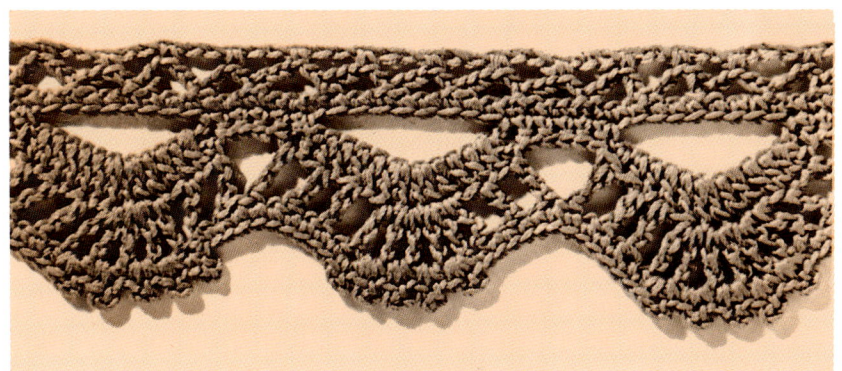

Borte II

Borte I. Einen Luftmaschenanschlag der gewünschten Länge arbeiten.

1. Reihe: Feste Maschen.
2. Reihe: 3 Luftmaschen, ∗ 1 Masche übergehen, 1 Stäbchen in die folgende Masche, 1 Luftmasche ∗. Abschließen mit einem Stäbchen.
3. Reihe: 1 Luftmasche, ∗ 1 feste Masche in das Stäbchen, 1 Stäbchen, 1 feste Masche in den Luftmaschenbogen ∗. Abschließen mit einer festen Masche.
4. Reihe: 3 Luftmaschen, ∗ 1 Masche übergehen, 1 Stäbchen in die folgende Masche, 1 Luftmasche ∗. Abschließen mit einem Stäbchen.
5. Reihe: In den ersten Zwischenraum eine

Kettmasche, 2 doppelte Stäbchen, 2 Luftmaschen und zwei doppelte Stäbchen, ∗ einen Zwischenraum übergehen; in den folgenden Zwischenraum 2 doppelte Stäbchen, 2 Luftmaschen und 2 doppelte Stäbchen ∗.
6. Reihe: 1 Luftmasche, 1 feste Masche in jede der ersten 2 doppelten Stäbchen, ∗ in den Zwischenraum der 2 Luftmaschen 1 feste Masche, 4 Luftmaschen und 2 feste Maschen, 1 feste Masche in jede der folgenden 4 doppelten Stäbchen ∗. Abschließen mit 2 festen Maschen.

Borte II. Die Zahl der Luftmaschen muß durch 3 teilbar sein, zusätzlich 1 Masche.

1. Reihe: 1 feste Masche in die sechstletzte Luftmasche, ∗ 5 Luftmaschen, 2 Maschen übergehen, 1 feste Masche ∗. Abschließen mit 1 festen Masche.
2. Reihe: 3 Luftmaschen, ∗ in die 3. Luftmasche des Bogens einstechen und eine Kettmasche arbeiten, 3 Luftmaschen ∗.
3. Reihe: 1 Luftmasche, dann mit festen Maschen weiterhäkeln.
4. Reihe: 1 Luftmasche, 5 feste Maschen, ∗12 Luftmaschen, 8 Maschen übergehen, 6 feste Maschen ∗.
5. Reihe: 1 feste Masche, ∗ in den Bogen der 12 Luftmaschen 5 Stäbchen in den Bogen der ersten 5 Luftmaschen, 4 Stäbchen in den Bogen der beiden folgenden und 5 Stäbchen in den Bogen der letzten 5 Luftmaschen; 6 Kettmaschen in die 6 festen Maschen der Vorreihe ∗.
6. Reihe: 3 Luftmaschen, 1 Stäbchen der Vorreihe übergehen und wie folgt weiterarbeiten: ∗, ∗∗ ein doppeltes Stäbchen in das Stäbchen, 1 Luftmasche, 1 Stäbchen übergehen ∗∗ zweimal, 1 doppeltes Stäbchen in das Stäbchen, 1 Luftmasche, 2 doppelte Stäbchen in das Stäbchen, 1 Luftmasche, 2 doppelte Stäbchen, 1 Luftmasche, 2 doppelte Stäbchen, 1 Luftmasche, 1 Stäbchen der Vorreihe übergehen, von ∗∗ bis ∗∗ zweimal; 1 doppeltes Stäbchen in das Stäbchen∗.
7. Reihe: 2 Luftmaschen, ∗, ∗∗ 1 feste Masche in das doppelte Stäbchen, 1 feste Masche in die Luftmasche ∗∗ dreimal; zwischen die zwei doppelten Stäbchen 1 feste Masche, 3 Luftmaschen, fünfmal je 1 feste Masche in die Luftmasche, die die drei Gruppen der doppelten Stäbchen trennt, dann dreimal 1 feste Masche in das doppelte Stäbchen, 1 feste Masche in die Luftmasche ∗; von ∗ bis ∗ in jedem Bogen wiederholen.

Borte III. Einen Luftmaschenanschlag der gewünschten Länge arbeiten.

1. Reihe: Feste Maschen.
2. Reihe: ∗ 1 Stäbchen, 1 Luftmasche, 1 Masche

übergehen ∗. Mit einem Stäbchen abschließen.

3. Reihe: ∗ 1 Stäbchen in die Luftmasche der Vorreihe, 1 Luftmasche, achtmal wiederholen; nach dem 9. Stäbchen 5 Luftmaschen, 5 Maschen übergehen ∗.

4. Reihe: ∗ In den Bogen der Luftmaschen zwischen den Stäbchen 1 Stäbchen und 1 Luftmasche; in den Bogen der 5 Luftmaschen der Vorreihe 2 Stäbchen, 1 Luftmasche, 2 Stäbchen, 1 Luftmasche, 2 Stäbchen, 1 Luftmasche ∗.

5. Reihe: ∗ In den Bogen der Luftmaschen zwischen den Stäbchen 1 Stäbchen und 1 Luftmasche; in die in den Bogen der 5 Luftmaschen gehäkelten Stäbchen 1 Stäbchen, 2 Stäbchen in

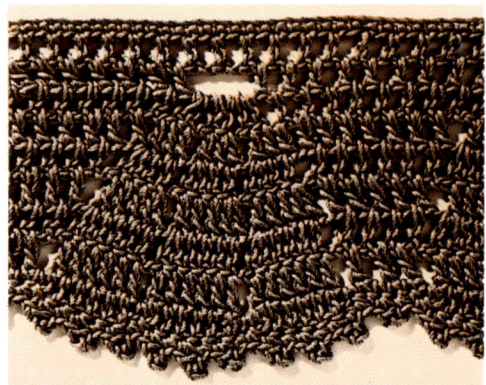

Borte III

das 2. Stäbchen, 1 Luftmasche, 1 Stäbchen in das erste Stäbchen der zweiten Gruppe, 2 Stäbchen in das folgende Stäbchen, 1 Luftmasche, 1 Stäbchen in das Stäbchen, 2 Stäbchen in das zweite Stäbchen der dritten Gruppe, 1 Luftmasche ∗.

6. Reihe: ∗ In den Bogen der Luftmaschen zwischen den Stäbchen 1 Stäbchen, 1 Luftmasche; in die 3 Stäbchen der Vorreihe 4 Stäbchen arbeiten (1 Stäbchen in das erste, 2 Stäbchen in das zweite und 1 Stäbchen in das dritte Stäbchen), 1 Luftmasche, zweimal wiederholen, 1 Luftmasche ∗.

7. Reihe: ∗ In den Bogen der Luftmaschen zwischen den Stäbchen 1 Stäbchen und 1 Luftmasche; 5 Stäbchen in die 4 folgenden Stäbchen der ersten Gruppe (je 1 Stäbchen in die ersten zwei Stäbchen, 2 Stäbchen in das dritte Stäbchen, 1 Stäbchen in das vierte Stäbchen), 1 Luftmasche, 5 Stäbchen in die vier Stäbchen der Mitte, 1 Luftmasche, 5 Stäbchen in die letzte Gruppe, 1 Luftmasche ∗.

8. Reihe: ∗ In den Bogen der Luftmaschen zwischen den Stäbchen 1 Stäbchen, 1 Luftmasche; 1 Stäbchen in die folgende Luftmasche, 5 Stäbchen in die folgenden 5 Stäbchen, 1 Stäbchen in die Luftmasche, 5 Stäbchen in die 5 Stäbchen der Mitte, 1 Stäbchen in die folgende Luftmasche, 5 Stäbchen in die dritte Gruppe ∗; von ∗ bis ∗ über die gesamte Reihe wiederholen.

9. Reihe: ∗ 1 feste Masche in das Stäbchen, 4 Luftmaschen ∗.

Borte IV. Einen Luftmaschenanschlag der gewünschten Länge arbeiten.

1. Reihe: Feste Maschen.

2. Reihe: ∗ 3 Stäbchen, 3 Luftmaschen, 3 Maschen übergehen ∗. Abschließen mit 3 Stäbchen.

3. Reihe: 3 Luftmaschen, ∗ 1 feste Masche in den ersten Bogen, 3 Luftmaschen; 3 Stäbchen, 2 Luftmaschen, 3 Stäbchen in den zweiten Bogen; 3 Luftmaschen ∗. Abschließen mit einem Stäbchen in das Stäbchen der Vorreihe.

4. Reihe: 4 Luftmaschen, ∗ in die feste Masche der Vorreihe 1 feste Masche, 4 Luftmaschen; 3 Stäbchen, 2 Luftmaschen und 3 Stäbchen in den Bogen der 2 Luftmaschen der Vorreihe, 4 Luftmaschen ∗. Abschließen mit einem Stäbchen.

5. Reihe: 1 Luftmasche, ∗ in die feste Masche der Vorreihe 2 Stäbchen, 2 Luftmaschen, 2 Stäbchen, 3 Luftmaschen; in den Bogen der 2 Luftmaschen der Vorreihe ∗∗ 1 Stäbchen, 1 Luftmasche ∗∗ sechsmal, 3 Luftmaschen ∗. Abschließen mit einem Stäbchen.

6. Reihe: 3 Luftmaschen, ∗ in den Bogen der 2 Luftmaschen der Vorreihe 1 Stäbchen, 2 Luftmaschen, 1 Stäbchen, 1 Luftmasche; in das erste folgende Stäbchen 1 Stäbchen, ∗∗ 1 Luftmasche, 1 Stäbchen in die folgende Masche ∗∗ zehnmal, 1 Luftmasche ∗. Abschließen mit 1 Stäbchen.

7. Reihe: 1 Luftmasche, ∗ in den Bogen der 2 Luftmaschen 1 feste Masche; mit Kettmaschen zum nächsten Bogen gelangen und 1 feste Masche arbeiten ∗. Faden abreißen.

Borte IV

Borte V. Einen Luftmaschenanschlag der gewünschten Länge arbeiten.

1. Reihe: 3 feste Maschen, 1 Mäusezähnchen (3 Luftmaschen und 1 Kettmasche an die erste Luftmasche), 3 feste Maschen, 12 Luftmaschen;

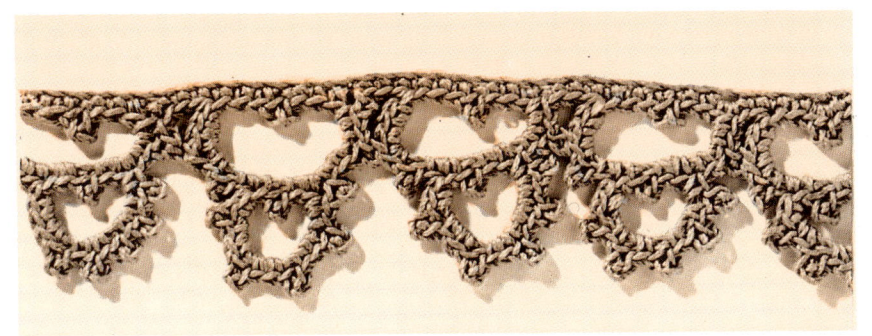

die Häkelnadel herausziehen und in die dritte Masche rechts des Mäusezähnchens einstechen, 1 Kettmasche an die letzte Schlinge der Luftmaschenkette; in den so entstandenen Bogen 3 feste Maschen, 1 Mäusezähnchen, 3 feste Maschen, 1 Mäusezähnchen, 4 feste Maschen, 1 Mäusezähnchen, 2 feste Maschen, 10 Luftmaschen; die Häkelnadel herausziehen und zwischen die zweite und die dritte der gerade gearbeiteten vier festen Maschen einstechen, 1 Kettmasche an die letzte Schlinge der Luftmaschenkette; in den so entstandenen Bogen fünfmal 3 feste Maschen und ein Mäusezähnchen, so bis zum darunterliegenden Bogen zurückkehren, 2 feste Maschen, ein Mäusezähnchen, 3 feste Maschen, ein Mäusezähnchen, 3 feste Maschen; so erreicht man den Luftmaschenanschlag. * 6 feste Maschen, ein Mäusezähnchen, 3 feste Maschen, 12 Luftmaschen, in die dritte Masche rechts des Mäusezähnchens eine Kettmasche arbeiten, in den so entstandenen Bogen 3 feste Maschen; 2 Luftmaschen, an das Mäusezähnchen des danebenliegenden Bogens 1 Luftmasche anfügen, 3 feste Maschen, 1 Mäusezähnchen, 4 feste Maschen, 1 Mäusezähnchen, 2 feste Maschen, 10 Luftmaschen; zwischen die zweite und die dritte der gerade gearbeiteten vier festen Maschen einstechen und 1 Kettmasche arbeiten; in den so entstandenen Bogen fünfmal 3 feste Maschen und ein Mäusezähnchen arbeiten; in den darunterliegenden Bogen mit 2 festen Maschen zurückkehren, 1 Mäusezähnchen, 3 feste Maschen, 1 Mäusezähnchen, 3 feste Maschen; so erreicht man den Luftmaschenanschlag *.

Ecken an Häkelborten

Bortenecken zu häkeln verlangt eine gewisse Technik und Fertigkeit. Einige Beispiele sollen die Technik verdeutlichen, die sich aber selbstverständlich auf alle Borten anwenden läßt.

Borte mit Ecke I. Einen Luftmaschenanschlag der gewünschten Länge arbeiten.

1. Reihe: Feste Maschen; in jede Eckmasche 3 feste Maschen.
2. Reihe: * 1 Stäbchen, 3 Luftmaschen, 1 Masche übergehen *.
3. Reihe: * 1 feste Masche in die Mitte der 3 Luftmaschen der Vorreihe, 2 Luftmaschen, einen Luftmaschenbogen übergehen, 7 doppelte Stäbchen in die Mitte der folgenden 3 Luftmaschen, 2 Luftmaschen *; in die Luftmaschen an den Ecken jeweils 9 doppelte Stäbchen arbeiten, rechts und links davon um die festen Maschen keinen Bogen übergehen.
4. Reihe: * 3 Luftmaschen, 1 feste Masche in die feste Masche der Vorreihe, 3 Luftmaschen, in jedes doppelte Stäbchen der Vorreihe 1 doppeltes Stäbchen mit je 1 Luftmasche dazwischen *; in jedes doppelte Stäbchen der Ecke je ein doppeltes Stäbchen mit je 1 Luftmasche dazwischen arbeiten.

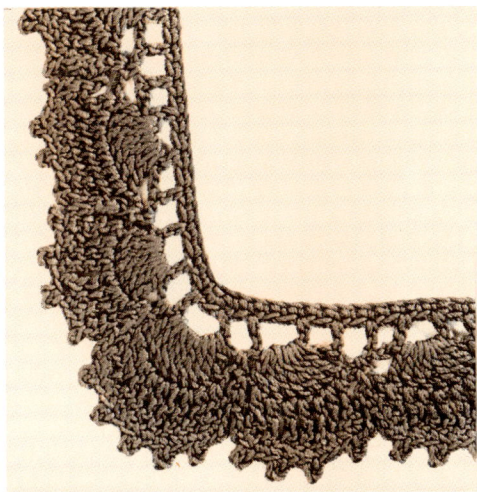

5. Reihe: * 3 Luftmaschen, 1 feste Masche in die feste Masche der Vorreihe, 3 Luftmaschen, ** 3 feste Maschen (je eine in das doppelte Stäbchen, in die Luftmasche und in das doppelte Stäbchen), ein Mäusezähnchen (aus 3 Luftmaschen und 1 Kettmasche an die erste Luftmasche), 1 Masche der Vorreihe übergehen ** dreimal *. Faden abreißen.

Borte mit Ecke II. Einen Luftmaschenanschlag der gewünschten Länge arbeiten.
1. Reihe: Feste Maschen.
2. Reihe: Feste Maschen, an den Ecken 3 feste Maschen in eine Masche.
3. Reihe: 1 feste Masche und 5 Luftmaschen, *3 Maschen übergehen, 1 feste Masche, 5 Luftmaschen *; von * bis * an den Seiten; in die mittlere Eckmasche 1 feste Masche und 5 Luftmaschen.
4. Reihe: In jeden Bogen der 5 Luftmaschen 3

Borte mit Ecke II

feste Maschen, 1 Mäusezähnchen (3 Luftmaschen und 1 Kettmasche an die erste Luftmasche und 3 feste Maschen. Faden abreißen.

Borte mit Ecke III. Einen Luftmaschenanschlag der gewünschten Länge arbeiten.
1. Reihe: Feste Maschen.
2. Reihe: Feste Maschen, in jede Eckmasche 3 feste Maschen in eine Masche.
3. Reihe: 7 Luftmaschen, * 3 Maschen übergehen, in die folgende Masche 1 doppeltes Stäbchen, 4 Luftmaschen und 3 doppelte, nicht abgemaschte Stäbchen zusammen schließen *. In die mittlere Eckmasche 1 doppeltes Stäbchen

Borte mit Ecke III

und 4 Luftmaschen arbeiten, 3 doppelte, nicht abgemaschte Stäbchen zusammen abschließen.
4. Reihe: * 1 feste Masche, 3 Luftmaschen, 1 feste Masche, 3 Luftmaschen und 1 feste Masche in jeden Bogen von 4 Luftmaschen, 1 Kettmasche zwischen das doppelte Stäbchen und die zusammen geschlossenen doppelten Stäbchen *. Faden abreißen.

Borte mit Ecke IV. Einen Luftmaschenanschlag der gewünschten Länge arbeiten.
1. Reihe: Feste Maschen.
2. Reihe: Feste Maschen, in jede Eckmasche 3 feste Maschen in eine Masche.
3. Reihe: * 2 Maschen übergehen und in die folgende einen kleinen Fächer arbeiten (1 Stäbchen, 2 Luftmaschen, 1 Stäbchen in die gleiche Masche) *. Von * bis * an den Seiten; in die mittlere Eckmasche einen kleinen Fächer, 2 Luftmaschen und einen kleinen Fächer arbeiten.
4. Reihe: * 1 kleinen Fächer zwischen die beiden kleinen Fächer der Vorreihe *. Von * bis * an den Seiten; in den Luftmaschenbogen der Ecke zweimal 2 Luftmaschen und einen kleinen Fächer, dann nochmals 2 Luftmaschen arbeiten.
5. Reihe: * 2 Stäbchen, 1 Mäusezähnchen (3

Borte mit Ecke IV

Luftmaschen und 1 Kettmasche in die letzte Luftmasche) *. Von * bis * in jeden Bogen von 2 Luftmaschen wiederholen.

Borte mit Ecke V. Einen Luftmaschenanschlag der gewünschten Länge arbeiten.
1. Reihe: Feste Maschen.
2. Reihe: Feste Maschen, in jede Eckmasche 3 feste Maschen in eine Masche.

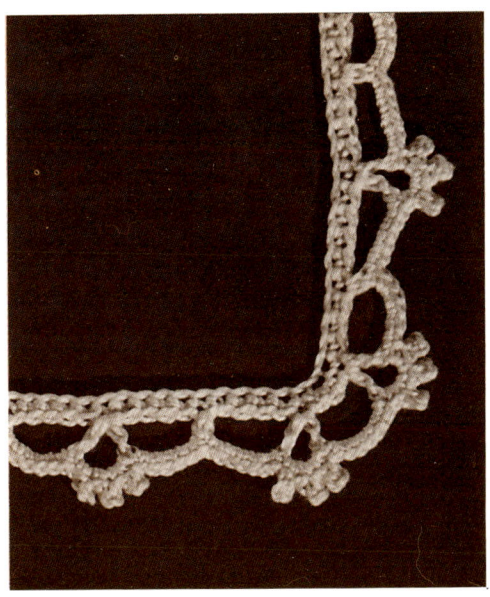

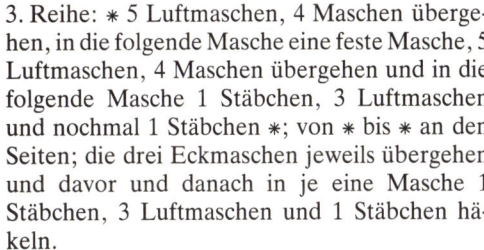

Borte mit Ecke V

Borte mit Ecke VI

3. Reihe: ✻ 5 Luftmaschen, 4 Maschen übergehen, in die folgende Masche eine feste Masche, 5 Luftmaschen, 4 Maschen übergehen und in die folgende Masche 1 Stäbchen, 3 Luftmaschen und nochmal 1 Stäbchen ✻; von ✻ bis ✻ an den Seiten; die drei Eckmaschen jeweils übergehen und davor und danach in je eine Masche 1 Stäbchen, 3 Luftmaschen und 1 Stäbchen häkeln.

4. Reihe: ✻ In den Bogen der 5 Luftmaschen 6 feste Maschen, in die folgende feste Masche eine Kettmasche, 6 feste Maschen in den folgenden Bogen der 5 Luftmaschen, in den Bogen der 3 Luftmaschen dreimal ein halbes Stäbchen und ein Mäusezähnchen (3 Luftmaschen und eine Kettmasche an die erste Luftmasche) häkeln, dann nochmal 1 halbes Stäbchen ✻. In die Eckbögen auch dreimal 1 halbes Stäbchen und ein Mäusezähnchen, zusätzlich 1 halbes Stäbchen häkeln.

Borte mit Ecke VI. Einen Luftmaschenanschlag der gewünschten Länge arbeiten.

1. Reihe: Feste Maschen.

2. Reihe: Feste Maschen, in jede Eckmasche 3 feste Maschen in eine Masche.

3. Reihe: ✻ 3 Luftmaschen, 2 Maschen übergehen, 2 nicht abgemaschte Stäbchen zusammen schließen, 1 Mäusezähnchen (3 Luftmaschen und 1 Kettmasche an die erste Luftmasche), 2 Maschen übergehen ✻. Von ✻ bis ✻ an den Seiten. In die erste feste Eckmasche 1 Stäbchen; in die mittlere Eckmasche 2 Luftmaschen, 2 nicht abgemaschte und zusammen abgeschlossene Stäbchen; in die dritte Eckmasche 1 Mäusezähnchen, 2 Luftmaschen und 1 Stäbchen.

Borte mit Ecke VII. Einen Luftmaschenanschlag der gewünschten Länge arbeiten.

1. Reihe: Feste Maschen.

2. Reihe: 1 feste Masche, 3 Luftmaschen, 1 feste Masche, 3 Luftmaschen und 1 feste Masche in die Eckmasche, ✻ 8 feste Maschen und 3 Luftmaschen ✻; von ✻ bis ✻ an den Seiten.

3. Reihe: ✻ In den ersten Bogen der 3 Luftmaschen 1 doppeltes Stäbchen, 7 Luftmaschen und nochmals 1 doppeltes Stäbchen; 1 Blättchen (4 Luftmaschen, 2 nicht abgemaschte, zusammen abgeschlossene doppelte Stäbchen in die erste der 4 Luftmaschen)✻, von ✻ bis ✻ an den Seiten, an den Ecken 1 doppeltes Stäbchen, 7 Luftmaschen und 1 doppeltes Stäbchen in den Bogen der 3 Luftmaschen, 1 Luftmasche; 1 doppeltes Stäbchen, 7 Luftmaschen und 1 doppeltes Stäbchen in den zweiten Bogen.

Faden abreißen.

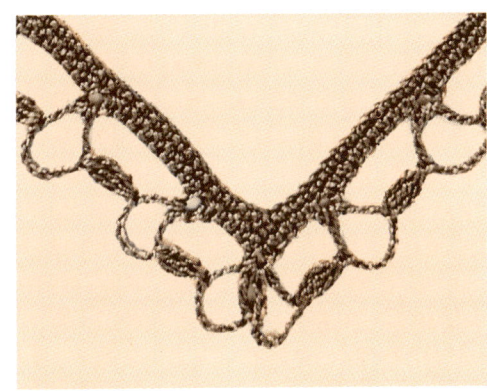

Borte mit Ecke VII

Häkelspitzen

Häkelspitzen sind eine reiche, wertvolle und elegante Verzierung und lassen sich ähnlich wie die Borten verwenden. Ihre Herstellung ist schwieriger und verlangt mehr Zeit, Geduld und Geschick, dafür ist ihre dekorative Wirkung aber auch umso höher.

Spitze I. 4 Luftmaschen häkeln.
1. Reihe: In die erste der vier Luftmaschen 2 Stäbchen, 2 Luftmaschen, 2 Stäbchen; 5 Luftmaschen.
2. Reihe: In den Bogen der 2 Luftmaschen der Vorreihe 2 Stäbchen, 2 Luftmaschen und 2 Stäbchen; die Reihe mit 5 Luftmaschen abschließen.
3. Reihe: In den Bogen der 2 Luftmaschen der Vorreihe 2 Stäbchen, 2 Luftmaschen und 2

Spitze I

Spitze II

Stäbchen, 2 Luftmaschen, 4 Stäbchen (die erste Masche in die letzte der 4 Stäbchen der Vorreihe arbeiten, die anderen 3 Stäbchen unter die 5 Luftmaschen), 10 Luftmaschen.
4. Reihe: In die 4 Stäbchen der Vorreihe 4 Stäbchen, 2 Luftmaschen, 1 Stäbchen in das folgende Stäbchen, 2 Luftmaschen; in den Bogen der 2 Luftmaschen der Vorreihe 2 Stäbchen, 2 Luftmaschen und 2 Stäbchen; 5 Luftmaschen.
5. Reihe: In den Bogen der 2 Luftmaschen der Vorreihe 2 Stäbchen, 2 Luftmaschen und 2 Stäbchen, 2 Luftmaschen, 1 Stäbchen in das vierte der 4 letzten Stäbchen der Vorreihe, 2 Luftmaschen, 1 Stäbchen in das folgende Stäbchen, 2 Luftmaschen, 4 Stäbchen (3 in den folgenden Luftmaschenbogen, eines in das erste der folgenden Stäbchengruppe), 2 Luftmaschen, 16 Stäbchen in den Bogen der 10 Luftmaschen, 5 Luftmaschen und 1 Stäbchen in die 5 Luftmaschen der ersten Reihe, 2 Luftmaschen.
6. Reihe: 1 Stäbchen in die dritte der 5 Luftmaschen, 1 Stäbchen in die erste der 16 Stäbchen, ∗ 1 Mäusezähnchen (5 Luftmaschen und 1 feste Masche in die erste Luftmasche), 1 Masche übergehen, 1 Stäbchen in die folgende Masche ∗; von ∗ bis ∗ über den 16 Stäbchen wiederholen, 4 Stäbchen in den Bogen der 2 Luftmaschen, 2 Luftmaschen, 1 Stäbchen in das folgende Stäbchen, 2 Luftmaschen, 1 Stäbchen in das folgende Stäbchen, 2 Luftmaschen, 1 Stäbchen in das folgende Stäbchen, 2 Luftmaschen, 1 Stäbchen in das erste der vier Stäbchen der Vorreihe, 2 Luftmaschen, in den Bogen der 2 folgenden Luftmaschen 2 Stäbchen, 2 Luftmaschen und 2 Stäbchen, 5 Luftmaschen.
7. und 8. Reihe: wie 2. Reihe.
9. Reihe: wie 3. Reihe.
10. Reihe: wie 4. Reihe.
Letzte Reihe: An die Kante, die angenäht werden soll, eine Reihe wie folgt häkeln:
1 feste Masche in der Mitte der 5 Luftmaschen, 5 Luftmaschen.

Spitze II. 18 Luftmaschen häkeln.
1. Reihe: 18 Stäbchen (das erste Stäbchen immer durch 3 Luftmaschen ersetzen).
2. Reihe: ∗ 3 Stäbchen, 2 Luftmaschen, 2 Maschen übergehen ∗ dreimal; 3 Stäbchen.
3. bis 7. Reihe: 1. und 2. Reihe im Wechsel.
8. Reihe: wie 2. Reihe, weiterhäkeln mit 14 Luftmaschen, 1 Kettmasche an die 3. Anfangsluftmasche der 5. Reihe, 2 Luftmaschen, 1 feste Masche in die erste Anfangsluftmasche der 5. Reihe, wenden.
9. Reihe: 24 Stäbchen in den Bogen der 14 Luftmaschen, 18 Luftmaschen.
10. Reihe: ∗ 3 Stäbchen, 2 Luftmaschen, 2 Maschen übergehen ∗ dreimal; 3 Stäbchen, ∗ 2

Luftmaschen, 1 Stäbchen übergehen, 1 Stäbchen ∗ zwölfmal; 2 Luftmaschen, 1 Kettmasche an die dritte Anfangsluftmasche der dritten Reihe, 1 Luftmasche, 1 feste Masche in die erste Luftmasche der dritten Reihe; wenden.

11. Reihe: ∗ 2 Stäbchen in jeden Bogen der 2 Luftmaschen, 1 Stäbchen in jedes Stäbchen ∗.

12. Reihe: ∗ 3 Stäbchen, 2 Luftmaschen, 2 Maschen übergehen ∗ dreimal; 3 Stäbchen; ∗ 2 Luftmaschen, 1 Stäbchen übergehen, 1 Stäbchen ∗ neunzehnmal; 1 Luftmasche, 1 Kettmasche in die dritte Anfangsluftmasche der ersten Reihe; wenden.

13. Reihe: 1 Luftmasche und 1 feste Masche in den ersten Bogen einer Luftmasche, 1 feste Masche, 3 Luftmaschen und 1 Kettmasche an die erste Luftmasche (ein Mäusezähnchen), 1 feste Masche, ein Mäusezähnchen, 1 feste Masche ∗, 1 feste Masche in den folgenden Bogen, 1 feste Masche.

14. Reihe: Mit der zweiten Reihe beginnen.

Spitze III. 14 Luftmaschen häkeln.

1. Reihe: In die 9. Luftmasche von der Häkelnadel aus ein doppeltes Stäbchen, 8 Luftmaschen, 1 feste Masche in die letzte Grundluftmasche. Die Arbeit nach jeder Reihe wenden.

2. Reihe: 1 Luftmasche; in den Bogen der 8 Luftmaschen 11 feste Maschen arbeiten; 1 feste Masche in das doppelte Stäbchen, 1 Luftmasche; 1 feste Masche in die 2. Luftmasche, 4 Luftmaschen.

3. Reihe: 1 Stäbchen in die feste Masche der Vorreihe, ∗ 2 Luftmaschen, 1 Masche übergehen, 1 feste Masche in die folgende Masche ∗ viermal; 4 Luftmaschen, 1 feste Masche in die letzte Masche der Vorreihe, 6 Luftmaschen.

4. Reihe: ∗ 1 feste Masche in den Bogen der 4 Luftmaschen, 5 Luftmaschen und 1 feste Masche in jeden Bogen der 2 Luftmaschen.∗. Abschließen mit einer Luftmasche, einer festen

Masche über dem Stäbchen der Vorreihe, 1 Luftmasche, 1 festen Masche in die zweite Luftmasche, 6 Luftmaschen.

5. Reihe: 1 doppeltes Stäbchen in die zweite feste Masche der Vorreihe, 8 Luftmaschen, einen Bogen übergehen, 1 feste Masche in folgenden Bogen.

6. Reihe: Mit der zweiten Reihe beginnen.

Spitze IV. 20 Luftmaschen häkeln.

1. Reihe: 1 Stäbchen in die 8. Luftmasche von der Häkelnadel aus, 3 Stäbchen, 2 Luftmaschen, 2 Maschen übergehen, 3 Stäbchen, 5 Luftmaschen zum Wenden.

2. Reihe: 3 Stäbchen in den ersten Luftmaschenbogen, 2 Luftmaschen, 3 Stäbchen übergehen, 3 Stäbchen unter die Anfangsluftmaschen der Vorreihe, 5 Luftmaschen zum Wenden.

3. Reihe: 3 Stäbchen in den ersten Luftmaschenbogen, 2 Luftmaschen, 3 Maschen übergehen, 3 Stäbchen in den Bogen der Wendeluftmaschen der Vorreihe, 10 Luftmaschen, 1 feste Masche in die erste der 20 Anfangsluftmaschen, 2 Luftmaschen zum Wenden (beim Häkeln der folgenden kleinen Fächer die 10 Luftmaschen mit einer festen Masche in dem vierten Mäusezähnchen des vorigen Fächers festmaschen).

4. Reihe: 14 Stäbchen in den Bogen der 10 Luftmaschen, 2 Luftmaschen, 3 Stäbchen übergehen, 3 Stäbchen in den folgenden Luftmaschenbogen, 2 Luftmaschen, 3 Stäbchen übergehen, 3 Stäbchen in die Wendeluftmaschen der Vorreihe, 5 Luftmaschen zum Wenden.

5. Reihe: 3 Stäbchen übergehen, 3 Stäbchen in den ersten Luftmaschenbogen, 2 Luftmaschen, 3 Stäbchen übergehen, 3 Stäbchen in den nächsten Luftmaschenbogen, 14 Stäbchen jeweils zwischen die Maschen der Vorreihe, 2 Luftmaschen zum Wenden (bei den folgenden Fächern noch eine feste Masche in das 7. Mäusezähnchen des vorigen Fächers arbeiten).

Spitze III

Spitze IV

6. Reihe: Jeweils zwischen die Stäbchen der Vorreihe 14 Stäbchen, zwischen zwei Stäbchen je 1 Luftmasche; 2 Luftmaschen, 3 Stäbchen übergehen, 3 Stäbchen in den darauf folgenden Luftmaschenbogen, 2 Luftmaschen, 3 Stäbchen in den folgenden Luftmaschenbogen, 5 Luftmaschen zum Wenden.

7. Reihe: 3 Stäbchen übergehen, 3 Stäbchen in den ersten Luftmaschenbogen der Vorreihe, 2 Luftmaschen, 3 Stäbchen übergehen, 3 Stäbchen in den folgenden Bogen von 2 Luftmaschen, 1 Luftmasche, jeweils zwischen die Stäbchen der Vorreihe 14 doppelte Stäbchen, zwischen je zwei doppelten Stäbchen 1 Luftmasche, 2 Luftmaschen zum Wenden (bei den folgenden Fächern noch eine feste Masche in das 9. Mäusezähnchen des vorigen Fächers arbeiten).

8. Reihe: * 4 Luftmaschen, 1 feste Masche in die letzte Luftmasche des Bogens, 1 feste Masche in das folgende doppelte Stäbchen * sechzehnmal; ein solches Mäusezähnchen auch über die erste Dreiergruppe von Stäbchen arbeiten; 2 Luftma-

schen, 3 Stäbchen in den Luftmaschenbogen nach der Stäbchengruppe, 2 Luftmaschen, 3 Stäbchen übergehen, 3 Stäbchen in die Wendeluftmaschen der Vorreihe, 5 Luftmaschen zum Wenden.

9. Reihe: 3 Stäbchen übergehen, 3 Stäbchen in den ersten Luftmaschenbogen der Vorreihe, 2 Luftmaschen, 3 Stäbchen in den folgenden Luftmaschenbogen von 2 Luftmaschen, 5 Luftmaschen zum Wenden.

10. Reihe: Mit der zweiten Reihe beginnen.

Spitze V. 23 Luftmaschen arbeiten.

1. Reihe: In der siebtletzten Luftmasche beginnen. 12 Stäbchen, 4 Luftmaschen, 4 Maschen übergehen, 1 feste Masche, 6 Luftmaschen zum Wenden.

2. Reihe: 1 feste Masche in den Luftmaschenbogen, 4 Luftmaschen, 2 Stäbchen übergehen, 9 Stäbchen jeweils zwischen die Stäbchen der Vorreihe, 4 Luftmaschen zum Wenden.

3. Reihe: 2 Maschen übergehen, ab der 3. Masche zwischen die Stäbchen der Vorreihe 6 Stäbchen arbeiten, 4 Luftmaschen, 1 feste Masche in den Luftmaschenbogen, 4 Luftmaschen, 1 feste Masche in den folgenden Bogen, 6 Luftmaschen zum Wenden.

4. Reihe: 1 feste Masche in den Bogen der Luftmaschen, 4 Luftmaschen, 1 feste Masche in den folgenden Luftmaschenbogen, 4 Luftmaschen, 2 Stäbchen übergehen, 3 Stäbchen jeweils zwischen die Stäbchen der Vorreihe, 6 Luftmaschen zum Wenden.

5. Reihe: 1 feste Masche in den ersten Luftmaschenbogen, 4 Luftmaschen, 1 feste Masche in den folgenden Bogen, 4 Luftmaschen, 1 feste Masche in den folgenden Bogen, 6 Luftmaschen zum Wenden.

6. Reihe: 1 feste Masche in den ersten Luftmaschenbogen, 4 Luftmaschen, 1 feste Masche in den folgenden Bogen, 4 Luftmaschen, 3 Stäbchen in den folgenden Bogen.

7. Reihe: 8 Luftmaschen, 1 Stäbchen in die siebtletzte Luftmasche, 1 Stäbchen in die folgende Luftmasche, 2 Stäbchen zwischen die folgenden Stäbchen, 2 Stäbchen in den Luftmaschenbogen, 4 Luftmaschen, 1 feste Masche in den folgenden Bogen, 4 Luftmaschen, 1 feste Masche in den folgenden Bogen, 6 Luftmaschen zum Wenden.

8. Reihe: 1 feste Masche in den Luftmaschenbogen, 4 Luftmaschen, 2 Stäbchen in den Luftmaschenbogen, 7 Stäbchen, von denen die letzten 2 in den Bogen der Anfangsluftmaschen der Vorreihe gearbeitet werden.

9. Reihe: 8 Luftmaschen, 1 Stäbchen in die 7. Luftmasche, 1 Stäbchen in die folgende Luftmasche, 8 Stäbchen zwischen die Stäbchen der

Spitze V

Vorreihe, 2 Stäbchen in den Luftmaschenbogen, 4 Luftmaschen, 1 feste Masche in den folgenden Luftmaschenbogen, 6 Luftmaschen zum Wenden.

Von zweiter bis neunter Reihe wiederholen. Die Spitze wird wie folgt abgeschlossen:

1. Reihe: * In den Bogen der Spitze 2 Stäbchen, 3 Luftmaschen, 2 Stäbchen, 3 Luftmaschen, 2 Stäbchen; in den Bogen am Rand der Reihe mit 6 Stäbchen 2 Stäbchen, 3 Luftmaschen, 2 Stäbchen; 1 feste Masche in das Randstäbchen der Reihe mit 3 Stäbchen, Luftmasche, 1 feste Masche in das folgende Randstäbchen der Reihe mit 3 Stäbchen; in den Bogen der Luftmaschen der Reihe mit 6 Stäbchen 2 Stäbchen, 3 Luftmaschen, 2 Stäbchen *.

2. Reihe: Den Faden in einem Luftmaschenbogen der Reihe mit 3 Stäbchen mit einer festen Masche befestigen, * 4 Luftmaschen, 1 feste Masche in die erste Luftmasche, 1 feste Masche in den folgenden Luftmaschenbogen *.

Entlang des gesamten oberen Randes eine Reihe feste Maschen.

Häkeleinsatz I

Häkeleinsatz II

Häkeleinsätze

Statt nur den Rand einer Arbeit zu verzieren, kann man eine sonst glatte Fläche auch durch einen gehäkelten Einsatz unterbrechen. Er wird für sich gearbeitet und dann in das Stück eingefügt. Die Länge ist je nach Muster beliebig wählbar.

Häkeleinsatz I. 12 Luftmaschen häkeln.
1. Reihe: In die viertletzte Luftmasche 4 Stäbchen, 4 Luftmaschen, 4 Maschen übergehen, 1 Stäbchen in die letzte Luftmasche, 3 Luftmaschen, wenden.
2. und folgende Reihen: 4 Stäbchen in den Bogen der 4 Luftmaschen, 4 Stäbchen übergehen, 1 Stäbchen in die nächste Luftmasche, 3 Luftmaschen, wenden.
Die Seiten dieses Streifens werden wie folgt abgeschlossen: * In die zweite Wendeluftmasche 1 doppeltes Stäbchen, 4 Luftmaschen, 1 doppeltes Stäbchen *; entlang der Seiten von * bis * in jeden seitlichen Zwischenraum zwischen zwei Stäbchengruppen wiederholen.

Häkeleinsatz II. 30 Luftmaschen häkeln.
1. Reihe: In die sechstletzte Luftmasche anfangen: * 1 feste Masche, 5 Luftmaschen, 5 Maschen übergehen *; abschließen mit 1 festen Masche, 5 Luftmaschen, wenden.
2. Reihe: * 1 feste Masche in die dritte der 5 Luftmaschen, 5 Luftmaschen *; abschließen mit einer festen Masche, 5 Luftmaschen, wenden.
3. bis 7. Reihe: wie 2. Reihe.
8. Reihe: Bögen wie bei der 2. Reihe arbeiten, nach dem zweiten Bogen in den folgenden Bogen 1 feste Masche, 3 Luftmaschen, in den folgenden Bogen 4 Stäbchen, 3 Luftmaschen, in den folgenden Bogen 1 feste Masche, 5 Luftmaschen; wenden.
9. Reihe: Bögen wie bei der 2. Reihe arbeiten; in den Bogen, der der Gruppe der 4 Stäbchen vorausgeht, 3 Luftmaschen und 4 Stäbchen arbeiten, 3 Luftmaschen, 4 Stäbchen in den folgenden Bogen von 3 Luftmaschen, 3 Luftmaschen; in normalen Bögen weiterarbeiten.
10. Reihe: Bögen wie bei der 2. Reihe arbeiten; 4 Stäbchen entsprechend der 8. Reihe zwischen die zwei Gruppen aus vier Stäbchen der Vorreihe in den Luftmaschenbogen häkeln.
11. Reihe: Bögen wie bei der 2. Reihe.
12. Reihe: Mit der zweiten Reihe beginnen.

Häkeleinsatz III. 30 Luftmaschen häkeln.
1. Reihe: In die achtletzte Luftmasche 1 Stäbchen, 2 Luftmaschen, 2 Maschen übergehen, 8 Stäbchen, 1 Luftmasche, 1 Masche übergehen, 8 Stäbchen, 2 Luftmaschen, 1 Stäbchen, 2 Luft-

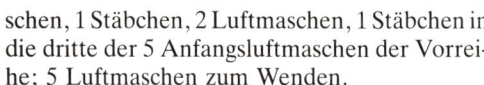

Häkeleinsatz III

schen, 1 Stäbchen, 2 Luftmaschen, 1 Stäbchen in die dritte der 5 Anfangsluftmaschen der Vorreihe; 5 Luftmaschen zum Wenden.

4. Reihe: 1 Stäbchen in das zweite Stäbchen, 2 Luftmaschen, 4 Stäbchen beginnend in die zwei Stäbchen der Vorreihe, 5 Luftmaschen, 1 Stäbchen in die 3. Luftmasche, 5 Luftmaschen, 4 Stäbchen, davon die ersten zwei in die vierte und fünfte Luftmasche, die anderen zwei in die zwei folgenden Stäbchen der Vorreihe arbeiten, 2 Luftmaschen, 1 Stäbchen, 2 Luftmaschen, 1 Stäbchen in die 3. Luftmasche der 5 Anfangsluftmaschen der Vorreihe; 5 Luftmaschen zum Wenden.

5. Reihe: Mit der ersten Reihe beginnen.

Häkeleinsatz IV. 12 Luftmaschen und mit einer Kettmasche zu einem Ring schließen.

1. Reihe: In die erste Hälfte des Ringes 12 feste Maschen (die erste feste Masche immer durch eine Luftmasche ersetzen), wenden.

2. Reihe: In jede feste Masche 1 Stäbchen und 1 Luftmasche (das erste Stäbchen immer durch 3 Luftmaschen ersetzen), mit einem Stäbchen abschließen, wenden.

3. Reihe: In jedes Stäbchen 1 Stäbchen und 2 Luftmaschen, abschließen mit einem Stäbchen. Ohne den Faden abzureißen fortfahren: ∗ 12 Luftmaschen mit einer Kettmasche zu einem Ring schließen.

1. Reihe: In die Hälfte, die dem vorigen Halbkreis gegenüberliegt, 12 feste Maschen arbeiten, wenden.

2. Reihe: In jede feste Masche 1 Stäbchen und 1 Luftmasche, wenden; 1 Kettmasche an das letzte Stäbchen der zweiten Reihe des vorigen Halbkreises; wenden.

3. Reihe: 3 Luftmaschen (stehen für das erste Stäbchen), 1 Kettmasche an das erste Stäbchen der zweiten Reihe, 2 Luftmaschen und 1 Stäbchen in jedes der folgenden 11 Stäbchen der Vorreihe ∗.

Von ∗ bis ∗ über die gesamte Länge des Einsatzes wiederholen. Die Halbkreise stehen sich dabei immer gegenüber. An den beiden Seiten mit festen Maschen abschließen: 9 feste Maschen in jeden Bogen in der Mitte der Halbkreise und 3 feste Maschen in jeden Bogen der 2 Luftmaschen. Faden abreißen.

maschen und 1 Stäbchen; 5 Luftmaschen zum Wenden.

2. Reihe: 1 Stäbchen in das zweite Stäbchen, 2 Luftmaschen, 4 Stäbchen in die ersten 4 folgenden Stäbchen, 5 Luftmaschen, 1 Stäbchen in den Bogen der 1 Luftmasche, 5 Luftmaschen, 4 Stäbchen übergehen, 4 Stäbchen in die folgenden 4 Stäbchen, 2 Luftmaschen, 1 Stäbchen, 2 Luftmaschen, 1 Stäbchen in die dritte der 5 Anfangsluftmaschen der Vorreihe.

3. Reihe: 1 Stäbchen in das zweite Stäbchen, 2 Luftmaschen, 2 Stäbchen in die ersten zwei Stäbchen der Gruppe der Vorreihe, 5 Luftmaschen, 1 feste Masche in die 3. Luftmasche des Bogens aus 5 Luftmaschen, 5 Luftmaschen, 1 feste Masche in die 3. Luftmasche des folgenden Bogens, 5 Luftmaschen, 2 Stäbchen in die letzten zwei Stäbchen der Vierergruppe, 2 Luftma-

Häkeleinsatz IV

Praktische Anwendung:
49 Kleidungsstücke
und andere Gegenstände

*Die folgenden Seiten zeigen, was man mit der Häkelnadel alles
herstellen kann, von Gardinen bis zu Tischdecken, von Deckchen bis
zu Tagesdecken für Betten, von Kleidungsstücken bis zu praktischen
Gegenständen.
In allen Beschreibungen sind der Schwierigkeitsgrad – ein bis drei
Sterne – und bei den Kleidungsstücken zwei oder drei verschiedene
Größen angegeben. Falls notwendig verdeutlichen Muster und
Zeichnungen die Beschreibungen. An den Zeichnungen geben Pfeile
die Arbeitsrichtung an; ein runder Pfeil bedeutet in Runden arbeiten.
Wenn die Symbole für die Muster unterschiedlicher Größe sind, so ist
das ausschließlich graphisch bedingt. Ein verstärkter Strich zeigt neu
aufgenommene Maschen an.*

Arbeits-anleitungen

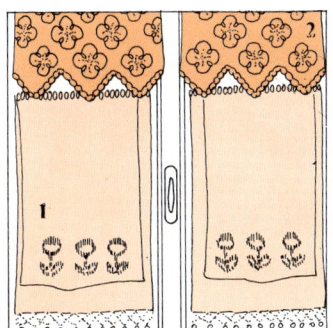

Schema der Farbabbildung auf Seite 85

Weiße Gardine in Filet-Häkelei (1)

Farbabbildung Seite 85

Schwierigkeitsgrad: ☆☆

Maschenprobe: Filetgitter: 14 Kästchen x 14 Reihen = 10 cm x 10 cm.

Größe: Die Gardine mißt 63 cm x 48 cm.

Material: Für jede Gardine 140 g weiße Baumwolle Nr. 8; Häkelnadel Nr. 2.

Muster: Lochmuster (siehe Seite 32); ausgefüllte Kästchen (siehe Seite 32); dreifaches Stäbchen (siehe Seite 29); feste Maschen (siehe Seite 28); Kettmaschen (siehe Seite 28).

Ausführung

● Die Gardine wird nach dem folgenden Filethäkelmuster gearbeitet.
216 Luftmaschen häkeln; die erste Reihe feste Maschen arbeiten. Die folgenden Reihen 4 cm hoch im Netzmuster häkeln:
Netzmuster: ∗ 1 Stäbchen, 2 Luftmaschen, 2 Maschen übergehen ∗. Eine Reihe Stäbchen, 2 Reihen Netzmuster häkeln, dann:
1. Reihe des Musters: für jede Blume 7 leere Kästchen, 1 mit Stäbchen ausgefülltes Kästchen, 7 leere Kästchen.
Vor der ersten Blume und nach der so angefangenen letzten Blume immer 5 leere Kästchen häkeln, vor den ersten leeren und nach den letzten leeren Kästchen ein ausgefülltes Kästchen (innerer Rand der Gardine).
Auf die erste Reihe des Musters baut sich das Blumenmotiv dem Filethäkelmuster entsprechend auf. Sind die Blumen fertiggestellt, wird die Gardine – bis auf den inneren Rand – mit leeren Kästchen weitergearbeitet.
Letzte Reihe der Gardine: ∗ 1 dreifaches Stäbchen, 2 Luftmaschen, 2 Maschen übergehen ∗; mit einem dreifachen Stäbchen abschließen. Durch diese Reihe zieht man den Stab zum Aufhängen der Gardine.

● *Fertigstellung.* An den Seiten und an der unteren Kante eine Reihe feste Maschen arbeiten, dabei in jedes Kästchen einstechen. Daran eine Reihe wie folgt anschließen: in jede feste Masche 3 Luftmaschen, 1 Kettmasche an die erste Luftmasche (ein Mausezähnchen) ∗.
An den unteren Rand wird folgende Borte gearbeitet:
1. Reihe: ∗ 1 Kettmasche in das Mäusezähnchen, 10 Luftmaschen, 1 Mäusezähnchen übergehen ∗; die Reihe mit einer Kettmasche beenden.
2. Reihe: 5 Luftmaschen, ∗ 1 feste Masche in die Mitte des Bogens der 10 Luftmaschen, 10 Luftmaschen ∗; Reihe mit einer festen Masche beenden.
3. Reihe: 5 Luftmaschen, ∗ 4 Stäbchen in die fünfte der 10 Luftmaschen der Vorreihe, 6 Luftmaschen, 4 Stäbchen in die sechste der 10 Luftmaschen der Vorreihe, 1 feste Masche in die Mitte des folgenden Bogens ∗.

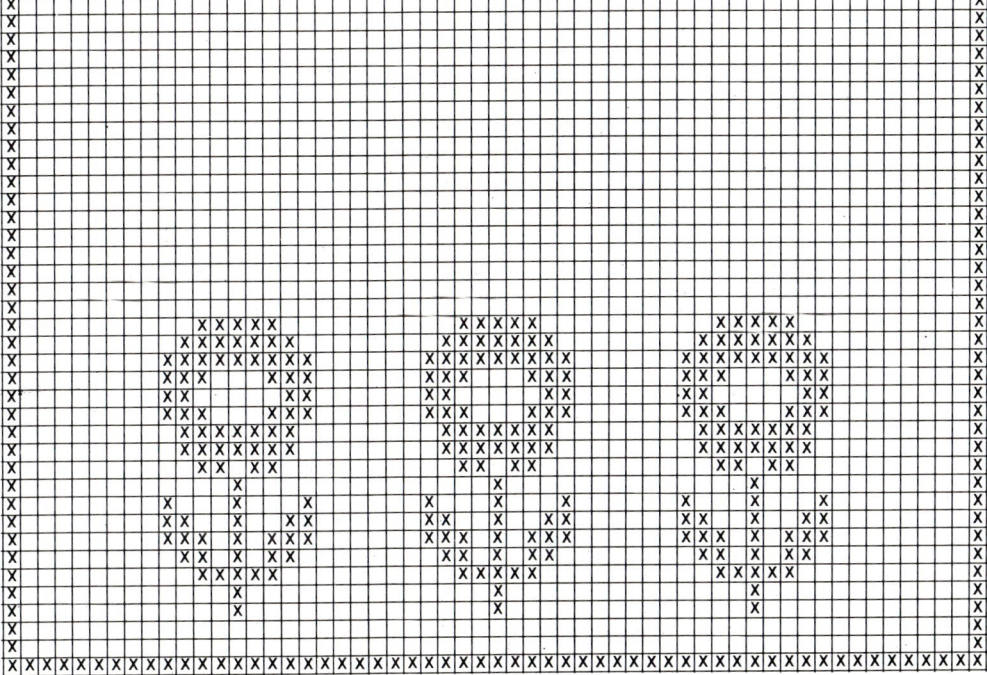

Häkelmuster des unteren Randes der weißen Gardine im Filet-Häkelmuster

☐ leere Kästchen
⊠ ausgefüllte Kästchen

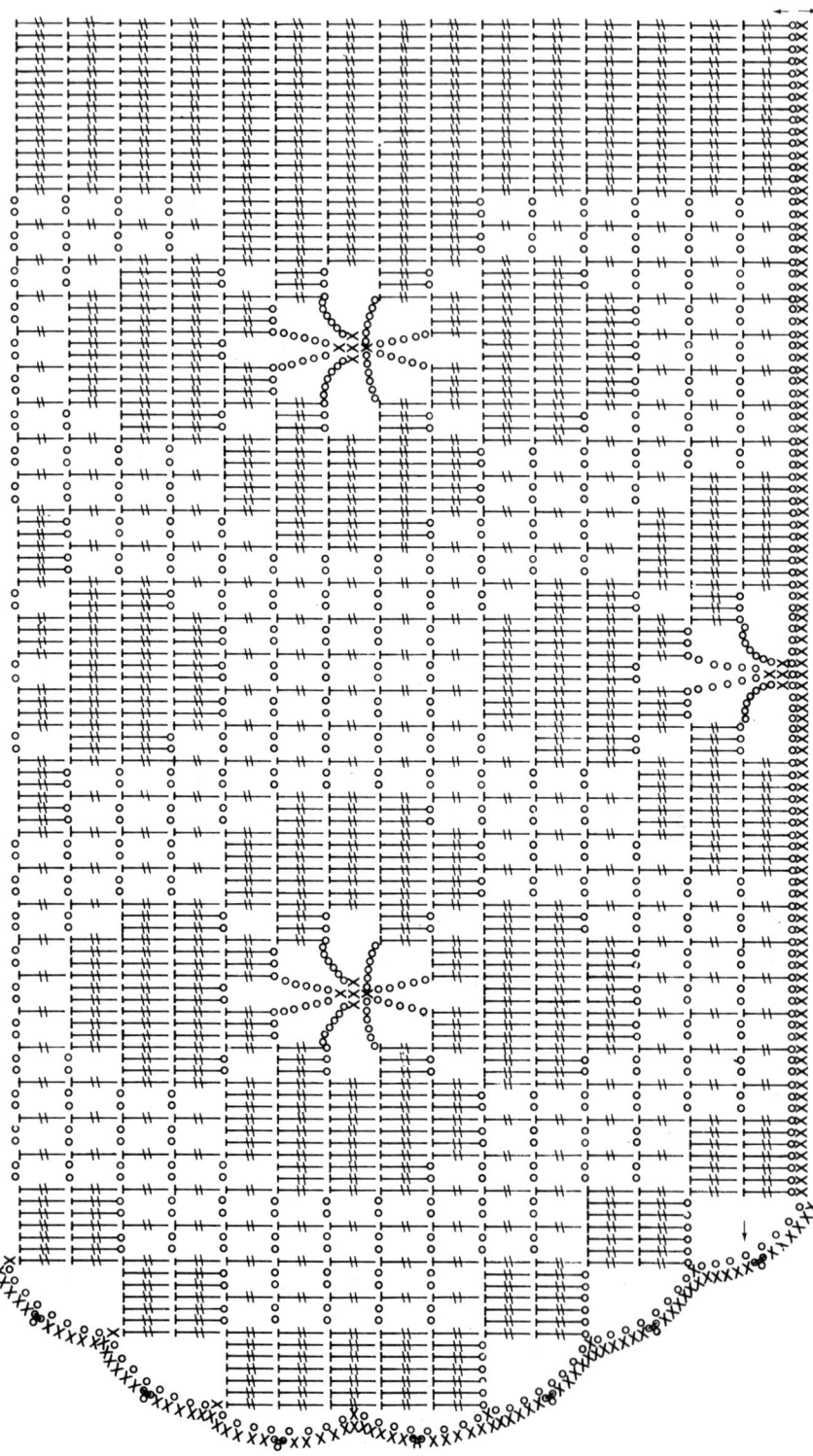

4. Reihe: 5 Luftmaschen, * in den Bogen der 6 Luftmaschen 5 Stäbchen, 1 Mäusezähnchen und 5 Stäbchen, 1 feste Masche in die feste Masche der Vorreihe *.
Die Gardine dämpfen; dabei leicht stärken.

Gelber Vorhang (2)

Farbabbildung Seite 85

Schwierigkeitsgrad: ☆☆

Maschenprobe: 28 Maschen x 10 Reihen = 10 cm x 10 cm.

Größe: Der Vorhang mißt 53 cm x 37 cm.

Material: Für jeden Vorhang 100 g gelbe Baumwolle Nr. 5; Häkelnadel Nr. 3.

Muster: Doppelte Stäbchen (siehe Seite 29); feste Maschen (siehe Seite 28); Kettmaschen (siehe Seite 28).

Ausführung
● Der Vorhang wird in Hin- und Rückreihen von oben nach unten gearbeitet; man hält sich an das Häkelmuster.
Dieses Häkelmuster zeigt – im Gegensatz zu einem Filethäkelmuster – die doppelten Stäbchen, die Luftmaschen und die festen Maschen (in der Mitte eines Blumenmotivs).
Um das Lesen dieses Musters, dessen einzelne Maschen in der Bildlegende erklärt sind, zu erleichtern, sind hier die ersten drei Reihen ausgeschrieben:
1. Reihe: 7 doppelte Stäbchen, * 2 Luftmaschen, 2 Maschen übergehen, 1 doppeltes Stäbchen * (siebenmal), 9 doppelte Stäbchen, 10 Luftmaschen, 6 Maschen übergehen, 3 feste Maschen, 10 Luftmaschen, 6 Maschen übergehen, 10 doppelte Stäbchen; von * bis * achtmal wiederholen; 14 doppelte Stäbchen.
2. Reihe: 14 doppelte Stäbchen, * 1 doppeltes Stäbchen, 2 Luftmaschen, 2 Maschen übergehen * (achtmal), 13 doppelte Stäbchen, 8 Luftmaschen, 1 feste Masche in die zweite der drei festen Maschen der Vorreihe, 8 Luftmaschen, 12 doppelte Stäbchen; von * bis * siebenmal wiederholen; 7 doppelte Stäbchen, 6 Luftmaschen.
3. Reihe: 6 doppelte Stäbchen in die 6 Luftmaschen der Vorreihe, ein doppeltes Stäbchen in das erste doppelte Stäbchen, * 2 Luftmaschen, 2 Maschen übergehen, 1 doppeltes Stäbchen * (zehnmal), 6 doppelte Stäbchen, 2 Luftmaschen, 2 Maschen übergehen, 4 doppelte Stäbchen, 2 Luftmaschen, 4 doppelte Stäbchen, 2 Luftmaschen, 2 Maschen übergehen, 7 doppelte

Häkelmuster des gelben Vorhanges

O Luftmasche doppeltes Stäbchen
X feste Masche
⚭ drei durch eine Kettmasche zusammengeschlossene Luftmaschen

Stäbchen, von * bis * neunmal wiederholen; 14 doppelte Stäbchen.
Nach dem Häkelmuster weiterarbeiten.

● *Fertigstellung:* Den Vorhang am oberen Ende so nach hinten umschlagen, daß jeweils die Hälfte der 14 Stäbchen hinten liegt. In den so entstandenen Saum den Stab zum Aufhängen des Vorhangs einlegen.
Nun um die restlichen 3 Seiten eine Reihe wie folgt häkeln, dabei an einer Schmalseite beginnen: an den Seiten feste Maschen; unten Luftmaschen und feste Maschen; an jedem Luftmaschenbogen unten wie folgt arbeiten: 5 feste Maschen, 3 Luftmaschen und eine Kettmasche an die erste Luftmasche (Mäusezähnchen), 5 feste Maschen. Faden abreißen und verwahren.
Den Vorhang dämpfen und dabei leicht stärken.

Spitzentischdecke

Farbabbildung Seite 86

Schwierigkeitsgrad: ☆☆☆

Maschenprobe: Die erste Reihe der im Kreis gearbeiteten Stäbchen hat einen Durchmesser von 2 cm.

Größe: Die Tischdecke hat einen Durchmesser von 200 cm.

Material: 400 g ungebleichte Baumwolle Nr. 12; Spitzenhäkelnadel Nr. 1,25.

Muster: Kettmaschen (siehe Seite 28); feste Maschen (siehe Seite 28); Stäbchen und doppelte Stäbchen (siehe Seite 29).

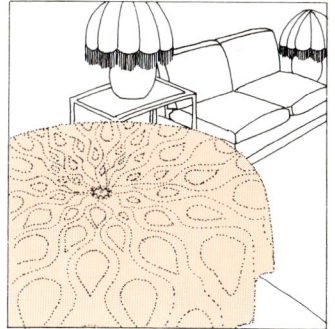

Schema der Farbabbildung auf Seite 86

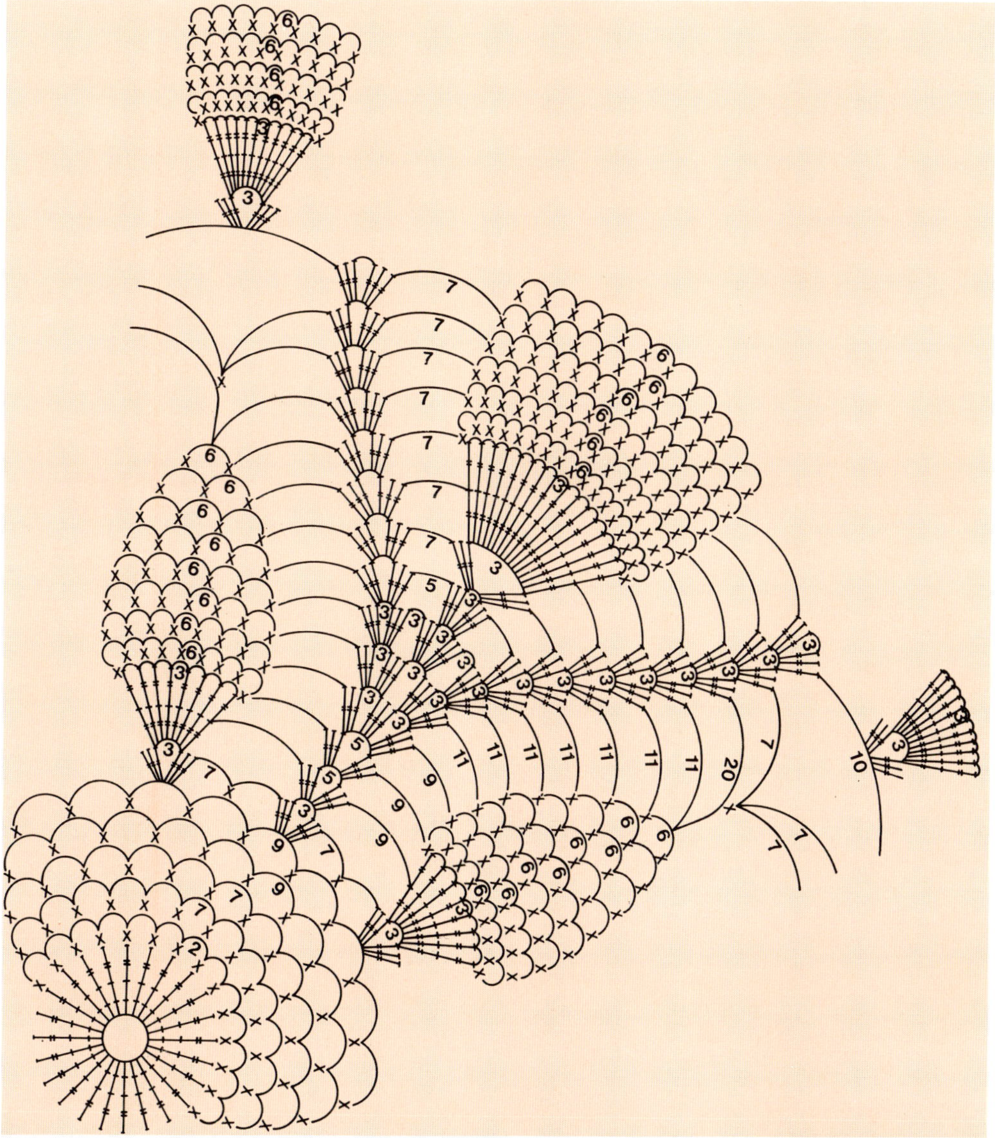

Häkelmuster eines Ausschnittes der Spitzentischdecke

Luftmaschenbogen (die Zahl gibt die Anzahl der Luftmaschen an)
┼ Stäbchen
╪ doppeltes Stäbchen
✕ feste Masche

△ Stäbchengruppe, gegengleich
   zur anderen (die Zahl gibt die
   Anzahl der Stäbchen an)

◖ Stäbchengruppe (die Zahl gibt
   die Anzahl der Stäbchen an)

○ Luftmaschen (Anzahl
   vorangestellt)

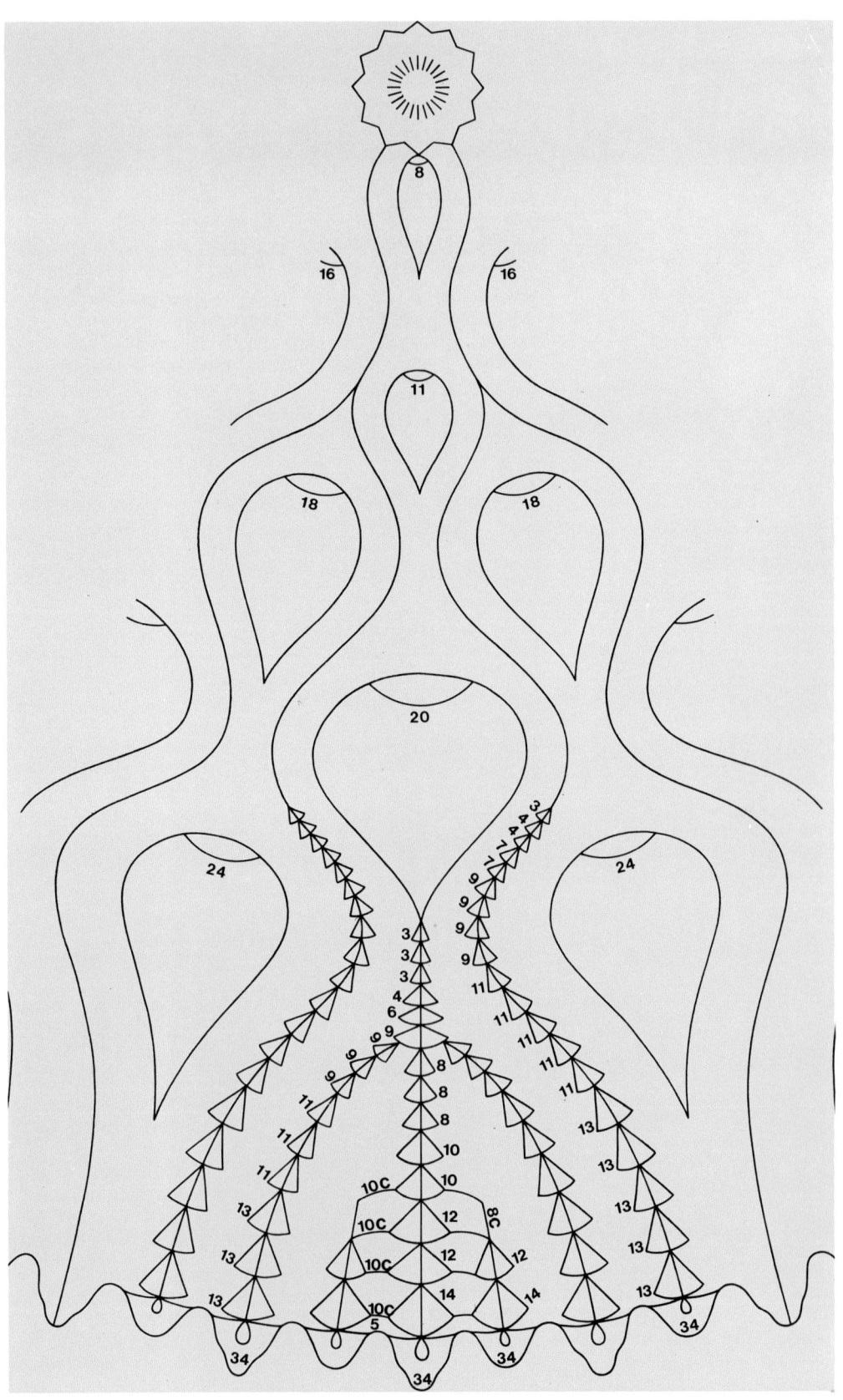

Ausführung:

• Die Tischdecke wird in Runden gehäkelt (siehe Seite 30), immer auf der Vorderseite der Arbeit. 12 Luftmaschen häkeln und mit einer Kettmasche zu einem Ring schließen.

1. Reihe: 24 Stäbchen in den Ring; mit einer Kettmasche abschließen.

2. Reihe: 24 doppelte Stäbchen; mit einer Kettmasche abschließen.

3. Reihe: * 1 feste Masche in das doppelte Stäbchen, 2 Luftmaschen *. Die Reihe mit einer Kettmasche abschließen.

4. Reihe: * In den Bogen der Luftmaschen 1 feste Masche und 7 Luftmaschen *; die Reihe mit einer Kettmasche abschließen.

5. Reihe: wie 4. Reihe.

6. Reihe: * In den Luftmaschenbogen 1 feste Masche und 9 Luftmaschen *; die Reihe mit einer Kettmasche abschließen.

7. Reihe: wie 6. Reihe.

8. Reihe: * In den Bogen der 9 Luftmaschen 3 doppelte Stäbchen, 3 Luftmaschen, 3 doppelte Stäbchen und 7 Luftmaschen; in den folgenden Bogen 1 feste Masche; 7 Luftmaschen *; die Reihe mit einer Kettmasche abschließen.

9. Reihe: * In den Bogen der 3 Luftmaschen zwischen den zwei Dreiergruppen von doppelten Stäbchen 8 doppelte Stäbchen (Anfang des Ananasmotivs) und 9 Luftmaschen arbeiten; in den folgenden Bogen zwischen den zwei Gruppen der Stäbchen 3 doppelte Stäbchen, 5 Luftmaschen und 3 doppelte Stäbchen arbeiten; 9 Luftmaschen *; Reihe mit einer Kettmasche abschließen.

10. Reihe: * 1 doppeltes Stäbchen in jede der 8 doppelten Stäbchen der Vorreihe, dazwischen jeweils 3 Luftmaschen; 9 Luftmaschen; in den Bogen der Luftmaschen zwischen den beiden Gruppen der drei Stäbchen 3 doppelte Stäbchen, 5 Luftmaschen, 3 doppelte Stäbchen; 9 Luftmaschen *; Reihe mit einer Kettmasche abschließen.

11. Reihe: 1 feste Masche in das erste doppelte Stäbchen, 6 Luftmaschen, ** 1 feste Masche in den Bogen der drei Luftmaschen, 6 Luftmaschen ** (achtmal), 1 feste Masche in das letzte doppelte Stäbchen, 9 Luftmaschen; in den Bogen der Luftmaschen zwischen den beiden Gruppen der doppelten Stäbchen der Vorreihe 3 doppelte Stäbchen, 3 Luftmaschen, 3 doppelte Stäbchen, 3 Luftmaschen und 3 doppelte Stäbchen; 9 Luftmaschen *; die Reihe mit einer Kettmasche abschließen.

12. Reihe: *, ** 1 feste Masche in den Bogen der 6 Luftmaschen der Vorreihe, 6 Luftmaschen ** (siebenmal), 1 feste Masche in den letzten Bogen der 6 Luftmaschen, 11 Luftmaschen; in den ersten Bogen der 3 Luftmaschen zwischen den beiden Gruppen der doppelten Stäbchen der Vorreihe 3 doppelte Stäbchen, 3 Luftmaschen und 3 doppelte Stäbchen; 3 Luftmaschen; in den zweiten Bogen der drei Luftmaschen zwischen den beiden Stäbchengruppen 3 doppelte Stäbchen, 3 Luftmaschen, 3 doppelte Stäbchen; 11 Luftmaschen *; Reihe abschließen mit einer Kettmasche.

13. Reihe: *, ** 1 feste Masche in den Bogen der 6 Luftmaschen der Vorreihe, 6 Luftmaschen ** (sechsmal), 1 feste Masche in den letzten Bogen der 6 Luftmaschen, 11 Luftmaschen; in den ersten Bogen der 3 Luftmaschen zwischen den beiden Stäbchengruppen der Vorreihe 3 doppelte Stäbchen, 3 Luftmaschen und 3 doppelte Stäbchen; 3 Luftmaschen; in den zweiten Bogen der 3 Luftmaschen zwischen den beiden Stäbchengruppen 3 doppelte Stäbchen, 3 Luftmaschen, 3 doppelte Stäbchen; 3 Luftmaschen; in den dritten Bogen der 3 Luftmaschen zwischen den beiden Stäbchengruppen 3 doppelte Stäbchen, 3 Luftmaschen und 3 doppelte Stäbchen; 11 Luftmaschen *; die Reihe mit einer Kettmasche abschließen.

14. Reihe: wie 13. Reihe, dabei einen Bogen von 6 Luftmaschen weniger arbeiten; den zweiten und den vierten Bogen zwischen den Stäbchengruppen übergehen; außerdem die Luftmaschengruppen zwischen den doppelten Stäbchengruppen um zwei Maschen erhöhen.

15. Reihe: wie 14. Reihe, dabei die Bögen der 6 Luftmaschen nochmals um einen vermindern; außerdem die Luftmaschengruppen zwischen den Stäbchengruppen nochmals um zwei Maschen erhöhen.

16. Reihe: wie 15. Reihe, dabei die Bögen der 6 Luftmaschen nochmals um einen vermindern; in den Bogen der 3 Luftmaschen, der zwischen den zweiten zwei Stäbchengruppen ist, 16 doppelte Stäbchen (Anfang des Ananasmotivs), 7 Luftmaschen arbeiten; in den Bogen der 3 Luftmaschen zwischen den dritten zwei Stäbchengruppen 3 doppelte Stäbchen, 3 Luftmaschen und 3 doppelte Stäbchen, 11 Luftmaschen arbeiten *; die Reihe mit einer Kettmasche abschließen.

17. Reihe: *, ** 1 feste Masche in den Bogen der 6 Luftmaschen der Vorreihe, 6 Luftmaschen ** (zweimal), 1 feste Masche in den letzten Bogen der 6 Luftmaschen, 11 Luftmaschen; in den Bogen der 3 Luftmaschen zwischen den ersten zwei Stäbchengruppen 3 doppelte Stäbchen, 3 Luftmaschen und 3 doppelte Stäbchen; 7 Luftmaschen, in die 16 mittleren doppelten Stäbchen 16 doppelte Stäbchen arbeiten, jeweils mit 3 Luftmaschen dazwischen.

18. Reihe: wie 17. Reihe, mit nur einem Bogen der 6 Luftmaschen (Spitze der Ananas); in die 16 mittleren doppelten Stäbchen 16 feste Maschen

arbeiten, jeweils getrennt durch 6 Luftmaschen. So jede Ananas bis zur Spitze arbeiten; dabei die drei Stäbchen, die sie trennen, weiterarbeiten und die Maschen am Anfang der Ananas zunehmen, wie es das Häkelmuster zeigt.

● *Ausführung:* Die Tischdecke dämpfen, dabei leicht stärken. Aufgrund der Größe und der Feinheit des Musters ist es jedoch ratsam, die Tischdecke in einem Spezialgeschäft bügeln zu lassen.

Rundes Häkeldeckchen mit Blume (1)

Farbabbildung Seite 87

Schwierigkeitsgrad: ☆☆☆

Maschenprobe: Nach der ersten Reihe beträgt der Durchmesser des Rings 1 cm.

Größe: Der Durchmesser des Häkeldeckchens beträgt 30 cm.

Material: 30 g weiße Baumwolle Nr. 12, Häkelnadel Nr. 1.

Schema der Farbabbildung auf Seite 87

Muster: Kettmaschen (siehe Seite 28), doppelte Stäbchen (siehe Seite 29).

Ausführung

● Das Deckchen wird von der Mitte aus immer auf der Vorderseite in Runden gearbeitet (siehe Seite 30).

8 Luftmaschen häkeln und mit einer Kettmasche zu einem Ring schließen.

1. Reihe: * 2 doppelte Stäbchen, 1 Luftmasche * achtmal; abschließen mit einer Kettmasche an das erste doppelte Stäbchen.

2. Reihe: * 2 doppelte Stäbchen in ein doppeltes Stäbchen der Vorreihe, 2 doppelte Stäbchen in das folgende doppelte Stäbchen, 2 Luftmaschen * achtmal; die Reihe mit einer Kettmasche abschließen.

3. Reihe: * 2 doppelte Stäbchen in das erste doppelte Stäbchen der Vorreihe, 1 doppeltes Stäbchen in das folgende doppelte Stäbchen, 1 doppeltes Stäbchen wieder in das folgende doppelte Stäbchen, 2 doppelte Stäbchen in das letzte doppelte Stäbchen der Vorreihe, 4 Luftmaschen *; die Reihe mit einer Kettmasche abschließen.

4. Reihe: * 6 zusammen abgemaschte doppelte Stäbchen in die doppelten Stäbchen der Vorreihe, 5 Luftmaschen, 1 doppeltes Stäbchen in den Luftmaschenbogen der Vorreihe, 5 Luftmaschen * achtmal; die Reihe mit einer Kettmasche abschließen.

5. Reihe: * 3 Luftmaschen, 1 doppeltes Stäbchen in die zusammen abgemaschten Stäbchen der Vorreihe, 3 Luftmaschen, in das folgende Stäbchen 3 doppelte Stäbchen, 3 Luftmaschen

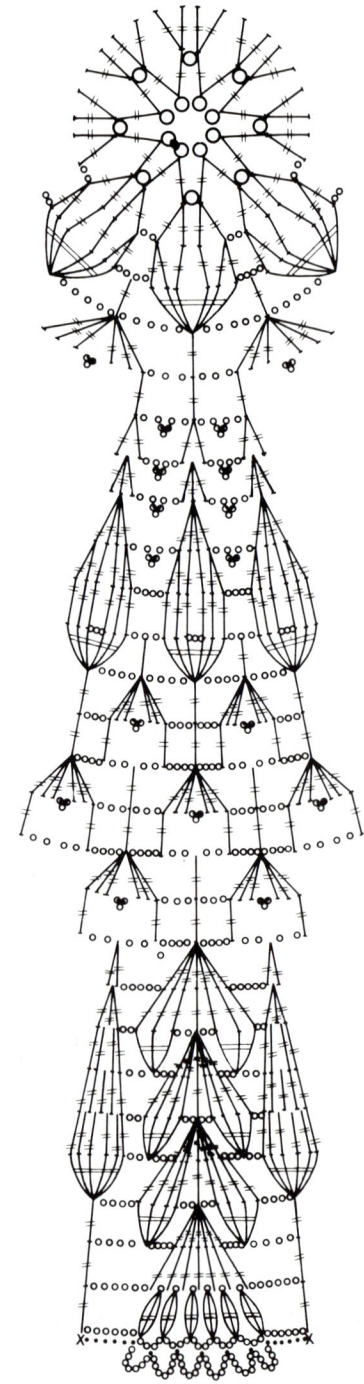

Häkelmuster für das runde Häkeldeckchen mit Blume

○ Luftmasche

⊧ doppeltes Stäbchen

● Kettmasche

✕ feste Masche

⅋ 3 zusammengeschlossene Luftmaschen durch eine Kettmasche

⋔ zusammen abgemaschte doppelte Stäbchen

und eine Kettmasche an die erste Luftmasche (Mäusezähnchen), 3 doppelte Stäbchen * achtmal; die Reihe mit einer Kettmasche abschließen.

6. Reihe: * 1 doppeltes Stäbchen in das einzelne doppelte Stäbchen, 2 Luftmaschen, 1 Mäusezähnchen, 2 Luftmaschen, 1 doppeltes Stäbchen in das erste doppelte Stäbchen der folgenden Gruppe, 2 Luftmaschen, 1 Mäusezähnchen, 2 Luftmaschen, 1 doppeltes Stäbchen in das letzte der sechs doppelten Stäbchen der Vorreihe * 24mal; die Reihe mit einer Kettmasche abschließen.

7. Reihe: wie 6. Reihe, dabei 2 doppelte Stäbchen in jedes doppelte Stäbchen der Vorreihe.

8. Reihe: wie 6. Reihe, dabei 3 doppelte Stäbchen zwischen die zwei doppelten Stäbchen der Vorreihe.

9. Reihe: wie 6. Reihe, dabei 4 doppelte Stäbchen in das mittlere doppelte Stäbchen der 3 doppelten Stäbchen der Vorreihe.

10. Reihe: * 2 doppelte Stäbchen in das erste der vier doppelten Stäbchen der Vorreihe, je ein doppeltes Stäbchen in die nächsten zwei doppelten Stäbchen, 2 doppelte Stäbchen in das letzte der vier doppelten Stäbchen der Vorreihe, 4 Luftmaschen; die Reihe mit einer Kettmasche abschließen.

11. Reihe: * 3 Luftmaschen, 3 doppelte Stäbchen in die ersten drei der 6 doppelten Stäbchen der Vorreihe, 3 Luftmaschen, 3 doppelte Stäbchen in die letzten 3 doppelten Stäbchen der Gruppe der Vorreihe *; die Reihe mit einer Kettmasche abschließen.

12. Reihe: * 4 Luftmaschen, 1 doppeltes Stäbchen in den Bogen der 3 Luftmaschen, der über dem Bogen der 4 Luftmaschen der vorletzten Reihe liegt, 4 Luftmaschen, 6 zusammen abgemaschte doppelte Stäbchen in die 6 doppelten Stäbchen der Vorreihe *; die Reihe mit einer Kettmasche abschließen.

13. Reihe: wie 5. Reihe.

14. Reihe: * 1 doppeltes Stäbchen in das einzelne doppelte Stäbchen, 4 Luftmaschen, 1 doppeltes Stäbchen in das erste Stäbchen der folgenden Gruppe, 4 Luftmaschen, 1 doppeltes Stäbchen in das letzte der 6 doppelten Stäbchen der Vorreihe, 4 Luftmaschen *; die Reihe mit einer Kettmasche abschließen.

15. Reihe: wie 13. Reihe, dabei die Gruppe der 6 doppelten Stäbchen in das doppelte Stäbchen der Vorreihe arbeiten, das in das einzelne doppelte Stäbchen der vorletzten Reihe gearbeitet wurde, und das einzelne doppelte Stäbchen in den Luftmaschenbogen über dem Mäusezähnchen arbeiten.

16. Reihe: wie 14. Reihe.

17. Reihe: wie 15. Reihe.

18. Reihe: wie 14. Reihe.

19. Reihe: * 5 Luftmaschen, 2 doppelte Stäbchen in den Luftmaschenbogen über dem Mäusezähnchen, 5 Luftmaschen, 7 doppelte Stäbchen in das darunterliegende doppelte Stäbchen *; die Reihe mit einer Kettmasche abschließen.

20. Reihe: * 2 Luftmaschen, 3 doppelte Stäbchen zwischen die zwei doppelten Stäbchen der Vorreihe, 2 Luftmaschen, 3 doppelte Stäbchen in die ersten drei der 7 doppelten Stäbchen der Vorreihe, 2 Luftmaschen, 1 doppeltes Stäbchen in das nächste doppelte Stäbchen, 2 Luftmaschen, 3 doppelte Stäbchen in die letzten 3 der 7 doppelten Stäbchen der Vorreihe *; die Reihe mit einer Kettmasche abschließen.

21. Reihe: * 2 Luftmaschen, 4 doppelte Stäbchen in die 3 darunterliegenden doppelten Stäbchen, 2 Luftmaschen, 3 zusammen abgemaschte Stäbchen in die folgenden 3 doppelten Stäbchen, 3 Luftmaschen, 7 doppelte Stäbchen in das mittlere doppelte Stäbchen dieser Stäbchengruppe, 3 Luftmaschen, 3 zusammen abgemaschte doppelte Stäbchen in die folgenden 3 doppelten Stäbchen *; die Reihe mit einer Kettmasche abschließen.

22. Reihe: wie 20. Reihe, dabei 5 in die 4 doppelten Stäbchen der Vorreihe arbeiten und die Zahl der mittleren doppelten Stäbchen um eins erhöhen: ein zusätzliches doppeltes Stäbchen in die Luftmasche vor und eines in die Luftmasche nach der Gruppe von 7 doppelten Stäbchen der Vorreihe arbeiten.

23. Reihe: wie 21. Reihe, dabei 6 in die 5 doppelten Stäbchen am Anfang häkeln und nachher 4 doppelte Stäbchen zusammen abmaschen.

24. Reihe: wie 22. Reihe, dabei am Anfang 6 doppelte Stäbchen zusammen abmaschen und anschließend 4 anstatt 2 Luftmaschen häkeln.

25. Reihe: * 4 Luftmaschen, 4 zusammen abgemaschte doppelte Stäbchen in die 4 doppelten Stäbchen der Vorreihe, 4 Luftmaschen, 7 doppelte Stäbchen in das einzelne doppelte Stäbchen der Vorreihe, 4 Luftmaschen, 4 zusammen abgemaschte doppelte Stäbchen in die folgenden 4 doppelten Stäbchen der Vorreihe, 4 Luftmaschen, 1 doppeltes Stäbchen in die zusammen abgemaschten doppelten Stäbchen der Vorreihe *, die Reihe mit einer Kettmasche abschließen.

26. Reihe: * 7 doppelte Stäbchen, jeweils unterbrochen von einer Luftmasche, in die 7 doppelten Stäbchen der Vorreihe, 6 Luftmaschen, 1 doppeltes Stäbchen in das einzelne doppelte Stäbchen der Vorreihe, 6 Luftmaschen *; die Reihe mit einer Kettmasche abschließen.

27. Reihe: * 6 Luftmaschen, 1 doppeltes Stäbchen in das einzelne doppelte Stäbchen der Vorreihe, 6 Luftmaschen, ** in jeden Luftmaschenbogen zwischen den doppelten Stäbchen

der Vorreihe 3 zusammen abgemaschte doppelte Stäbchen, jeweils durch 4 Luftmaschen unterteilt ∗∗, ∗; die Reihe mit einer Kettmasche abschließen.
28. Reihe: ∗ 6 Kettmaschen in die 6 Luftmaschen, 1 feste Masche in das einzelne doppelte Stäbchen, 6 Kettmaschen, ∗∗ 7 Luftmaschen, 1 Kettmasche in den Bogen der 4 Luftmaschen ∗∗ fünfmal, 7 Luftmaschen ∗; die Reihe mit einer Kettmasche abschließen.
Den Faden abreißen und verwahren.
● *Fertigstellung*. Das Häkeldeckchen dämpfen und dabei leicht stärken.

Naturfarbenes Häkeldeckchen (27)

Farbabbildung Seite 87

Schwierigkeitsgrad: ☆

Maschenprobe: Nach der ersten Reihe beträgt der Durchmesser des Ringes 1,1 cm.

Größe: Der Durchmesser des Deckchens beträgt 15 cm.

Material: 30 g naturfarbene Baumwolle; Häkelnadel Nr. 1.

Muster: Feste Maschen (siehe Seite 28); Kettmaschen (siehe Seite 28); Stäbchen (siehe Seite 29).

Ausführung

● Das Deckchen wird immer auf der rechten Seite in Runden gearbeitet (siehe Seite 30).
10 Luftmaschen häkeln und mit einer Kettmasche zu einem Ring schließen.
1. Reihe: In den Ring 16 feste Maschen.
2. Reihe: 7 Luftmaschen, ∗ 1 Masche übergehen, 1 Stäbchen, 4 Luftmaschen ∗ siebenmal; die Reihe mit einer Kettmasche an die dritte Anfangsluftmasche schließen.
3. Reihe: 5 Luftmaschen, ∗ in den Bogen der 4 Luftmaschen 2 Stäbchen, 2 Luftmaschen und 2 Stäbchen; 3 Luftmaschen ∗; die Reihe mit einer

Schema der Farbabbildung auf Seite 87

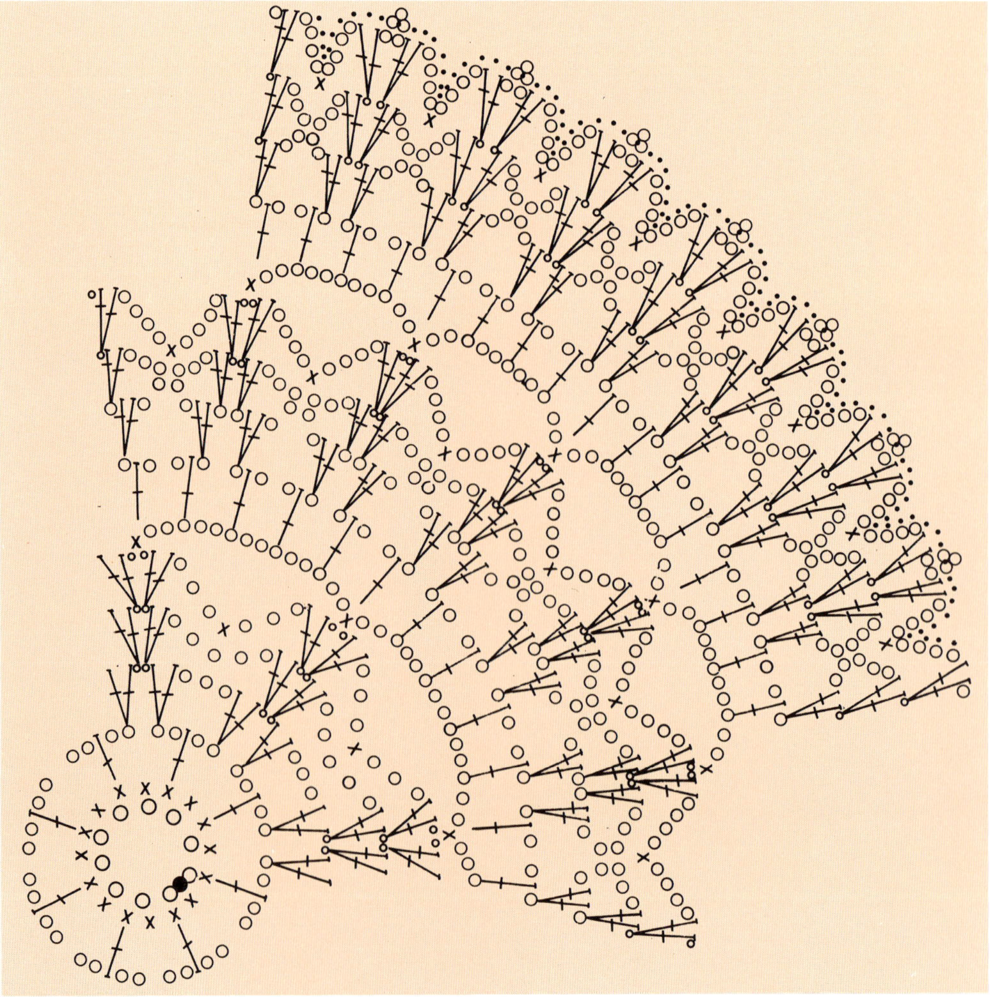

Häkelmuster für das naturfarbene Deckchen

○ Luftmasche
⊤ Stäbchen
● Kettmasche
✕ feste Masche
⚭ 3 durch eine Kettmasche zusammengeschlossene Luftmaschen

94

Kettmasche an eine Anfangsluftmasche schließen.

4. Reihe: 7 Luftmaschen, * in den Bogen der 2 Luftmaschen 2 Stäbchen, 2 Luftmaschen und 2 Stäbchen; 5 Luftmaschen *; die Reihe mit einer Kettmasche schließen.

5. Reihe: 7 Luftmaschen, * in den Bogen der 2 Luftmaschen 2 Stäbchen, 2 Luftmaschen und 2 Stäbchen; 3 Luftmaschen; gemeinsam unter die zwei Bögen der 5 und 3 Luftmaschen (Vorreihe bzw. vorletzte Reihe) eine feste Masche, 3 Luftmaschen *; die Reihe mit einer Kettmasche schließen.

6. Reihe: 15 Luftmaschen, * 1 feste Masche in den Bogen der 2 Luftmaschen, 14 Luftmaschen *; die Reihe mit einer Kettmasche an die zweite Anfangsluftmasche schließen.

7. Reihe: 5 Luftmaschen, * 1 Stäbchen in die feste Masche der Vorreihe, 2 Luftmaschen, 2 Maschen übergehen, ** 1 Stäbchen, 2 Maschen übergehen, 2 Luftmaschen ** viermal *; die Reihe mit einer Kettmasche an die dritte Anfangsluftmasche schließen.

8. Reihe: 3 Luftmaschen, * in den Bogen der 2 Luftmaschen 2 Stäbchen, 2 Luftmaschen und 2 Stäbchen; 4 Luftmaschen, einen Luftmaschenbogen übergehen *; die Reihe mit einer Kettmasche schließen.

9. Reihe: 4 Luftmaschen, * in den Bogen der 2 Luftmaschen 2 Stäbchen, 2 Luftmaschen und 2 Stäbchen, 6 Luftmaschen *; die Reihe mit einer Kettmasche schließen.

10. Reihe: 4 Luftmaschen, * in den Bogen der 2 Luftmaschen 2 Stäbchen, 2 Luftmaschen und 2 Stäbchen; 4 Luftmaschen; unter die Bögen der 6 und 4 Luftmaschen (Vorreihe bzw. vorletzte Reihe) 1 feste Masche; 4 Luftmaschen *; die Reihe mit einer Kettmasche schließen.

11. Reihe: 12 Luftmaschen, * 1 feste Masche in den Bogen der 2 Luftmaschen, 11 Luftmaschen *; die Reihe mit einer Kettmasche an die zweite Anfangsluftmasche schließen.

12. Reihe: * 1 Stäbchen in die feste Masche der Vorreihe, 2 Luftmaschen, 2 Maschen übergehen, ** 1 Stäbchen, 2 Luftmaschen, 2 Maschen übergehen ** dreimal *; die Reihe mit einer Kettmasche schließen.

13. Reihe: 3 Luftmaschen, * in den Bogen der 2 Luftmaschen 2 Stäbchen, 2 Luftmaschen und 2 Stäbchen; 4 Luftmaschen; einen Luftmaschenbogen übergehen *; die Reihe mit einer Kettmasche schließen.

14. Reihe: 4 Luftmaschen, * in den Bogen der zwei Luftmaschen 2 Stäbchen, 2 Luftmaschen und 2 Stäbchen; 6 Luftmaschen *; die Reihe mit einer Kettmasche schließen.

15. Reihe: 4 Luftmaschen, * in den Bogen der zwei Luftmaschen 2 Stäbchen, 2 Luftmaschen

und 2 Stäbchen; 4 Luftmaschen; 1 feste Masche unter die Bögen der 6 und 4 Luftmaschen (Vorreihe bzw. vorletzte Reihe), 4 Luftmaschen *; die Reihe mit einer Kettmasche schließen.

16. Reihe: * In den Bogen der 2 Luftmaschen 3 Luftmaschen und eine Kettmasche an die erste Luftmasche (ein Mäusezähnchen), mit Kettmaschen bis zum nächsten Bogen von 2 Luftmaschen gelangen *; die Reihe mit einer Kettmasche schließen.

Faden abreißen und verwahren.

● *Fertigstellung:* Das Deckchen dämpfen und leicht stärken.

Häkeldeckchen mit Blattmotiven (3)

Farbabbildung Seite 87

Schwierigkeitsgrad: ☆☆☆

Maschenprobe: Nach der ersten Reihe der doppelten Stäbchen beträgt der Durchmesser des Ringes 2 cm.

Größe: Der Durchmesser dieses Deckchens beträgt 22 cm.

Material: 20 g weiße Baumwolle Nr. 12, Häkelnadel Nr. 1.

Muster: Doppelte Stäbchen (siehe Seite 29); feste Maschen (siehe Seite 28); Kettmaschen (siehe Seite 28).

Ausführung

● Das Deckchen wird auf der rechten Seite in Runden gearbeitet (siehe Seite 30).

1. Reihe: 16 Luftmaschen häkeln und mit einer Kettmasche zu einem Ring schließen.

2. Reihe: In den Ring 30 doppelte Stäbchen arbeiten und mit einer Kettmasche schließen.

3. Reihe: * 1 feste Masche, 5 Luftmaschen, 2 Maschen übergehen *; zehnmal; die Reihe mit einer Kettmasche schließen.

4. Reihe: * 1 feste Masche in die 3. der 5 Luftmaschen der Vorreihe, 8 Luftmaschen *; die Reihe mit einer Kettmasche abschließen.

5. Reihe: * 3 Luftmaschen, 5 doppelte Stäbchen in den Bogen der 8 Luftmaschen der Vorreihe *; die Reihe mit einer Kettmasche schließen.

6. Reihe: * 1 feste Masche in die dritte der fünf doppelten Stäbchen der Vorreihe, 5 Luftmaschen, 1 feste Masche in die mittlere Luftmasche der Vorreihe, 5 Luftmaschen *, die Reihe mit einer Kettmasche schließen.

7. Reihe: wie 4. Reihe.

8. Reihe: * 4 Luftmaschen; in den Bogen der 8 Luftmaschen der Vorreihe 1 doppeltes Stäbchen, 1 Luftmasche und 1 doppeltes Stäbchen *; die Reihe mit einer Kettmasche schließen.

9. Reihe: * 4 Luftmaschen, in den Bogen der

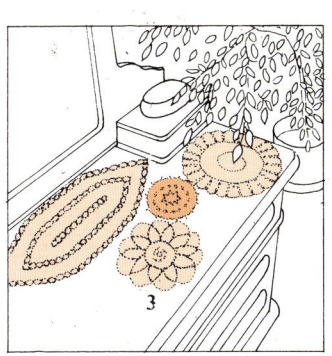

Schema der Farbabbildung auf Seite 87

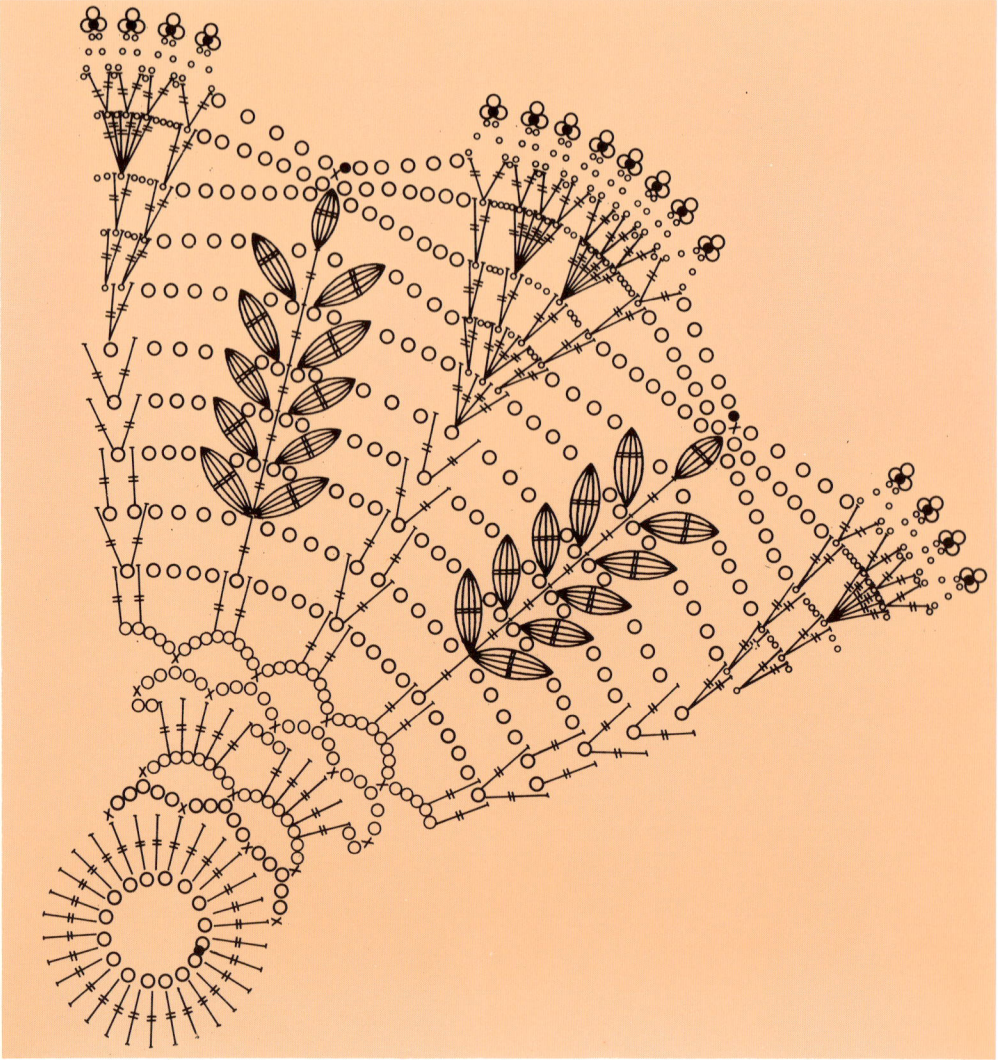

Luftmasche der Vorreihe 1 doppeltes Stäbchen, 2 Luftmaschen, 1 doppeltes Stäbchen; 4 Luftmaschen; in den folgenden Bogen der einen Luftmasche 1 doppeltes Stäbchen *; die Reihe mit einer Kettmasche schließen.

10. Reihe: * 3 Luftmaschen, in den Bogen der zwei Luftmaschen 1 doppeltes Stäbchen, 1 Luftmasche, 1 doppeltes Stäbchen; 3 Luftmaschen; in das einzelne doppelte Stäbchen der Vorreihe 5 zusammen abgemaschte doppelte Stäbchen, 2 Luftmaschen, 1 doppeltes Stäbchen, 2 Luftmaschen und 5 zusammen abgemaschte doppelte Stäbchen *; die Reihe mit einer Kettmasche schließen.

11. Reihe: * 3 Luftmaschen, in den Bogen der einen Luftmasche der Vorreihe 1 doppeltes Stäbchen, 1 Luftmasche und 1 doppeltes Stäbchen; 3 Luftmaschen; in den Luftmaschenbogen nach den ersten zusammen abgemaschten doppelten Stäbchen der Vorreihe 5 zusammen abge-maschte doppelte Stäbchen, 2 Luftmaschen, 1 doppeltes Stäbchen in das folgende doppelte Stäbchen der Vorreihe, 2 Luftmaschen, in den nächsten kleinen Luftmaschenbogen 5 zusammen abgemaschte doppelte Stäbchen *; die Reihe mit einer Kettmasche schließen.

12. Reihe: wie 11. Reihe.

13. Reihe: * 4 Luftmaschen, in den Bogen der einen Luftmasche der Vorreihe dreimal 1 doppeltes Stäbchen und 1 Luftmasche, dann 1 doppeltes Stäbchen; 4 Luftmaschen; wie in den Vorreihen anordnen: 5 zusammen abgemaschte doppelte Stäbchen, 2 Luftmaschen, 1 doppeltes Stäbchen, 2 Luftmaschen, 5 zusammen abge-maschte doppelte Stäbchen *; die Reihe mit einer Kettmasche schließen.

14. Reihe: * 4 Luftmaschen, in den ersten Bogen der einen Luftmasche 1 doppeltes Stäbchen, 1 Luftmasche und 1 doppeltes Stäbchen; 2 Luftmaschen; in den mittleren Bogen der einen

Schema der
Farbabbildung
auf Seite 87

Luftmasche dreimal 1 doppeltes Stäbchen und 1 Luftmasche, zusätzlich 1 doppeltes Stäbchen; 2 Luftmaschen; in den letzten kleinen Luftmaschenbogen 1 doppeltes Stäbchen, 1 Luftmasche und 1 doppeltes Stäbchen; 4 Luftmaschen; wie in den Vorreihen anordnen: 5 zusammen abgemaschte doppelte Stäbchen, 1 Luftmasche, 1 doppeltes Stäbchen, 1 Luftmasche, 5 zusammen abgemaschte doppelte Stäbchen *; die Reihe mit einer Kettmasche schließen.

15. Reihe: * In den ersten Bogen der einen Luftmasche 1 doppeltes Stäbchen, 1 Luftmasche und 1 doppeltes Stäbchen; 3 Luftmaschen, in den zweiten Bogen der einen Luftmasche wie in den ersten Bogen arbeiten, 3 Luftmaschen, einen Bogen übergehen, in den vierten Bogen der einen Luftmasche wie in den ersten Bogen, 3 Luftmaschen, in den letzten Bogen der einen Luftmasche wie in den ersten Bogen arbeiten; 7 Luftmaschen; 5 zusammen abgemaschte doppelte Stäbchen in das mittlere einzelne doppelte Stäbchen der Gruppe der Vorreihe, 7 Luftmaschen *; die Reihe mit einer Kettmasche schließen.

16. Reihe: * 7 Luftmaschen, 1 feste Masche in die zusammen abgemaschten doppelten Stäbchen der Vorreihe, 7 Luftmaschen, in den ersten Bogen der einen Luftmasche 1 doppeltes Stäbchen, 1 Luftmasche und 1 doppeltes Stäbchen; 4 Luftmaschen; in den zweiten Bogen der einen Luftmasche fünfmal 1 doppeltes Stäbchen und eine Luftmasche, zusätzlich 1 doppeltes Stäbchen; 2 Luftmaschen; in den dritten Bogen der einen Luftmasche wie in den zweiten Bogen arbeiten; 4 Luftmaschen; in den letzten Bogen der einen Luftmasche wie in den ersten Bogen arbeiten *; die Reihe mit einer Kettmasche abschließen.

17. Reihe: * 5 Luftmaschen, 1 Kettmasche in die feste Masche der Vorreihe, 5 Luftmaschen; in den ersten Bogen der einen Luftmasche 1 doppeltes Stäbchen, 3 Luftmaschen, 3 Luftmaschen und 1 Kettmasche an die erste Luftmasche (ein Mäusezähnchen), 3 Luftmaschen und 1 doppeltes Stäbchen; 1 Luftmasche; ** in den ersten, dritten und fünften Bogen der einen Luftmasche 1 doppeltes Stäbchen, 3 Luftmaschen, 1 Mäusezähnchen, 3 Luftmaschen und 1 doppeltes Stäbchen arbeiten; 1 Luftmasche ** zweimal, in den letzten Bogen der einen Luftmasche wie in den ersten Bogen der einen Luftmasche arbeiten *; die Reihe mit einer Kettmasche schließen.

● *Fertigstellung:* Das Deckchen dämpfen und dabei leicht stärken.

Häkeldeckchen mit Ringen und Röschen (4)

Farbabbildung Seite 87

Schwierigkeitsgrad: ☆☆☆

Maschenprobe: Der Durchmesser eines Ringes beträgt 1,6 cm; jedes Röschen hat einen Durchmesser von 1,6 cm.

Größe: Das Häkeldeckchen ist 57 cm lang und in der Mitte 20,8 cm breit.

Material: 50 g weiße Baumwolle Nr. 12; Häkelnadel Nr. 1.

Muster: Stäbchen (siehe Seite 29); feste Maschen (siehe Seite 28).

Ausführung

● Das Deckchen besteht aus 184 kleinen Ringen und 128 Röschen, die wie folgt gearbeitet und dann zusammengefügt werden:

● *Ringe:* Den Faden viermal um einen Finger oder um einen Stab mit geeignetem Durchmesser wickeln. Diesen kleinen Ring vom Finger

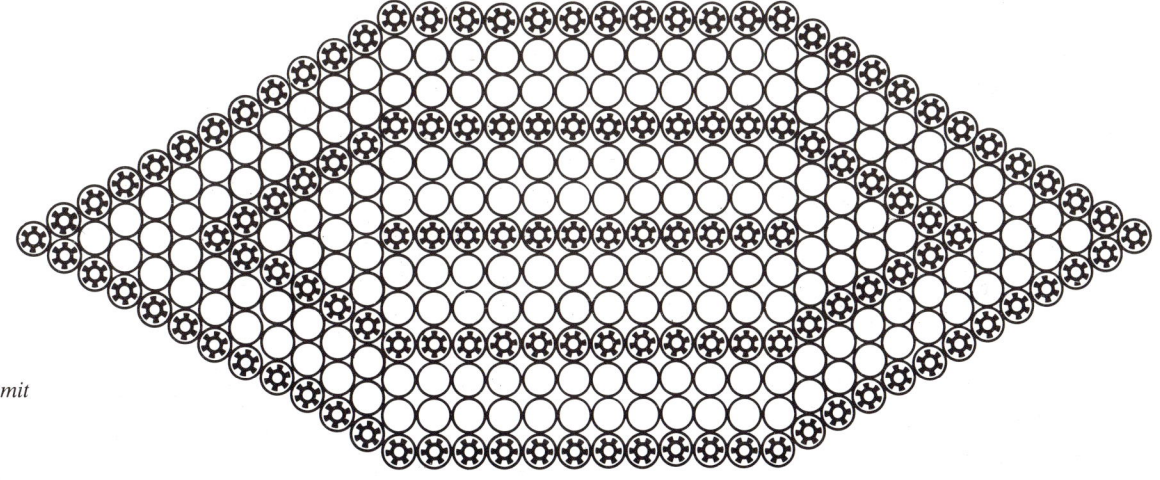

Vorlage des Häkeldeckchens mit
Ringen und Röschen
Anzahl der Ringe: 184
Anzahl der Röschen: 128

oder vom Stab ziehen und eng mit einer Reihe fester Maschen umarbeiten. So oft wiederholen, bis 184 kleine Ringe von gleicher Größe entstanden sind.

● **Röschen:** 1. Reihe: 8 Luftmaschen mit einer Kettmasche zu einem Ring schließen.

2. Reihe: In den Ring zwölfmal 1 Stäbchen und 2 Luftmaschen arbeiten.

3. Reihe: In jeden Luftmaschenbogen 1 feste Masche, 3 Luftmaschen und 1 feste Masche arbeiten.

● Die Röschen und die Ringe nach der Art der Vorlage mit Kettmaschen zusammenfügen. Das Deckchen dämpfen und dabei leicht stärken.

Melierte Wolldecke (1)

Farbabbildung Seite 88

Schwierigkeitsgrad: ☆

Maschenprobe: 26 Maschen × 18 Reihen = 10 cm × 10 cm

Größe: Die Decke mißt 224 cm × 157 cm.

Material: 800 g beigemelierte Wolle; 400 g hellbeigemelierte Wolle; 100 g Wolle in Rostrot; Häkelnadel Nr. 4.

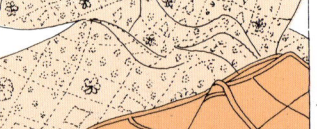

Schema der Farbabbildung auf Seite 88

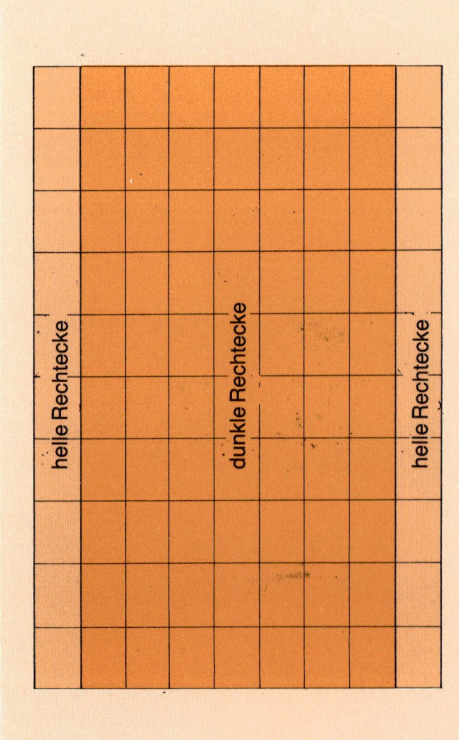

Vorlage der melierten Wolldecke

Muster: feste Maschen (siehe Seite 28); Kettmaschen (siehe Seite 28).

Ausführung

● Die Decke besteht aus 90 Rechtecken, jedes Rechteck 22 cm × 17 cm groß. Sie werden getrennt gearbeitet und dann zusammengefügt.

● *Ausführung der Rechtecke:* 35 Luftmaschen häkeln.

1. Reihe: ∗ 1 feste Masche, 1 Luftmasche, 1 Masche übergehen ∗; die Reihe mit einer festen Masche beenden.

2. Reihe: ∗ 1 feste Masche in die Luftmasche der Vorreihe, 1 Luftmasche ∗.

Die 2. Reihe bis zu einer Höhe von 22 cm wiederholen. 20 Rechtecke mit der helleren, 70 Rechtecke mit der dunkleren melierten Wolle arbeiten.

● *Fertigstellung:* Mit der rostroten Wolle 10 helle Rechtecke im Überwendlingsstich (siehe Seite 147) jeweils an den Schmalseiten zu einem Streifen zusammennähen. Die verbliebenen 10 hellen Rechtecke in der gleichen Art zusammennähen.

7 weitere Streifen aus den dunkleren Rechtecken herstellen, indem je 10 wie die hellen Rechtecke zusammengefügt werden. Diese insgesamt 9 langen Streifen werden nun aneinandergefügt und wie folgt angeordnet: 1 heller Streifen, an dessen langer Seite beginnend 7 dunkle Streifen, zum Schluß nochmals 1 heller Streifen. Mit der rostroten Wolle die Decke mit festen Maschen umhäkeln; an den Ecken jeweils dreimal einstechen.

Anschließend folgende Borte anhäkeln, dabei an einer Ecke beginnen:

1. Reihe: ∗ 1 feste Masche, 6 Luftmaschen, 5 Maschen übergehen ∗; die Reihe mit einer Kettmasche an die erste feste Masche der ersten Ecke abschließen.

2. Reihe: ∗ 1 feste Masche in die feste Masche der Vorreihe, in den Bogen der 6 Luftmaschen 7 feste Maschen ∗; die Reihe mit einer Kettmasche abschließen.

Die Decke braucht nicht gebügelt zu werden.

Tagesdecke für ein Ehebett (2)

Farbabbildung Seite 88

Schwierigkeitsgrad: ☆☆☆

Maschenprobe: 50 Maschen × 22 Reihen = 10 cm × 10 cm.

Größe: Die Größe der Tagesdecke beträgt 260 cm × 280 cm.

Häkelmuster für die Tagesdecke für ein Ehebett

□ leere Kästchen
⊠ ausgefüllte Kästchen
○ Luftmasche
┬ Stäbchen

Material: 1800 g weiße Baumwolle Nr. 12; Häkelnadel für Spitzen Nr. 1,25.

Muster: Stäbchen (siehe Seite 29); feste Maschen (siehe Seite 28); doppelte Stäbchen (siehe Seite 29); dreifache Stäbchen (siehe Seite 29).

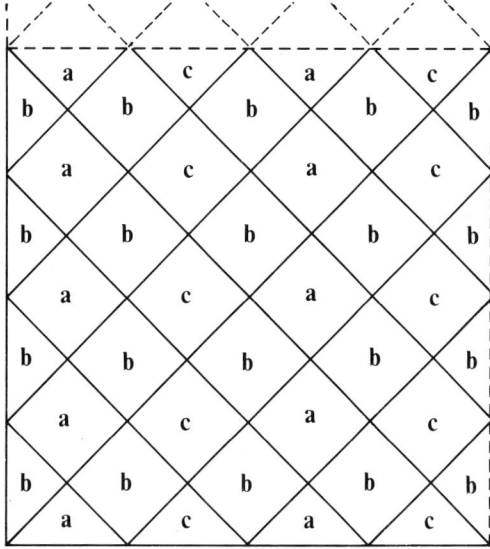

Anordnung der Rhomben für die Tagesdecke

Ausführung

● Die Decke wird in Längsrichtung an einem Stück in Hin- und Rückreihen gearbeitet.
1200 Luftmaschen häkeln und eine Reihe fester Maschen und eine Reihe Stäbchen arbeiten.
Nach dem Häkelmuster 270 cm lang arbeiten; abschließen mit einer Reihe Stäbchen und schließlich einer Reihe fester Maschen.

● *Fertigstellung:* Die fertige Decke wird mit einer Borte eingefaßt. Dabei beginnt man an einer Ecke:
1. Reihe: Feste Maschen, jeweils in die Ecken dreimal einstechen.
2. Reihe: ∗ 1 Stäbchen, 3 Luftmaschen, 1 Masche übergehen ∗.
3. Reihe: ∗ 1 feste Masche in die Mitte der 3 Luftmaschen der Vorreihe, 2 Luftmaschen, 7 doppelte Stäbchen in die Mitte der 3 folgenden Luftmaschen, 2 Luftmaschen ∗; an den Ecken in die Luftmasche 9 doppelte Stäbchen arbeiten.
4. Reihe: ∗ 3 Luftmaschen, 1 feste Masche in die feste Masche der Vorreihe, 3 Luftmaschen, in jedes doppelte Stäbchen der Vorreihe 1 doppeltes Stäbchen und 1 Luftmasche ∗; in die 9 doppelten Stäbchen der Ecke ebenfalls je 1 doppeltes Stäbchen und 1 Luftmasche arbeiten.

5. Reihe: ∗ In jedes doppelte Stäbchen der Vorreihe 1 dreifaches Stäbchen und 3 Luftmaschen arbeiten ∗; in jedes der 9 doppelten Stäbchen der Ecke 1 dreifaches Stäbchen und 3 Luftmaschen.

6. Reihe: In jeden Bogen der 3 Luftmaschen der Vorreihe 3 feste Maschen, 3 Luftmaschen und 1 Kettmasche an die erste Luftmasche (ein Mäusezähnchen).

Faden abreißen und verwahren.

Die Decke dämpfen und dabei leicht stärken. Aufgrund der Größe der Decke ist es jedoch ratsam, die Decke in einem Spezialgeschäft bügeln zu lassen.

Roter Zierkragen (1)

Farbabbildung Seite 105

Schwierigkeitsgrad: ☆☆

Maschenprobe: Die Anfangskette ist 24 cm lang.

Größe: Für Kinder von 6 bis 8 Jahren. In Klammern sind jeweils die Angaben für Kinder im Alter von 8–10 bzw. 10–12 Jahren aufgeführt.

Material: 10 (15; 20) g rote Baumwolle Nr. 5; Häkelnadel Nr. 2.

Muster: feste Maschen (siehe Seite 28); Stäbchen (siehe Seite 29); Kettmaschen (siehe Seite 28); Retourstich (siehe Seite 70); doppelte Stäbchen (siehe Seite 29).

Ausführung

● Der Zierkragen wird in Hin- und Rückreihen gearbeitet. 80 (90; 100) Luftmaschen häkeln und eine Reihe fester Maschen bei der zweiten Luftmasche beginnend arbeiten.

2. Reihe: ∗ 2 Stäbchen in eine Masche, 4 Luftmaschen, 2 Maschen übergehen ∗; Reihe mit 2 Stäbchen in einer Masche beenden.

3. Reihe: ∗ 1 feste Masche in das erste der zwei Stäbchen der Vorreihe, 3 Luftmaschen, 1 feste Masche in das zweite Stäbchen, 4 feste Maschen in den Bogen der 4 Luftmaschen der Vorreihe ∗; die Reihe beenden mit 1 festen Masche in das vorletzte Stäbchen, 3 Luftmaschen und 1 festen Masche in das letzte Stäbchen.

4. Reihe: 1 feste Masche in die feste Masche, ∗ in den Bogen der 3 Luftmaschen dreimal ∗∗ 3 doppelte Stäbchen und 3 Luftmaschen ∗∗, in den folgenden Luftmaschenbogen 1 feste Masche ∗; die Reihe mit einer festen Masche beenden.

5. Reihe: 1 feste Masche in die feste Masche, ∗ 1 feste Masche in das erste doppelte Stäbchen, in das zweite doppelte Stäbchen 3 Luftmaschen und eine Kettmasche in die erste Luftmasche (ein Mäusezähnchen), 1 feste Masche in das dritte doppelte Stäbchen, 3 feste Maschen in die 3 Luftmaschen ∗; die Reihe mit einer festen Masche abschließen.

Den Faden abreißen und verwahren.

● *Fertigstellung:* Den Kragen an der Innenkante mit einer Reihe fester Maschen und einer Reihe des Retourstichs abschließen. An die beiden Enden des Kragens 50 Luftmaschen anhäkeln und mit festen Maschen überziehen, womit man zwei Bänder angesetzt hat.

Den Faden abreißen und verwahren. Den Kragen dämpfen. Man erreicht einen besseren Sitz, wenn man ihn dabei leicht stärkt.

Schema der Farbabbildung auf Seite 105

Häkelmuster für den roten Zierkragen

○ Luftmasche
ⴕ Stäbchen
ⴕ doppeltes Stäbchen
● Kettmasche
× feste Masche
⌣ Retourstich
⚓ 3 durch eine Kettmasche zusammengeschlossene Luftmaschen

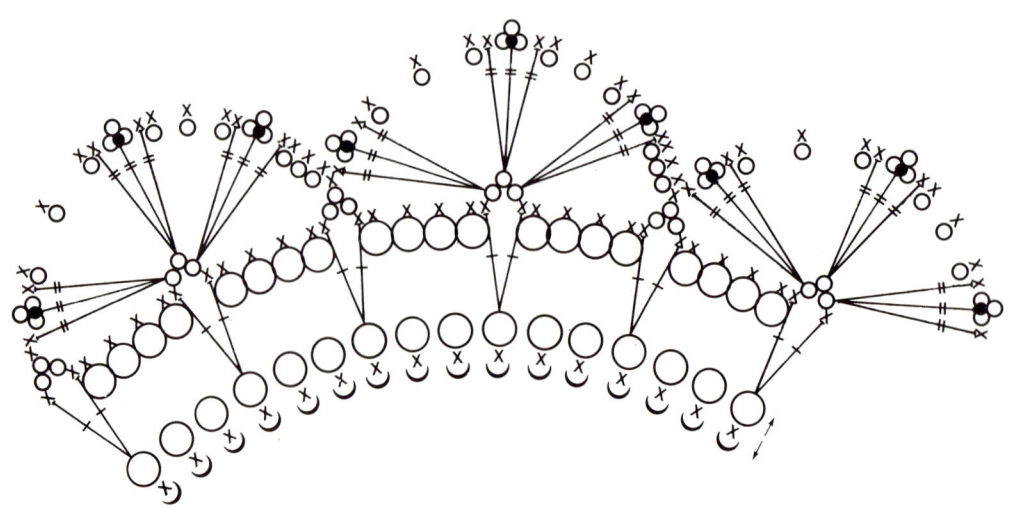

Roter Rock (2)

Farbabbildung Seite 105

Schwierigkeitsgrad: ☆

Maschenprobe: 5 Maschen × 11 Reihen = 10 cm × 10 cm.

Größe: Für Kinder von 4 Jahren. In Klammern sind die Angaben für Kinder im Alter von 6 bzw. 8 Jahren.
Material: 200 (250; 300) g rote vierfädige Sportwolle; Häkelnadel Nr. 4,5; elastisches Ripsband.

Muster: feste Maschen (siehe Seite 28); Stäbchen (siehe Seite 29); Retourstich (siehe Seite 70).

Ausführung

● Der Rock wird in zwei Bahnen gearbeitet, die an den Seiten zusammengenäht werden.
50 (70; 90) Luftmaschen häkeln und 3 cm hoch feste Maschen arbeiten. In der nächsten Reihe nur in den vorderen Faden der Grundmasche einstechen, dann weitere 3 cm feste Maschen arbeiten.
Den Streifen entlang der mittleren Rippenreihe umschlagen und über beide Kanten zusammen eine Reihe fester Maschen arbeiten. Somit ist der Bund fertig.
Eine Reihe Stäbchen wie folgt arbeiten: ∗ 1 Stäbchen, 2 Stäbchen in die gleiche Masche ∗. Die Maschenzahl wird so erhöht, was den Rock glockig werden läßt.
Zwischen die Stäbchen der Vorreihe jeweils wieder Stäbchen häkeln. Nach 30 (35; 40) cm den Faden abreißen und verwahren.
● *Fertigstellung:* Die beiden Teile entlang der Seiten zusammennähen; am Bund offen lassen. Ein elastisches Ripsband der gewünschten Länge einziehen und auch den Bund schließen. Den Saum mit einer Reihe fester Maschen und einer Reihe im Retourstich abschließen. Die Seitennähte des Rockes leicht dämpfen.

Hellblaue Baskenmütze (3)

Farbabbildung Seite 105

Schwierigkeitsgrad: ☆

Maschenprobe: 32 Maschen × 30 Reihen = 10 cm × 10 cm.

Größe: Die Baskenmütze hat einen Durchmesser von 22 cm; der Kopfumfang beträgt 44 cm.

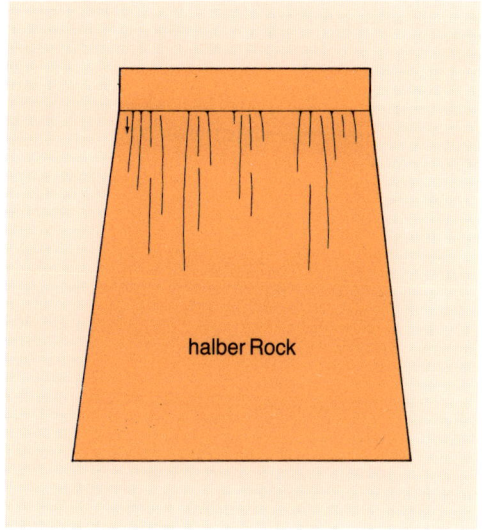

halber Rock

Material: 80 g hellblaue Baumwolle Nr. 5; wenige Gramm weiße Baumwolle Nr. 5; Häkelnadel Nr. 2.

Muster: feste Maschen (siehe Seite 28); Retourstich (siehe Seite 70); Kettmaschen (siehe Seite 28).

Ausführung

● Die Baskenmütze wird stets auf der rechten Seite in Runden gehäkelt (siehe Seite 30).
Mit der hellblauen Wolle 8 Luftmaschen häkeln und mit einer Kettmasche zu einem Ring schließen.
16 feste Maschen in diesen Ringen arbeiten. In den folgenden Runden fester Maschen soviele Maschen zunehmen, daß ein flacher Kreis von 22 cm Durchmesser entsteht.
Nun ohne zuzunehmen 5 Reihen mit der hellblauen Wolle und 1 Reihe mit der weißen Wolle arbeiten.
Die folgenden 2 Reihen arbeiten:
1. Reihe: ∗ 3 feste Maschen in Weiß, 3 feste Maschen in Hellblau ∗.
2. Reihe: Wie die Vorreihe, nur mit Hellblau über Weiß und mit Weiß über Hellblau arbeiten.
Weitere 5 Reihen in Hellblau arbeiten, dabei 8 Maschen pro Reihe abnehmen.
● *Fertigstellung:* Mit weißer Baumwolle eine Reihe fester Maschen und eine Reihe im Retourstich arbeiten.
Die Baskenmütze dämpfen.

Schema der Farbabbildung auf Seite 105

Weiße Weste (4)

Farbabbildung Seite 105

Schwierigkeitsgrad: ☆

Maschenprobe: 18 Maschen × 17 Reihen = 10 cm × 10 cm.

Größe: Für Kinder von 5 bis 6 Jahren. In Klammern sind die Angaben für Kinder im Alter von 7–8 bzw. 9–10 Jahren.

Material: 250 (300; 350) g weiße vierfädige Sportwolle; Häkelnadel Nr. 4,5.

Muster: feste Maschen (siehe Seite 28); halbe Stäbchen (siehe Seite 28); Retourstich (siehe Seite 70).

Ausführung
● Die Weste wird in Hin- und Rückreihen gearbeitet, die Borte senkrecht dazu.
● *Rückenteil:*
Für die Borte 10 (15; 20) Luftmaschen häkeln und 25 (30; 35) cm in festen Maschen arbeiten, dabei nur in den hinteren Faden der Grundmasche einstechen. Faden abreißen und verwahren.
Entlang der Seitenkante dieser Borte in jede Rippe 3 feste Maschen arbeiten. Nun 20 (25; 30) cm hoch im Wechsel eine Reihe fester Maschen und eine Reihe abwechselnd 1 feste Masche und 1 halbes Stäbchen arbeiten.
Für den Armausschnitt auf beiden Seiten einmal 3 Maschen, einmal 2 Maschen und einmal 1 Masche abnehmen.

Weitere 11 (15; 20) Reihen die beiden Reihen im Wechsel häkeln.
● *Vordere Hälfte:*
10 (15; 20) Luftmaschen häkeln und die Borte wie bei dem Rückenteil arbeiten, jedoch nur über die halbe Länge, d. h. 12,5 (15; 17,5) cm. Die Borte abschließen und wie beim Rückenteil Maschen entlang der Längsseite der Borte aufnehmen und über 11 (13; 15) cm die beiden Reihen abwechseln.
Für den V-Ausschnitt auf einer Seite fünfmal jede zweite Reihe 1 Masche abnehmen, bis zur Schulterhöhe auf dieser Seite ohne Abnehmen weiterhäkeln. Gleichzeitig auf der anderen Seite in entsprechender Höhe wie beim Rückenteil die Maschen für den Armausschnitt abnehmen. Die andere Hälfte des Vorderteils gegengleich häkeln.
● *Ausführung:*
Die Seiten und Schultern mit dem Steppstich (siehe Seite 147) zusammennähen.
Am rechten Vorderteil beginnend alle Maschen entlang der rechten Seite, des Halsausschnittes und der linken Seite bis zur linken Borte aufnehmen und 3 Reihen in festen Maschen häkeln. Mit einer Reihe im Retourstich abschließen.
Faden abreißen und verwahren.
Die Armausschnitte mit einer Reihe fester Maschen und einer Reihe im Retourstich umhäkeln.
Die Weste dämpfen.

Kinderkrawatte (5)

Farbabbildung Seite 105

Schwierigkeitsgrad: ☆

Maschenprobe: 32 Maschen × 18 Reihen = 10 cm × 10 cm.

Größe: Die Krawatte ist 115 cm lang und 6 cm breit.

Material: 30 g blaue Baumwolle Nr. 5; Häkelnadel Nr. 2,5.

Muster: feste Maschen (siehe Seite 28).

Ausführung
● Die Krawatte wird von oben nach unten in Hin- und Rückreihen gearbeitet.
21 Luftmaschen häkeln, 45 cm hoch feste Maschen arbeiten. So lange auf beiden Seiten jeweils am Ende der Reihe 1 Masche abnehmen, bis 7 Maschen bleiben.

Schema der Farbabbildung auf Seite 105

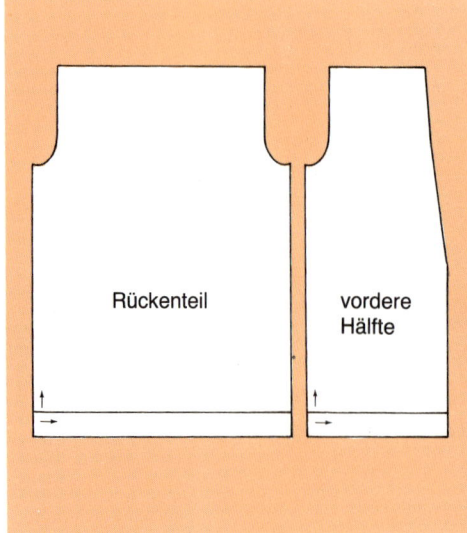

Rückenteil   vordere Hälfte

102

Weitere 25 cm feste Maschen häkeln, ohne abzunehmen. Dieser Teil wird später um den Hals geschlungen.

Dann wieder am Anfang jeder Reihe 1 Masche aufnehmen, bis erneut 21 Maschen erreicht sind. Weitere 45 cm feste Maschen arbeiten.

Faden abreißen und verwahren.

● *Fertigstellung:* Die Ränder der breiten Teile werden nach hinten umgeschlagen, und zwar auf jeder Seite 1,5 cm oder um ¼ der Gesamtbreite, so daß sich die Kanten hinten berühren. Am mittleren schmalen Teil, der um den Hals geschlungen wird, wird nichts nach hinten umge-schlagen. Die Ränder werden dann mit kleinen Stichen auf der Rückseite der Krawatte zusam-mengenäht.

Die Krawatte von links dämpfen, damit die umgeschlagenen Ränder dicht anliegen.

Schema der
Farbabbildung
auf Seite 105

Grüne Jacke (6)

Farbabbildung Seite 105

Schwierigkeitsgrad: ☆

Maschenprobe: 10 Maschen × 11 Reihen = 10 cm × 10 cm.

Größe: Für Kinder von 6–7 Jahren. In Klam-mern sind die Angaben für Kinder von 8–9 bzw. 10–11 Jahren.

Material: 600 (650; 700) g grünmelierte Sport-wolle; Häkelnadel Nr. 5; 5 Knöpfe.

Muster: feste Maschen (siehe Seite 28); Retour-stich (siehe Seite 70).

Ausführung

● Die Jacke wird in Hin- und Rückreihen gear-beitet. Das Rückenteil und die beiden Vorder-teile werden in einem Stück gearbeitet; davon getrennt werden die Ärmel fertiggestellt.

72 (80; 92) Luftmaschen häkeln und 30 (34; 38) cm hoch feste Maschen arbeiten.

Die Arbeit in drei Teile teilen: rechts und links die vorderen Hälften; der Mittelteil, doppelt so breit wie eines an den Seiten, wird zum Rücken-teil: 18 (20; 23) Maschen für das linke Vorder-teil, 36 (40; 46) Maschen für das Rückenteil und 18 (20; 23) Maschen für das rechte Vorderteil. Die drei Teile wie folgt getrennt fertigstellen:

● *Rückenteil:* Für den Armausschnitt auf beiden Seiten einmal 3 Maschen, einmal 2 Maschen und einmal 1 Masche abnehmen. Dann 12 (14; 16) cm hoch feste Maschen weiterarbeiten. Das Rückenteil abschließen.

● *Vorderteil:* Für den Armausschnitt die gleiche Maschenzahl wie beim Rückenteil abnehmen, jeweils an der inneren Seite der Arbeit. Weitere 11 (13; 15) cm arbeiten und für den Halsaus-schnitt auf der Außenseite 2 Maschen abneh-men. Bis auf die gleiche Höhe des Rückenteils arbeiten und das Teil abschließen. Über einen der beiden Ränder sind 5 senkrechte Knopflö-cher über 2 Reihen zu verteilen (siehe Seite 137).

● *Ärmel:* 26 (30; 34) Maschen häkeln und 32 (36; 40) cm hoch feste Maschen arbeiten und dann abschließen.

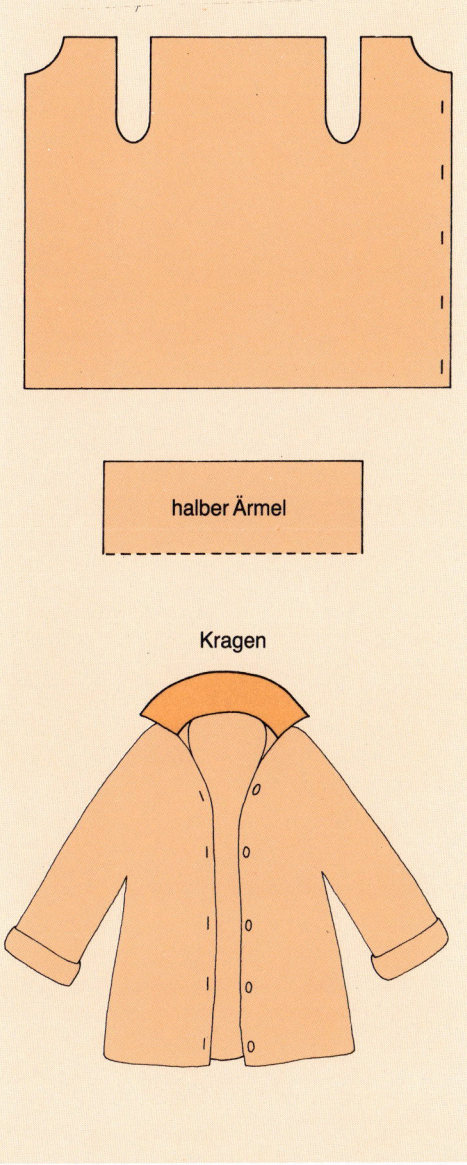

halber Ärmel

Kragen

● *Fertigstellung:* die Ärmel und die Schultern der Jacke zusammennähen, die Ärmel in die Armlöcher einnähen.
Alle Maschen des Halsausschnittes aufnehmen und 8 cm feste Maschen häkeln.
Die gesamte Jacke mit einer Reihe im Retourstich umhäkeln.
Knöpfe annähen.
Die Jacke muß nicht gebügelt werden.

Weiße Stola (1)

Farbabbildung Seite 106

Schwierigkeitsgrad: ☆☆

Maschenprobe: 15 Maschen × 12 Reihen = 10 cm × 10 cm.

Größe: Die Stola ist 200 cm × 58 cm groß, einschließlich der Fransen.

Material: 350 g zweifädige Zephirwolle, Häkelnadel Nr. 3,5.

Muster: feste Maschen (siehe Seite 28); Stäbchen (siehe Seite 29).

Ausführung

● Die Stola wird entlang der Breite in Hin- und Rückreihen gearbeitet.
85 Luftmaschen häkeln und wie folgt vorgehen:
1. Reihe: feste Maschen.
2. Reihe: ✳ 4 Stäbchen in eine Masche, 4 Luftmaschen, 4 Maschen übergehen, 1 Stäbchen, 4 Luftmaschen, 4 Maschen übergehen ✳; die Reihe mit einem Stäbchen beenden.
3. Reihe: 4 Luftmaschen, ✳ 4 Stäbchen in den Bogen der 4 Luftmaschen der Vorreihe, 4 Luftmaschen, 4 Stäbchen in den folgenden Bogen der 4 Luftmaschen, 4 Luftmaschen, 1 feste Masche in den Bogen der 4 Luftmaschen, 1 feste Masche in das Stäbchen, 1 feste Masche in den folgenden Bogen der 4 Luftmaschen, 4 Luftmaschen ✳; die Reihe mit einem Stäbchen in das letzte Stäbchen beenden.
4. Reihe: 4 Luftmaschen, ✳ 4 Stäbchen in den ersten Bogen der 4 Luftmaschen, 6 Luftmaschen, 1 feste Masche in den folgenden Bogen, 3 feste Maschen in die drei festen Maschen der Vorreihe, 1 feste Masche in den folgenden Bogen, 6 Luftmaschen ✳; die Reihe mit einem Stäbchen in das letzte Stäbchen beenden.
5. Reihe: 4 Luftmaschen, ✳ 4 Stäbchen in den ersten Bogen der 6 Luftmaschen, 4 Luftmaschen, 3 feste Maschen in die drei mittleren

festen Maschen der Vorreihe, 4 Luftmaschen, 4 Stäbchen in den folgenden Bogen, 4 Luftmaschen ✳; die Reihe mit einem Stäbchen in das letzte Stäbchen beenden.
6. Reihe: 4 Luftmaschen, ✳ 4 Stäbchen in den ersten Bogen der 4 Stäbchen der Vorreihe, 4 Luftmaschen, 1 Stäbchen in die mittlere feste Masche der Vorreihe, 4 Luftmaschen, 4 Stäbchen in den folgenden Bogen, 4 Luftmaschen, 1 Stäbchen in den folgenden Bogen, 4 Luftmaschen ✳; die Reihe mit einem Stäbchen in das letzte Stäbchen beenden.
7. Reihe: Mit der dritten Reihe beginnen.
148 cm hoch diese Reihen arbeiten und mit einer Reihe fester Maschen abschließen.
● *Fertigstellung.* Jeweils an die erste und letzte Reihe fester Maschen folgende Borte arbeiten:
1. Reihe: 3 Luftmaschen, 2 Maschen übergehen, ✳ in eine Masche 3 Stäbchen, 2 Luftmaschen und 3 Stäbchen; 3 Luftmaschen, 5 Maschen übergehen ✳; die Reihe mit einem Stäbchen beenden.
2. Reihe: 3 Luftmaschen, ✳ in den Bogen der drei Luftmaschen 2 Stäbchen, 2 Luftmaschen und 2 Stäbchen; 3 Luftmaschen ✳; die Reihe mit einem Stäbchen beenden.
3. Reihe: 3 Luftmaschen, ✳ in den Bogen der 2 Luftmaschen 2 Stäbchen, 1 Luftmasche und 2 Stäbchen; 2 Luftmaschen, 1 feste Masche gemeinsam in den Luftmaschenbogen der 1. und 2. Reihe; 2 Luftmaschen ✳; die Reihe mit einem Stäbchen beenden.
4. Reihe: ✳ 3 Luftmaschen, in den Bogen der einen Luftmasche 2 Stäbchen, 1 Luftmasche und 2 Stäbchen arbeiten ✳; die Reihe mit einem Stäbchen beenden.
Faden abreißen und verwahren.
In jeden Bogen der einen Luftmasche der letzten Reihe eine 25 cm lange, einfache Franse knoten (siehe Seite 140).
Die Stola wird nicht gebügelt.

Blaues Kleid (2)

Farbabbildung Seite 106

Schwierigkeitsgrad: ☆☆

Maschenprobe: 22 Maschen × 20 Reihen = 10 cm × 10 cm.

Größe: Für Größe 44; in Klammern jeweils für Größe 42 bzw. 40.

Material: 800 (750; 700) g blaue, zweifädige Wolle; wenige Gramm weiße, zweifädige Wolle; Häkelnadel Nr. 3; 7 weiße Knöpfe.

Schema der Farbabbildung auf Seite 106

Muster: feste Maschen (siehe Seite 28).

Ausführung

● Das Kleid wird in Hin- und Rückreihen gearbeitet.

● *Rückenteil:* 120 (110; 100) Luftmaschen häkeln und 70 (65; 60) cm in festen Maschen arbeiten. Für die Armausschnitte an den Seiten einmal 4, einmal 3 und einmal 2 Maschen abnehmen. Ohne abzunehmen weitere 23 (21; 18) cm arbeiten. Arbeit abschließen und Faden verwahren.

● *Vorderteil:* Bis zu einer Höhe von 65 cm genau wie das Rückenteil arbeiten. Dann die Arbeit in zwei Hälften teilen, die getrennt gearbeitet werden. Jetzt die Farben abwechseln: 2 Reihen mit weißer Wolle, 7 Reihen mit blauer Wolle; nach insgesamt 70 (65; 60) cm wie beim Rückenteil abnehmen. 3 cm vor dem Halsausschnitt wieder nur mit blauer Wolle arbeiten. Für den Halsausschnitt 5 Maschen auf der dem Armausschnitt gegenüber liegenden Seite abnehmen, dann bis zur Höhe des Rückenteils weiterarbeiten.

● *Ärmel:* 46 (42; 38) Luftmaschen häkeln und 3 cm in festen Maschen arbeiten.
Dreimal 2 Reihen mit weißer Wolle, 7 Reihen mit blauer Wolle arbeiten (drei weiße Streifen), dann mit blauer Wolle weiterarbeiten.
Während des gesamten Ärmels alle 5 Reihen auf beiden Seiten eine Masche zunehmen, bis zu einer Höhe von 32 (28; 24) cm.
Für den Armausschnitt auf beiden Seiten einmal 4, einmal 3 und einmal 2 Maschen abnehmen. Im folgenden jede Reihe 1 Masche auf beiden Seiten abnehmen, bis noch 10 (8; 6) Maschen übrig sind.

● *Fertigstellung:* An die vorderen Kanten 3 Reihen feste Maschen häkeln, dabei über die rechte Seite 7 senkrechte Knopflöcher von einer Masche verteilen (siehe Seite 138).
Die Seiten, die Ärmel und die Schultern zusammennähen, Ärmel einnähen.
An den Halsausschnitt einen Kragen von 8 cm Höhe in festen Maschen häkeln, dabei 3 cm nach der rechten Vorderkante beginnen und 3 cm vor der linken Vorderkante die erste Reihe beenden.
Den Kragen mit einer Reihe fester Maschen umhäkeln. Das Kleid lauwarm dämpfen.

Schema der Farbabbildung auf Seite 106

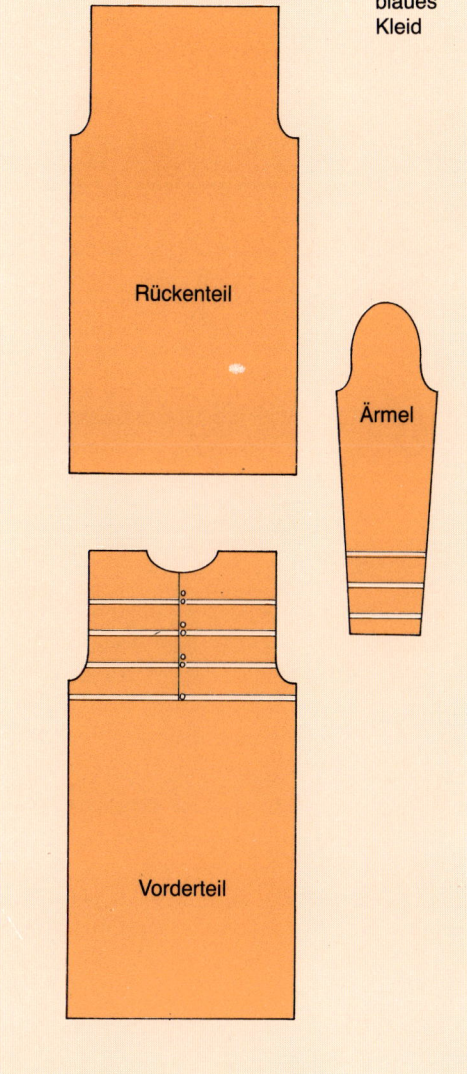

blaues Kleid

Rückenteil

Ärmel

Vorderteil

Weste aus Schlingenmaschen (3)

Farbabbildung Seite 106

Schwierigkeitsgrad: ☆

Maschenprobe: 22 Maschen × 22 Reihen = 10 cm × 10 cm.

Größe: Für Größe 42/44; in Klammern jeweils für Größe 38/40.

Material: 450 (400) g mehrfarbige, vierfädige Sportwolle; Häkelnadel Nr. 3,5, 1 m Lederriemchen.

Muster: Schlingenmaschen (siehe Seite 49); feste Maschen (siehe Seite 28).

Ausführung

● Die Weste wird in Hin- und Rückreihen gearbeitet.

● *Rückenteil:* 90 (80) Luftmaschen häkeln und 34 (32) cm in Schlingenmaschen arbeiten.

Für die Armausschnitte auf beiden Seiten 4 Maschen abnehmen und weitere 24 (22) cm in Schlingenmaschen arbeiten.

Arbeit abschließen, Faden verwahren.

● *Vordere Hälfte:* 50 (45) Luftmaschen häkeln und in Schlingenmaschen 34 (32) cm arbeiten.

Für den Armausschnitt auf der einen Seite 5 Maschen abnehmen; für den V-Ausschnitt auf der anderen Seite jede zweite Reihe 1 Masche abnehmen.

Bei der gleichen Höhe des Rückenteils Arbeit abschließen und Faden verwahren.

Die andere vordere Hälfte gegengleich häkeln.

● *Fertigstellung:* Die Seiten und die Schultern im Steppstich zusammennähen.

An die Unterkante der Weste eine 9 cm lange Borte in Schlingenmaschen anhäkeln, dabei am Anfang und am Ende jeder Reihe eine Masche zunehmen.

An die vordere Kante eine Reihe fester Maschen anhäkeln.

An jedes Vorderteil an die untere Spitze des V-Ausschnittes ein 50 cm langes Lederbändchen einknoten.

Die Weste darf auf keinen Fall gebügelt werden, da sonst die Schlingen platt gedrückt würden.

Kleid aus Rohwolle (4)

Farbabbildung Seite 106

Schwierigkeitsgrad: ☆☆

Maschenprobe: 24 Maschen × 20 Reihen = 10 cm × 10 cm.

Größe: Für Größe 42; in Klammern jeweils für Größe 40 bzw. 38.

Material: 800 (750; 700) g vierfädige Rohwolle; Häkelnadel Nr. 3,5; 5 Knöpfe.

Muster: feste Maschen (siehe Seite 28).

Ausführung

● Das Kleid wird in einem Stück in Hin- und Rückreihen gearbeitet; begonnen wird an einem Ärmel.

75 (70; 65) Luftmaschen häkeln und 50 (47; 44) cm (Länge der Ärmel) in festen Maschen arbeiten.

An beiden Seiten 140 (130; 120) Maschen (Länge der Seitenkanten) aufnehmen und 14 (13; 12) cm (Schulterbreite) in festen Maschen arbeiten.

Die Arbeit in zwei Hälften teilen, um den Halsausschnitt zu arbeiten.

An dem Vorderteil 5 cm weiterarbeiten, dabei pro Reihe 1 Masche für den Halsausschnitt abnehmen.

Einen Schlitz von 37 (34; 33) cm offenlassen und erneut alle Maschen bis zum Halsausschnitt aufnehmen.

In diesen Schlitz werden rechts 4 senkrechte Knopflöcher eingearbeitet (siehe Seite 138).

Für die andere Seite des Halsausschnittes werden über 11 cm 1 Masche pro Reihe zugenommen.

Nun das Rückenteil 16 cm weiterarbeiten und dann mit den Maschen sowohl des Rücken- als auch des Vorderteils 14 (13; 12) cm für die Schulterbreite weiterarbeiten.

Für die Seitennähte auf jeder Seite 140 (130; 120) Maschen abnehmen und den zweiten Ärmel häkeln. Die Arbeit abschließen und den Faden verwahren.

● *Fertigstellung:* Die Seitennähte schließen; die Ärmel zusammennähen.

Schema der Farbabbildung auf Seite 106

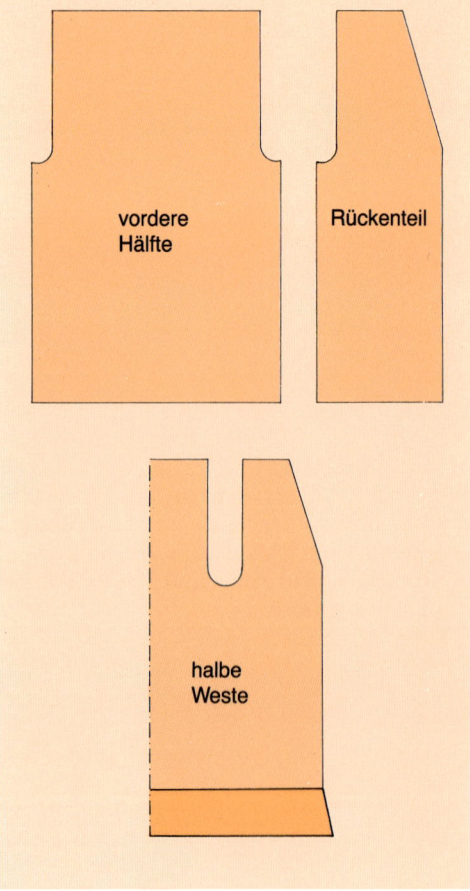

vordere Hälfte

Rückenteil

halbe Weste

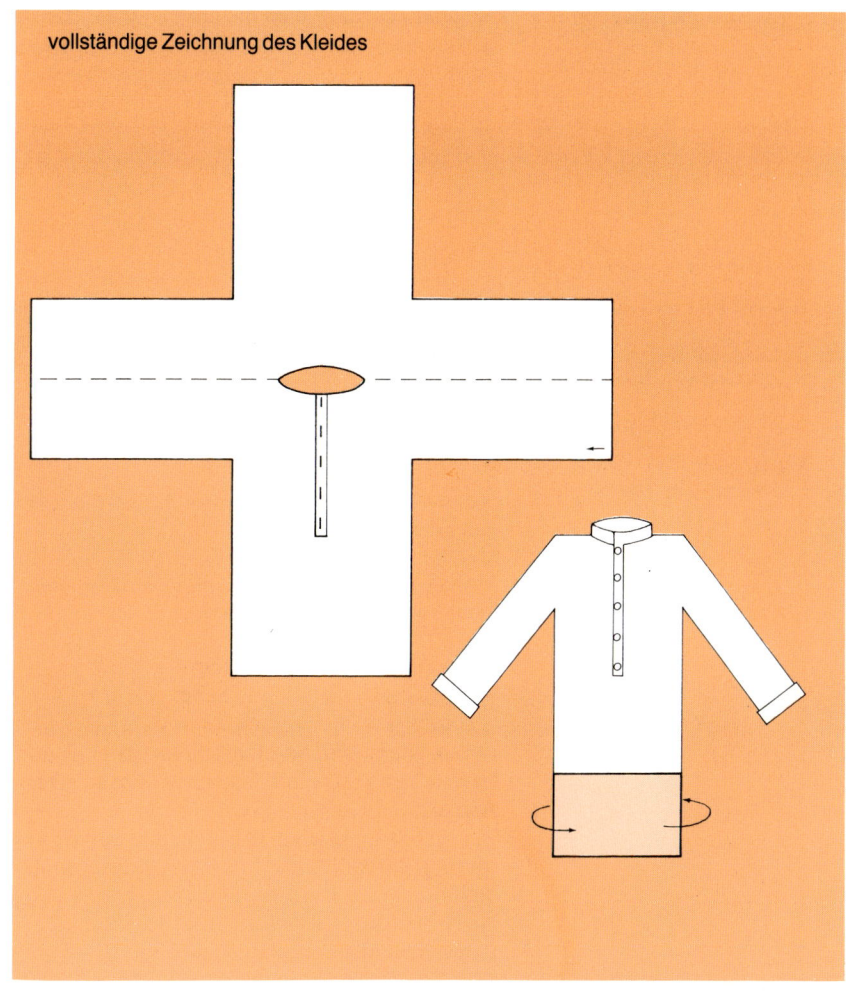

vollständige Zeichnung des Kleides

Täschchen aus silbernem Lurex (1)

Farbabbildung Seite 107

Schwierigkeitsgrad: ☆

Maschenprobe: Im Schachbrettmuster; 20 Maschen × 20 Reihen = 10 cm × 10 cm.

Größe: Das Täschchen ist 20 cm hoch und 16 cm breit; der Boden hat einen Durchmesser von 10 cm.

Material: 80 g silbernes Lurexgarn; Häkelnadel Nr. 4.

Muster: feste Maschen (siehe Seite 28); Schachbrettmuster (siehe Seite 44); Kettmaschen (siehe Seite 28).

Ausführung

● Das Täschchen wird in Runden gehäkelt (siehe Seite 30), immer auf der rechten Seite.
Man beginnt mit dem Boden.
4 Luftmaschen mit einer Kettmasche zu einem Ring schließen. Feste Maschen in Runden häkeln und dabei soviel zunehmen, daß ein flacher runder Kreis mit einem Durchmesser von 10 cm entsteht und die Endmaschenzahl durch 4 teilbar ist.
Eine Reihe fester Maschen ohne zuzunehmen häkeln, dabei in den hinteren Faden einstechen. Ohne zuzunehmen weiter im Schachbrettmuster arbeiten.
Für dieses Täschchen wird nur auf der Vorderseite gearbeitet; deshalb geht man folgendermaßen vor: * 4 rechte Reliefstäbchen, 4 linke Reliefstäbchen * über 4 Reihen; dann * 4 linke Reliefstäbchen in die 4 rechten Reliefstäbchen, 4 rechte Reliefstäbchen in die 4 linken Reliefstäbchen * über die nächsten 4 Reihen.
In dieser Reihenfolge bis auf eine Höhe von 16 cm weiterarbeiten; dann 5 Reihen feste Maschen. Die letzte Reihe wie folgt häkeln: * 3 feste Maschen, 3 Luftmaschen und eine Kettmasche an die erste Luftmasche *.
Arbeit abschließen und Faden verwahren.
● *Fertigstellung:* Ein 120 cm langes Bändchen aus Luftmaschen (siehe Seite 141) häkeln und unter die erste Reihe fester Maschen der Borte einfädeln, so daß es über den linken und unter den rechten Reliefstäbchen verläuft.
Für den Trageriemen eine Kordel aus einer Luftmaschenreihe mit doppelten Fäden der gewünschten Länge herstellen (siehe Seite 141) und mit kleinen Stichen an der Tasche befestigen.
Die Tasche darf nicht gebügelt werden.

Schema der Farbabbildung auf Seite 107

An die linke Vorderkante eine 6 cm breite Blende in festen Maschen anhäkeln; unten mit kleinen Stichen an der rechten Vorderkante festnähen.
An den Halsausschnitt (einschließlich der Blendenkante) eine 9 cm breite Borte arbeiten; nach 4,5 cm (der Hälfte) auf der rechten Seite ein waagrechtes Knopfloch über 2 Maschen einarbeiten (siehe Seite 138), in fortlaufender Linie zu den anderen Knopflöchern.
An den unteren Rand des Kleides in Runden 26 (24; 22) cm in festen Maschen anhäkeln.
Arbeit abschließen und Faden verwahren.
4 Knöpfe auf die linke Vorderblende in Höhe der Knopflöcher nähen. Den fünften Knopf auf die Halsborte in Höhe des Knopfloches anbringen

*Schema der
Farbabbildung
auf Seite 107*

Abendkleid mit silbernem Lurex (2)

Farbabbildung Seite 107

Schwierigkeitsgrad: ☆☆

Maschenprobe: Der Anfangsring hat einen Durchmesser von 3,5 cm.

Größe: Für Größe 42/44; in Klammern für Größe 38/40.

Material: 350 (300) g schilfgrüne zweifädige Wolle, 50 g silbernes Lurexgarn, das mitläuft; Häkelnadel Nr. 2,5.

Muster: Stäbchen (siehe Seite 29); feste Maschen (siehe Seite 28); Kettmaschen (siehe Seite 28).

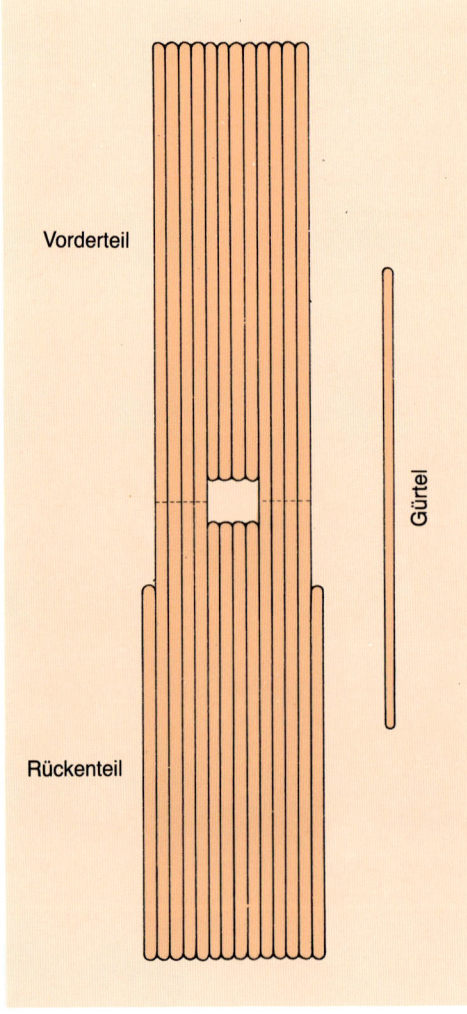

Ausführung

● Für das Kleid werden dünne Streifen hergestellt, die zum Schluß zusammengenäht werden:
1. Reihe: 12 Luftmaschen mit einer Kettmasche zu einem Ring schließen.
2. Reihe: 20 Stäbchen in diesen Ring arbeiten.
3. Reihe: * 1 feste Masche, 3 Luftmaschen und eine Kettmasche an die erste Luftmasche (ein Mäusezähnchen), 1 feste Masche * 10mal; die Reihe mit einer Kettmasche schließen.
4. Reihe: Am Ende dieses Ringes 13 Luftmaschen arbeiten, wenden, eine Kettmasche an die feste Masche nach dem ersten Mäusezähnchen.
5. Reihe: In den Bogen der 13 Luftmaschen 12 doppelte Stäbchen; die Reihe mit einer Kettmasche schließen.
6. Reihe: * 1 feste Masche, 1 Mäusezähnchen, 1 feste Masche * sechsmal; die Reihe mit einer Kettmasche schließen.
Immer mit der 4. Reihe beginnen; dabei nicht vergessen, daß die Arbeit nach den 13 Luftmaschen gewendet werden muß.
Für das Kleid werden insgesamt 2 Streifen zu 80 (75) cm, 8 Streifen zu 200 (190) cm und 8 Streifen zu 95 (90) cm benötigt.

● *Fertigstellung:* Die Streifen an drei Mäusezähnchen pro Halbring mit Kettmaschen aneinanderhäkeln nach der Anordnung, die auf der Zeichnung zu sehen ist.
An den Schultern (d. h. entlang der gestrichelten Linie in der Zeichnung) das Kleid falten und die Seitennähte schließen; für die Ärmel 30 cm auf beiden Seiten offenlassen.
Als Gürtel läßt sich ein weiterer Streifen von 95 cm verwenden.

Hut aus Raphiabast (3)

Farbabbildung Seite 107

Schwierigkeitsgrad: ☆☆

Maschenprobe: 15 Maschen × 6 Reihen = 10 cm × 10 cm.

Größe: Der Kopfumfang beträgt 57 cm.

Material: 70 g rosa Raphiabast, 10 g rosa Baumwolle Nr. 5; Häkelnadel Nr. 5 und Nr. 2,5.

Muster: Stäbchen (siehe Seite 29); feste Maschen (siehe Seite 28); Kettmaschen (siehe Seite 28); Retourstich (siehe Seite 70).

Ausführung

● Der Hut wird immer auf der rechten Seite in Runden gehäkelt (siehe Seite 30).

Mit der Häkelnadel Nr. 5 aus Raphiabast 8 Luftmaschen häkeln und mit einer Kettmasche zu einem Ring schließen. 16 Stäbchen in den Ring häkeln und die Reihe mit einer Kettmasche schließen. Bei den folgenden 4 Reihen in Stäbchen so viele Maschen zunehmen, daß ein flacher Kreis entsteht. Ohne zuzunehmen weitere 3 Reihen in Stäbchen arbeiten.

Folgende Reihe: ∗ 2 Stäbchen, 2 Luftmaschen, 2 Maschen übergehen ∗. Durch diese Öffnungen wird das Band gezogen.

Für die folgende Krempe werden 5 Reihen Stäbchen gearbeitet und soviele Maschen zugenommen, daß eine flache Fläche entsteht.

● *Fertigstellung:* Um die Hutkrempe eine Reihe fester Maschen arbeiten und mit einer Reihe im Retourstich abschließen. Das Band zum Einziehen wie folgt herstellen: Mit der Häkelnadel Nr. 2,5 in Baumwolle 5 Luftmaschen häkeln. In Hin- und Rückreihen 60 cm feste Maschen arbeiten. Faden verwahren.

Das Band durch die entsprechenden Öffnungen ziehen, mit kleinen Stichen befestigen und an den Enden überkreuzen.

Die Hutkrempe mit nur leicht warmem Bügeleisen bügeln.

Rosa Schärpe (4)

Farbabbildung Seite 107

Schwierigkeitsgrad: ☆

Maschenprobe: 13 Maschen × 8 Reihen = 10 cm × 10 cm.

Größe: Die Schärpe mißt 155 cm × 12 cm; die Fransen sind 20 cm lang.

Material: 100 g rosa Baumwolle Nr. 5 in drei verschiedenen Tönungen; Häkelnadel Nr. 5.

Muster: doppelte Stäbchen (siehe Seite 29); feste Maschen (siehe Seite 28).

Ausführung
Die Schärpe wird in Längsrichtung mit doppelt genommenem Faden gearbeitet.

200 Luftmaschen mit heller Baumwolle häkeln und die 1. Reihe wie folgt arbeiten: ∗ 1 doppeltes Stäbchen, 1 Luftmasche, 1 Masche übergehen ∗; die Reihe mit einem doppelten Stäbchen beenden.

In der gleichen Farbe die folgende Reihe arbeiten: 5 Luftmaschen, ∗ 1 doppeltes Stäbchen in den Luftmaschenbogen der Vorreihe, 1 Luftma-

sche ∗; die Reihe mit einem doppelten Stäbchen beenden. Für die nächsten zwei Reihen den mittleren Farbton wählen; diese werden wie die zweite Reihe gearbeitet. Auch die folgenden zwei Reihen, für die der dunkle Farbton gewählt wird, wie die zweite Reihe häkeln. Jetzt wieder die Anfangsfarbe verwenden.

So bis zum Schluß alle zwei Reihen die Farbe wechseln.

● *Fertigstellung:* Mit allen drei Fäden die Schärpe in festen Maschen umhäkeln.

An die beiden Schmalseiten der Schärpe 20 cm lange einfache Fransen ebenfalls aus allen drei Fäden anbringen (siehe Seite 140).

Die Schärpe dämpfen.

Spitzenausschnitt für ein Kleid (5)

Farbabbildung Seite 107

Schwierigkeitsgrad: ☆☆☆

Maschenprobe: Eine Reihe von 10 Blättchen entspricht 10 cm × 1,5 cm.

Größe: Die Borte ist 7 cm hoch; das Kleid hat die Größe 40/42.

Material: 70 g naturfarbene Baumwolle Nr. 12; Häkelnadel Nr. 1.

Muster: feste Maschen (siehe Seite 28); Stäbchen (siehe Seite 29); halbe Stäbchen (siehe Seite 28); doppelte Stäbchen (siehe Seite 29).

Ausführung
● Der Ausschnitt wird in mehreren Teilen gearbeitet: zwei Teile werden an das Rücken- bzw. Vorderteil genäht, daran werden zwei Teile für die Schultern angebracht, zwei weitere Teile werden als Ärmel angenäht.

Jedes Teil wird von unten nach oben gearbeitet. Der gesamte Ausschnitt wird mit einer Spitze umhäkelt.

30 Luftmaschen häkeln und wie folgt arbeiten:
1. Reihe: 6 Luftmaschen, ∗ in eine Masche 2 Stäbchen, 3 Luftmaschen und eine Kettmasche an die erste Luftmasche (ein Mäusezähnchen) und 2 Stäbchen; 2 Luftmaschen, 1 Stäbchen ∗.
2. Reihe: 6 Luftmaschen, ∗ in den Bogen der 2 Luftmaschen 2 Stäbchen, ein Mäusezähnchen und 2 Stäbchen; 2 Luftmaschen und 1 Stäbchen ∗.

Die zweite Reihe bis zur gewünschten Höhe wiederholen.

● *Fertigstellung:* Die 6 Teile des Ausschnittes

Schema der Farbabbildung auf Seite 107

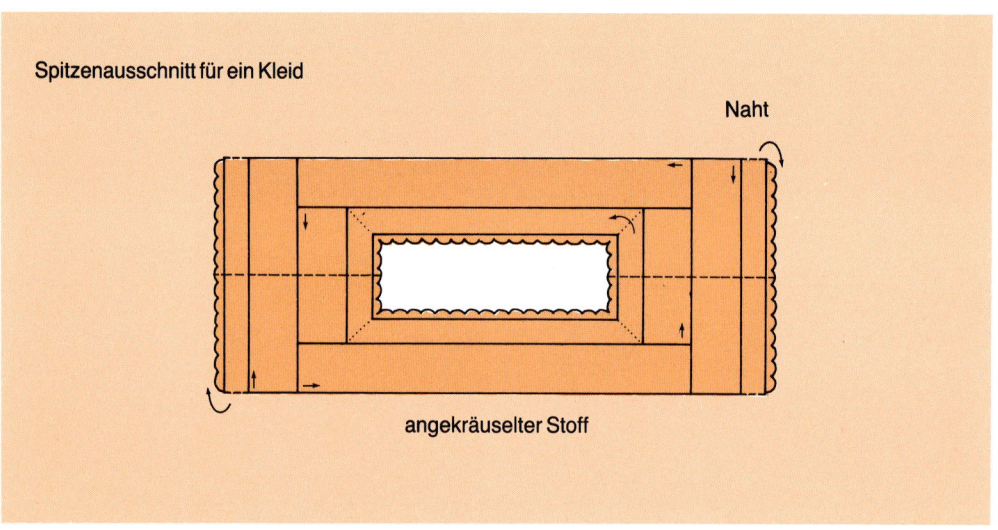

Spitzenausschnitt für ein Kleid

Naht

angekräuselter Stoff

Schema der Farbabbildung auf Seite 108

und der Ärmel in der gewünschten Höhe arbeiten, dämpfen, dabei leicht stärken.

Mit kleinen Stichen in der Anordnung zusammennähen, wie sie auf der Zeichnung zu sehen ist. Der Halsausschnitt und die Ärmel werden mit folgender Spitze eingefaßt:

1. Reihe: ∗ 9 Luftmaschen, 3 zusammen abgemaschte doppelte Stäbchen, 1 Luftmasche, 3 Maschen übergehen, 3 doppelte, zusammen abgemaschte Stäbchen ∗.

2. Reihe: 4 Luftmaschen, ∗ in den Bogen der einen Luftmasche 3 doppelte, zusammen abgemaschte Stäbchen, 4 Luftmaschen und 3 doppelte, zusammen abgemaschte Stäbchen arbeiten; 4 Luftmaschen, 1 feste Masche in die mittlere der 9 Luftmaschen der Vorreihe, 4 Luftmaschen ∗.

3. Reihe: ∗ Kettmaschen an die 4 Luftmaschen der Vorreihe, 10 Luftmaschen ∗.

4. Reihe: 5 Luftmaschen; ∗ in den Luftmaschenbogen, auf welchem die Kettmaschen gehäkelt sind, 2 doppelte Stäbchen, 3 Luftmaschen und 2 doppelte Stäbchen arbeiten; 5 Luftmaschen; in die fünfte der 10 Luftmaschen der Vorreihe 2 doppelte Stäbchen, 3 Luftmaschen und 2 doppelte Stäbchen; 5 Luftmaschen ∗.

5. Reihe: ∗ 5 Luftmaschen; in den ersten Bogen der drei Luftmaschen zwischen den doppelten Stäbchen 14 doppelte Stäbchen arbeiten; 5 Luftmaschen, 1 feste Masche in die zweite der 3 Luftmaschen des folgenden Bogens ∗.

6. Reihe: ∗ 5 feste Maschen in die 5 Luftmaschen der Vorreihe, ∗∗ 1 doppeltes Stäbchen in das erste der 14 doppelten Stäbchen der Vorreihe, 1 Luftmasche, 1 Masche übergehen, 1 Mäusezähnchen ∗∗ (siebenmal) ∗.

Die nicht mit Spitze verzierten Seiten des Ausschnitts werden mit dem gleichen Baumwollgarn im Kettenstich (siehe Seite 144) an zwei Seiden-

tücher (das Kleid) angenäht. Den Rock kann man z. B. mit Hohlsäumen noch interessanter gestalten.

Baby-Wolldecke in Gelb-Weiß (1)

Farbabbildung Seite 108

Schwierigkeitsgrad: ☆

Maschenprobe: 16 Maschen × 10 Reihen = 10 cm × 10 cm.

Größe: Die Wolldecke mißt 72 cm × 50 cm.

Material: 100 g gelbe, einfädige Mohairwolle, 60 g zweifädige weiße Mohairwolle, Häkelnadel

Nr. 3,5; Häkelnadel Nr. 4,5; 200 cm gelbes Taftband.

Muster: Stäbchen (siehe Seite 29); Kettmaschen (siehe Seite 28).

Ausführung
● Die Decke wird in Hin- und Rückreihen gearbeitet. Das gelbe Mittelteil wird mit einer weißen Umrandung umhäkelt.
Mit der gelben Wolle und der Häkelnadel Nr. 3,5 100 Luftmaschen häkeln und wie folgt arbeiten:
1. Reihe: 4 Luftmaschen, * 2 Stäbchen in die dritte Luftmasche, 1 Luftmasche, 1 Masche übergehen *; die Reihe mit einem Stäbchen beenden.
2. Reihe: 4 Luftmaschen, * 2 Stäbchen in den Bogen der einen Luftmasche, 1 Luftmasche *; die Reihe mit einem Stäbchen beenden.
30 cm hoch die zweite Reihe arbeiten.
Mit der weißen Wolle und der Häkelnadel Nr. 4,5 die gesamte Decke in der Art der zweiten Reihe des Mittelteils umhäkeln. An den Seiten der Decke werden die Stäbchen der ersten Reihe in die Zwischenräume gearbeitet. In die Zwischenräume an den Ecken 2 Stäbchen, 2 Luftmaschen und 2 Stäbchen häkeln.
Nach 7 Reihen mit der Borte beginnen.
● *Fertigstellung:* An die Decke folgende Borte anhäkeln: * 4 Stäbchen in jeden Luftmaschenbogen, 1 Luftmasche *; die Reihe mit einer Kettmasche an das erste Stäbchen abschließen. Arbeit abschließen und Faden verwahren.
Durch die Löcher der zweiten Reihe der Umhäkelung das Taftband einziehen.
Die Decke muß nicht gebügelt werden.

Baby-Handschuhe (2)
Farbabbildung Seite 108

Schwierigkeitsgrad: ☆

Maschenprobe: 16 Maschen × 10 Reihen = 10 cm × 10 cm.

Größe: Für Größe 0; in Klammern stehen die Angaben für das Alter von 2 bzw. 4 Monaten.

Material: 10 (15; 20) g gelbe, einfädige Mohairwolle; Häkelnadel Nr. 3,5; 40 cm gelbes Taftband.

Muster: feste Maschen (siehe Seite 28); Stäbchen (siehe Seite 29); Retourstich (siehe Seite 70); Kettmaschen (siehe Seite 28).

Ausführung
● Die Handschuhe werden auf der rechten Seite in Runden gearbeitet (siehe Seite 30); sie enthalten keine Naht.
22 (38; 42) Luftmaschen mit einer Kettmasche zu einem Ring schließen.
5 Reihen feste Maschen arbeiten und wie folgt fortfahren:
6. Reihe: * 2 Stäbchen in eine Masche, 1 Luftmasche, 1 Masche übergehen *; die Reihe mit 2 Stäbchen abschließen.
7. Reihe: * 2 Stäbchen in den Luftmaschenbogen, 1 Luftmasche, 1 Masche übergehen *, die Reihe mit 2 Stäbchen abschließen. Die 7. Reihe über 3 (4; 5) Reihen wiederholen, in den nächsten Reihen so weit abnehmen, bis noch 3 (4; 5) Maschen übrig sind. Arbeit abschließen und mit dem Faden den offenen Kreis schließen.
● *Fertigstellung:* Die erste Reihe mit einer Reihe im Retourstich umhäkeln. Das Taftband in die erste Stäbchenreihe einfädeln. Die Handschuhe werden nicht gebügelt.

Baby-Höschen (3)
Farbabbildung Seite 108

Schwierigkeitsgrad: ☆

Maschenprobe: 22 Maschen × 13 Reihen = 10 cm × 10 cm.

Größe: Für Größe 0; in Klammern stehen die Angaben für das Alter von 2 bzw. 4 Monaten.

Material: 30 (40; 50) g gelbe, einfädige Mohairwolle; Häkelnadel Nr. 3,5; 90 cm gelbes Taftband.

Muster: feste Maschen (siehe Seite 28); Stäbchen (siehe Seite 29).

Ausführung
● Das Höschen wird von oben in zwei Teilen in Hin- und Rückreihen gearbeitet.
● *Vorne:* 40 (50; 60) Luftmaschen häkeln und 2 Reihen fester Maschen arbeiten. Eine Reihe Stäbchen, dann 13 (16; 19) cm feste Maschen arbeiten.
In festen Maschen fortfahren, dabei für die Beine 7 (9; 10)mal jede Reihe 2 Maschen an beiden Seiten abnehmen, bis für den Schritt in der Mitte 12 (14; 20) Maschen übrig bleiben. Arbeit abschließen, Faden verwahren.
● *Hinten:* Wie das Vorderteil arbeiten.
● *Fertigstellung:* Die Seiten und den Schritt mit dem Steppstich (siehe Seite 147) zusammennä-

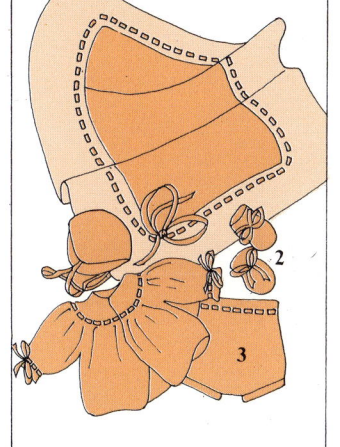

Schema der Farbabbildung auf Seite 108

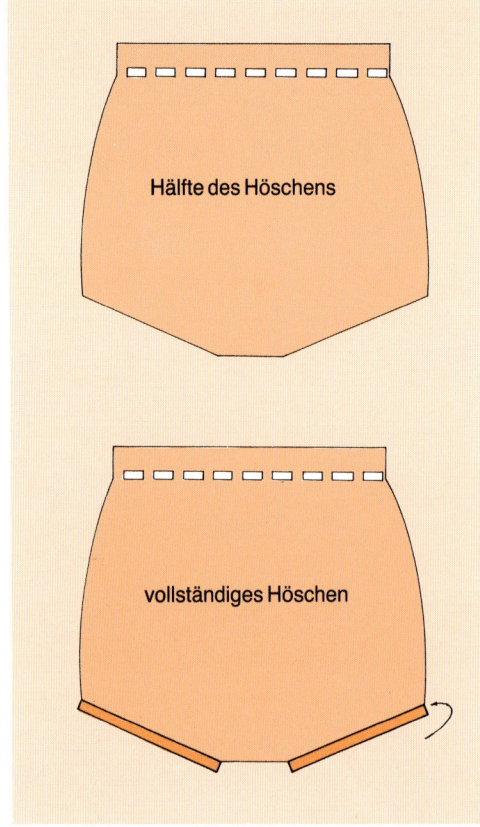

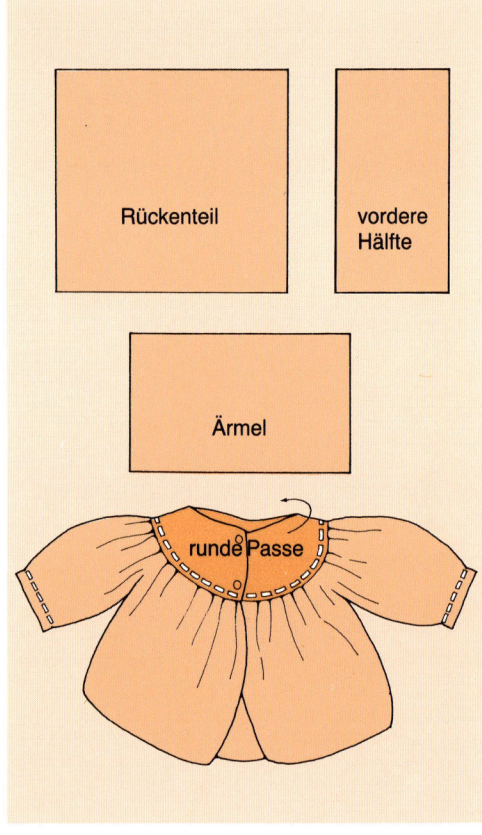

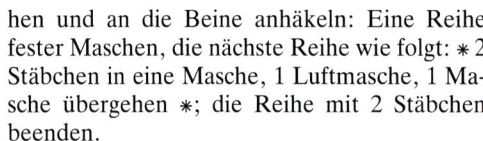

hen und an die Beine anhäkeln: Eine Reihe fester Maschen, die nächste Reihe wie folgt: ∗2 Stäbchen in eine Masche, 1 Luftmasche, 1 Masche übergehen ∗; die Reihe mit 2 Stäbchen beenden.

Arbeit abschließen und Faden verwahren.

Das gelbe Taftband in die Stäbchenreihe einziehen, die nach den ersten zwei Anfangsreihen gearbeitet wurden.

Das Höschen muß nicht gebügelt werden.

Baby-Jäckchen (4)

Farbabbildung Seite 108

Schwierigkeitsgrad: ☆☆

Maschenprobe: 16 Maschen × 10 Reihen = 10 cm × 10 cm.

Größe: Für Größe 0; in Klammern sind die Angaben für das Alter von 2 bzw. 4 Monaten.

Material: 30 (40; 50) g gelbe, einfädige Mohairwolle; Häkelnadel Nr. 3,5; 70 cm gelbes Taft-

band; 2 gelbe Knöpfchen; 1 Rolle gelbes Knopflochgarn.

Muster: Stäbchen (siehe Seite 29); feste Maschen (siehe Seite 28); Retourstich (siehe Seite 70); Zackenmuster (siehe Seite 70).

Ausführung

● Das Jäckchen besteht aus drei Teilen, die in Hin- und Rückreihen gearbeitet sind. Sie werden mit einer runden Passe zusammengefaßt, die in einem Stück angehäkelt wird.

● *Rückenteil:* 50 (60; 70) Luftmaschen häkeln und wie folgt arbeiten:

1. Reihe: 4 Luftmaschen, ∗ 2 Stäbchen in die dritte Luftmasche, 1 Luftmasche, 1 Masche übergehen ∗; die Reihe mit einem Stäbchen beenden.

2. Reihe: 4 Luftmaschen, ∗ 2 Stäbchen in den Luftmaschenbogen, 1 Luftmasche ∗; die Reihe mit einem Stäbchen beenden. Die zweite Reihe bis auf eine Höhe von 15 (18; 22) cm wiederholen. Arbeit abschließen.

● *Vordere Hälfte:* 30 (36; 42) Luftmaschen häkeln und wie das Rückenteil arbeiten.

Die andere vordere Hälfte ebenso herstellen.

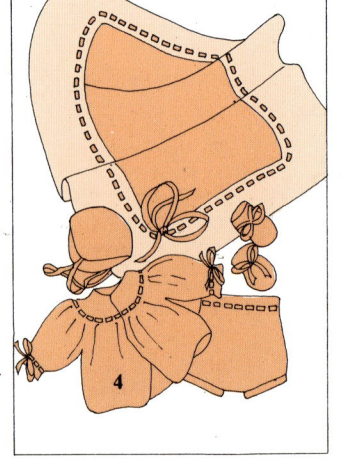

Schema der Farbabbildung auf Seite 108

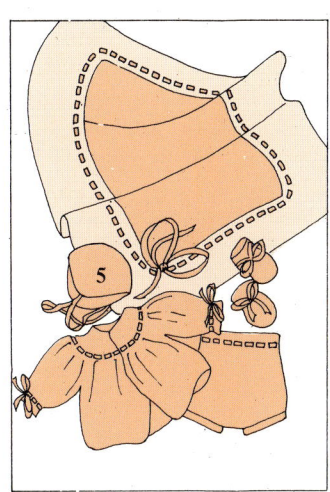

Schema der
Farbabbildung
auf Seite 108

Schema der
Farbabbildung
auf Seite 109

• *Ärmel:* 30 (36; 42) Luftmaschen häkeln und wie das Rückenteil bis auf eine Höhe von 15 (18; 22) cm arbeiten. Die Seitennaht und die Ärmel bis auf eine Höhe von 10 (13; 16) cm schließen. Die nicht geschlossenen 5 bzw. 6 cm der vorderen Hälfte werden mit der entsprechenden offenen Seite des Ärmels zusammengenäht; die andere Seite des Ärmels wird an das Rückenteil genäht.

• *Runde Passe:* Am rechten Vorderteil beginnend über den Ärmel, das Rückenteil, den anderen Ärmel und über das linke Vorderteil eine Reihe Stäbchen häkeln. Weitere 5 (7; 8) cm in festen Maschen arbeiten und dabei allmählich Maschen abnehmen, bis 40 (50; 60) Maschen übrig sind.

• *Fertigstellung:* Den Halsausschnitt mit einer Reihe im Retourstich abschließen.

Das Taftband in die erste Stäbchenreihe am Anfang der runden Passe und in die zweite Reihe der Bündchen einziehen.

Für die Knopflöcher werden im Zackenmuster Löcher zwischen festen Maschen in Höhe der anzubringenden Knöpfchen eingefaßt. Das Jäckchen braucht nicht gebügelt zu werden.

Baby-Mützchen (5)

Farbabbildung Seite 108

Schwierigkeitsgrad: ☆☆

Maschenprobe: 16 Maschen × 10 Reihen = 10 cm × 10 cm.

Größe: für Größe 0; in Klammern sind die Angaben für das Alter von 2 bzw. 4 Monaten.

Material: 20 (30; 40) g gelbe einfädige Mohairwolle; Häkelnadel Nr. 3,5; 40 cm gelbes Taftband.

Muster: feste Maschen (siehe Seite 28); Stäbchen (siehe Seite 29); Retourstich (siehe Seite 70).

Ausführung

Das Mützchen wird von vorne nach hinten in Hin- und Rückreihen gearbeitet.

40 (50; 60) Luftmaschen häkeln und 3, 5 (4,5; 5,5) cm feste Maschen arbeiten. Wie folgt fortfahren:

1. Reihe: ✳ 2 Stäbchen in eine Masche, 1 Luftmasche, 1 Masche übergehen ✳; die Reihe mit einem Stäbchen beenden.

2. Reihe: ✳ 2 Stäbchen in den Luftmaschenbogen, 1 Luftmasche ✳; die Reihe mit einem Stäbchen abschließen.

Über 3,5 (4,5; 5,5) cm die zweite Reihe wiederholen, dann 5 (6; 7)mal jeweils am Rand der 4 (5; 6) mittleren Stäbchengruppen eine Stäbchengruppe abnehmen und darauf achten, daß die Abnahmen genau übereinander liegen.

• *Fertigstellung:* Die Öffnung am Hinterkopf zusammennähen, an den unteren Rand zwei Reihen fester Maschen anhäkeln. Das gesamte Mützchen mit einer Reihe fester Maschen und einer Reihe im Retourstich umhäkeln.

An die Innenseite der unteren Borte mit kleinen Stichen das Taftband (zum Zubinden unter dem Kinn) annähen.

Das Mützchen braucht nicht gebügelt zu werden.

Baby-Schuhchen in Weiß-Rosa (1)

Farbabbildung Seite 109

Schwierigkeitsgrad: ☆

Maschenprobe: 28 Maschen × 18 Reihen = 10 cm × 10 cm.

Größe: für Größe 0; in Klammern sind die Angaben für das Alter von 2 bzw. 4 Monaten.

Material: 10 (15; 20) g weiße Baumwolle Nr. 5; 10 (15; 20) g rosa Baumwolle Nr. 5; Häkelnadel Nr. 2.

Muster: feste Maschen (siehe Seite 28); halbe Stäbchen (siehe Seite 28); Kettmaschen (siehe Seite 28).

Ausführung

• Die Schuhchen werden in Runden mit der ovalen Sohle beginnend auf der Vorderseite gearbeitet (siehe Seite 30); sie enthalten keine Naht. 18 (23; 28) Luftmaschen mit der weißen Baumwolle häkeln und eine Reihe fester Maschen arbeiten. In die letzte Luftmasche 3 feste Maschen häkeln; die nächste Reihe fester Maschen auf der Unterseite der Vorreihe häkeln. Beim Weiterarbeiten immer beim Wenden zunehmen; nach 9 (10; 12) cm Länge und 4 (5; 6) cm Breite die Sohle abschließen.

Für die nächste Reihe nur in den hinteren Faden der Maschen einstechen.

Nach weiteren 4 Reihen auf 26 (30; 34) Maschen nur die Spitze des Schuhchens arbeiten; dabei am Rand der mittleren 3 Maschen jeweils eine Masche abnehmen, bis die Spitze geschlossen ist. In die verbliebenen Maschen 2 Reihen in Runden häkeln.

Mit der rosa Baumwolle eine Reihe wie folgt

arbeiten: ∗ 1 halbes Stäbchen, 1 Luftmasche, 1 Masche übergehen ∗; die Reihe mit einem halben Stäbchen schließen. Durch diese Reihe wird nachher das Band gezogen.

In Rosa weitere 4 (5; 6) cm in festen Maschen häkeln, dann Arbeit abschließen und Faden verwahren.

Das zweite Schuhchen in gleicher Weise arbeiten.

● *Fertigstellung:* Zwei 30 cm lange einfache Zopfkordeln (siehe Seite 142) in Rosa herstellen und einziehen. Den rosa Rand umschlagen. Die Schuhchen mit etwas Wolle oder Seidenpapier ausfüllen und in Form bringen.

*Schema der
Farbabbildung
auf Seite 109*

Weißes Lätzchen mit eingezogenem Band (2)

Farbabbildung Seite 109

Schwierigkeitsgrad: ☆☆

Maschenprobe: 30 Maschen × 20 Reihen = 10 cm × 10 cm.

Größe: Das Lätzchen ist 22 cm lang und 19 cm breit.

Material: 40 g weiße Baumwolle Nr. 8; Häkelnadel Nr. 2; 120 cm hellgrünes Taftband.

Muster: feste Maschen (siehe Seite 28); Stäbchen (siehe Seite 29).

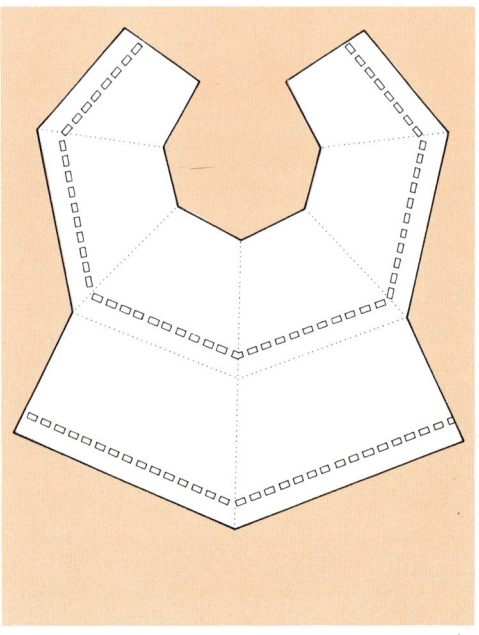

Ausführung

● 66 Luftmaschen häkeln; wie folgt weiterarbeiten:

1. Reihe: 10 feste Maschen, ∗ 3 feste Maschen in die folgende Luftmasche, 10 feste Maschen ∗ fünfmal, so daß insgesamt sechs Bahnen entstehen.

In den folgenden 14 Reihen immer 3 feste Maschen in die zweite der drei in eine Masche gearbeiteten Maschen häkeln.

Die nächste Reihe, durch die das Band gezogen wird, wie folgt arbeiten:

∗ 1 Stäbchen, 3 Luftmaschen, 3 Maschen übergehen ∗; die Reihe mit einem Stäbchen beenden.

Mit den folgenden 14 Reihen nur die beiden mittleren Bahnen verlängern, dabei jeweils in der Mitte zunehmen.

Wieder eine Reihe wie oben arbeiten, durch die das Band gezogen wird. Die letzte Reihe wieder in festen Maschen arbeiten; Arbeit abschließen.

● *Fertigstellung:* Das gesamte Lätzchen mit Ausnahme des Halsausschnittes mit folgender Borte umhäkeln: ∗ 1 feste Masche, 3 Luftmaschen und 1 feste Masche in eine Grundmasche, 2 Maschen übergehen ∗; die Reihe abschließen mit 1 festen Masche, 3 Luftmaschen und 1 festen Masche in eine Masche.

Das grüne Band in die beiden entsprechenden Reihen einziehen und auf der Rückseite mit kleinen Stichen befestigen. An den Enden des Halsausschnittes zwei 30 cm lange Bändchen festnähen. Das Lätzchen dämpfen und dabei eventuell leicht stärken.

Lätzchen in Weiß und Rosa (3)

Farbabbildung Seite 109

Schwierigkeitsgrad: ☆☆

Maschenprobe: feste Maschen: 30 Maschen × 20 Reihen = 10 cm × 10 cm.

Größe: Das Lätzchen ist 22 cm lang und 16 cm breit.

Material: 20 g rosa Baumwolle Nr. 5; 20 g weiße Baumwolle Nr. 5; Häkelnadel Nr. 2,5.

Muster: feste Maschen (siehe Seite 28); Stäbchen (siehe Seite 29); halbe Stäbchen (siehe Seite 28); Retourstich (siehe Seite 70).

Ausführung

● Das Lätzchen wird als Oval nur auf der rechten Seite gehäkelt (siehe Seite 30).

1. Reihe: Mit der rosa Baumwolle 30 Luftmaschen häkeln und in 28 Luftmaschen feste Maschen arbeiten, dann 3 feste Maschen in eine Masche. Die folgenden 28 festen Maschen über die Unterseite der Vorreihe arbeiten; 3 feste Maschen in die letzte Masche häkeln.

2. Reihe: 28 feste Maschen, 2 feste Maschen in die gleiche Masche, 1 feste Masche, 2 feste Maschen in eine Masche, 28 feste Maschen, 2 feste Maschen in die gleiche Masche, 1 feste Masche, 2 feste Maschen in die gleiche Masche. Entsprechend der zweiten Reihe weitere 5 Reihen arbeiten. Nach der 7. Reihe 10 Luftmaschen auf jeder Seite anhäkeln, wodurch der Halsausschnitt des Lätzchens entsteht.

Mit der weißen Baumwolle fortfahren und an einer Außenseite des Halsausschnittes beginnen:

1. Reihe: ∗ 1 feste Masche, 1 Luftmasche und 2 Stäbchen in eine Masche; 2 Maschen übergehen ∗; die Reihe mit 2 Stäbchen in die letzte Masche der anderen Seite abschließen.

2. Reihe: ∗ 1 feste Masche, 1 Luftmasche und 2 Stäbchen in die Luftmasche der Vorreihe ∗; die Reihe mit 2 Stäbchen beenden. Nach weiteren 7 Reihen, die wie die zweite Reihe gearbeitet werden, die Arbeit abschließen.

● *Fertigstellung:* Mit der rosa Baumwolle das gesamte Lätzchen mit Ausnahme des Halsausschnittes mit folgender Reihe umhäkeln: ∗ 1 feste Masche, 3 Luftmaschen, 1 Kettmasche an die erste der Luftmasche und eine feste Masche in die gleiche Masche; 1 feste Masche ∗.

Den Halsausschnitt mit einer Reihe fester Maschen und einer Reihe im Retourstich umhäkeln.

Kordeln: An beide Seiten 60 Luftmaschen anhäkeln und eine Reihe fester Maschen in diese Luftmaschen häkeln.

Das Lätzchen dämpfen und dabei eventuell leicht stärken.

Schema der Farbabbildung auf Seite 109

Baby-Schuhchen in Weiß-Gelb (4)

Farbabbildung Seite 109

Schwierigkeitsgrad: ☆☆

Maschenprobe: 30 Maschen × 20 Reihen = 10 cm × 10 cm.

Größe: Für Größe 0; in Klammern stehen Angaben für das Alter von 2 bzw. 4 Monaten.

Material: 10 (15; 20) g weiße Baumwolle Nr. 5; wenige Gramm gelbe Baumwolle Nr. 5; Häkelnadel Nr. 2.

Muster: feste Maschen (siehe Seite 28); Kettmaschen (siehe Seite 28).

Ausführung

● Die Schuhchen werden oben begonnen und in Runden gehäkelt (siehe Seite 30); sie enthalten keine Naht.

Mit der gelben Baumwolle 32 (36; 40) Luftmaschen häkeln und mit einer Kettmasche zu einem Ring schließen. 3 (4; 5) Reihen feste Maschen arbeiten und dann mit weißer Baumwolle 3,5 (4,5; 5,5) cm in festen Maschen weiterarbeiten.

Die nächste Reihe wie folgt arbeiten: ∗ 1 Stäbchen, 1 Luftmasche, 1 Masche übergehen ∗; die Reihe mit einem Stäbchen beenden. Durch diese Reihe wird nachher das Band gezogen.

Nach einer weiteren Reihe fester Maschen nur auf 16 (18; 20) Maschen in Hin- und Rückreihen 5 (6; 7) cm arbeiten. Dieses Stück liegt nachher auf dem Fuß.

Nun in Runden entlang der Ferse, der Seite, der Spitze, der anderen Seite weiterhäkeln und über 2,5 (3,5; 4,5) cm an den Seiten der Spitze immer eine Masche abnehmen: die Seiten des Schuhchens sind nun fertig.

Für die Sohlen in jeder folgenden Runde die Hälfte der Maschen abnehmen (nur jede zweite Masche arbeiten), bis 3 oder 4 Maschen übrig bleiben. Arbeit abschließen, Faden auf der Unterseite verwahren und damit die Sohle schließen.

Das zweite Schuhchen ebenso arbeiten.

● *Fertigstellung:* Zwei 30 cm lange gedrehte Kordeln (siehe Seite 141) anfertigen und in die vorgesehene Reihe einziehen. Die Schuhchen mit etwas Watte oder Seidenpapier füllen und in Form bringen.

Lätzchen in Weiß und Gelb (5)

Farbabbildung Seite 109

Schwierigkeitsgrad: ☆

Maschenprobe: 28 Maschen × 22 Reihen = 10 cm × 10 cm.

Größe: Das Lätzchen ist 21,5 cm lang und 16 cm breit.

Material: 20 g gelbe Baumwolle Nr. 5; 20 g weiße Baumwolle Nr. 5; Häkelnadel Nr. 2,5.

Muster: halbe Stäbchen (siehe Seite 28); feste Maschen (siehe Seite 28); Retourstich (siehe Seite 70).

Schema der Farbabbildung auf Seite 110

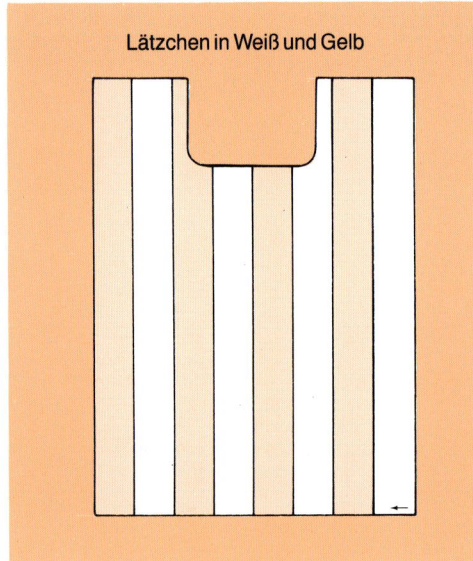

Lätzchen in Weiß und Gelb

Ausführung

● Das Lätzchen wird in Längsrichtung in Hin- und Rückreihen gearbeitet.

56 Luftmaschen mit der weißen Baumwolle häkeln und 4 Reihen halbe Stäbchen arbeiten. In Gelb weitere 4 Reihen, dann in Weiß weitere 2 Reihen arbeiten. Am Ende der zweiten Reihe 13 Maschen für den Halsausschnitt abnehmen. Die folgenden 2 Reihen auch in Weiß arbeiten, nach 4 gelben und 4 weißen Reihen wieder 2 Reihen in Gelb arbeiten. Am Ende der zweiten Reihe werden 13 Luftmaschen gearbeitet, um den Halsausschnitt abzuschließen. Nach 2 Reihen in Gelb, 4 weißen und 4 gelben Reihen Arbeit abschließen.

● *Fertigstellung:* Das gesamte Lätzchen mit der gelben Baumwolle mit einer Reihe fester Maschen und einer Reihe im Retourstich umhäkeln.

Für die Bändchen auf beiden Seiten des Halsausschnittes 70 Luftmaschen anhäkeln und feste Maschen arbeiten. Das Lätzchen dämpfen und eventuell leicht stärken.

Weißes Dreiecktuch mit Fransen (1)

Farbabbildung Seite 110

Schwierigkeitsgrad: ☆☆

Maschenprobe: Ein Motiv von zwei Muscheln der ersten Reihe ist 7 cm × 2 cm groß.

Größe: Das Tuch ist an der Längsseite 205 cm lang und 100 cm breit (einschließlich Fransen).

Material: 50 g Mischung aus Kaschmir und Seide; Häkelnadel Nr. 4.

Muster: Stäbchen (siehe Seite 29).

Ausführung

● Das Tuch wird an der Spitze begonnen und in Hin- und Rückreihen gearbeitet. Anschließend wird es mit einer Borte eingefaßt und mit Fransen verziert.

6 Luftmaschen häkeln und wie folgt beginnen:

1. Reihe: 1 Stäbchen in die 3. Luftmasche, 3 Maschen übergehen, 1 Stäbchen, 1 Stäbchen am Rand.

2. Reihe: 2 Luftmaschen, 6 Stäbchen in den Luftmaschenbogen aus den drei Luftmaschen, 1 Stäbchen am Rand.

3. Reihe: 3 Luftmaschen, 1 Masche übergehen, 3 feste Maschen, 3 Luftmaschen, 1 feste Masche.

4. Reihe: 2 Luftmaschen, * 6 Stäbchen in den Luftmaschenbogen, 1 Stäbchen in die Mitte der drei festen Maschen, 6 Stäbchen in den Luftmaschenbogen *, 1 Stäbchen am Rand.

5. Reihe (Zwischenreihe): 3 Luftmaschen, 1 Masche übergehen, * 3 feste Maschen, 3 Luftmaschen, 3 Maschen übergehen, 3 feste Maschen, 3 Luftmaschen *; am Ende der Reihe 1 Masche übergehen, mit einer festen Masche enden.

6. Reihe (weiterarbeiten wie Reihe 4): 2 Luftmaschen, 6 Stäbchen in den Luftmaschenbogen, 1 Stäbchen in die Mitte der drei festen Maschen, 6 Stäbchen in den Luftmaschenbogen, 1 Stäbchen in die Mitte der drei festen Maschen, 1 Stäbchen am Ende der Reihe.

7. Reihe: Zwischenreihe (wie 5. Reihe).

Stäbchenreihe und Zwischenreihe über 85 cm wiederholen. Die Anzahl der Muscheln vermehrt sich in der Stäbchenreihe am rechten und linken Rand jeweils um eine Muschel.

An der Längsseite des Tuches wie folgt arbeiten:

1. Reihe: 1 Stäbchen, * 3 Luftmaschen, 3 Maschen übergehen, 1 Stäbchen * die Reihe mit einem Stäbchen beenden.

2. Reihe: * 1 Stäbchen in den Bogen der 3 Luftmaschen, 3 Luftmaschen *; die Reihe mit einem Stäbchen beenden.

Auch an den beiden kürzeren Seiten diese Borte arbeiten, dabei werden die Stäbchen der ersten Reihe in die Bögen gearbeitet, in welche die 6 Stäbchen gehäkelt sind.

● *Fertigstellung:* Rund um das Tuch 20 cm lange, einfache Fransen (siehe Seite 140) anbringen.

Das Tuch braucht nicht gebügelt zu werden.

Zweifarbiges Kissen (2)

Farbabbildung Seite 110

Schwierigkeitsgrad: ☆☆

Maschenprobe: (vorne) 20 Maschen × 8 Reihen = 10 cm × 10 cm; (hinten) 20 Maschen × 11 Reihen = 10 cm × 10 cm.

Größe: Das Kissen ist 30 cm × 35 cm groß.

Material: 80 g hellblaue Seide, 40 g dunkelblaue Seide; Häkelnadel Nr. 4, hellblauer, 30 cm langer Reißverschluß; Kissenfüllung.

Muster: zweifarbiges Wogenmuster (siehe Seite 55); Stäbchen (siehe Seite 29); feste Maschen (siehe Seite 28).

Ausführung

● *Vorne:* Mit hellblauer Seide 56 Luftmaschen häkeln und im zweifarbigen Wogenmuster 34 cm hoch arbeiten; die hellblaue Seide wechselt sich mit der dunkelblauen Seide ab. In Hellblau abschließen und Faden verwahren.

● *Hinten:* Mit hellblauer Seide 56 Luftmaschen häkeln und 34 cm hoch Stäbchenreihen arbeiten. Abschließen, Faden verwahren.

● *Fertigstellung:* Drei Seiten des Kissens im Steppstich (siehe Seite 147) schließen. In die offengelassene Schmalseite einen Reißverschluß einnähen.

Mit dunkelblauer Seide eine Reihe fester Maschen an die genähten Seiten anhäkeln, indem in beide Teile eingestochen wird. Dann mit dunkelblauer Seide an die Seite mit Reißverschluß eine Reihe fester Maschen an das vordere Teil und ebenso an das hintere Teil anhäkeln.

Das Kissen lauwarm bügeln und die Füllung damit beziehen.

Roter Beutel für Häkelnadeln (3)

Farbabbildung Seite 110

Schwierigkeitsgrad: ☆

Maschenprobe: 20 Maschen × 18 Reihen = 10 cm × 10 cm.

Größe: Der Beutel ist 15 cm lang und 7,5 cm breit.

Material: 30 g rote Baumwolle Nr. 8, die doppelt genommen wird, Häkelnadel Nr. 4,5.

Muster: feste Maschen (siehe Seite 28); Stäbchen (siehe Seite 29).

Ausführung

● Der Beutel wird unten mit einem Oval begonnen (siehe Seite 30) und immer rechts gearbeitet.

12 Luftmaschen häkeln und eine Reihe fester Maschen arbeiten, in die letzte Luftmasche drei Maschen häkeln und die nächste Reihe fester Maschen über die Unterseite der Vorreihe häkeln.

Bei der nächsten Reihe fester Maschen in den hinteren Faden der Masche der Vorreihe einstechen und nicht zunehmen. 10 cm ohne zuzunehmen mit festen Maschen in Runden weiterarbeiten.

Die nächste Reihe, durch die das Band gezogen wird, wie folgt arbeiten: * 1 Stäbchen, 3 Luftmaschen, 3 Maschen übergehen *; die Reihe mit einem Stäbchen beenden.

Weitere 4,5 cm in festen Maschen arbeiten, dann die Arbeit abschließen und den Faden verwahren.

● *Fertigstellung:* Ein 20 cm langes Luftmaschenbändchen häkeln und in die vorgesehene Reihe einziehen.

Der Beutel wird nicht gebügelt.

Bunte Pantoffel (4)

Farbabbildung Seite 110

Schwierigkeitsgrad: ☆☆

Maschenprobe: 15 Maschen × 12 Reihen = 10 cm × 10 cm.

Größe: für Größe 38; in Klammern stehen die Angaben für Größe 36.

Material: Die Pantoffel werden aus bunten Wollresten hergestellt: für jedes Paar braucht man insgesamt 100 g; Häkelnadel Nr. 4.

Muster: feste Maschen (siehe Seite 28).

Ausführung

● Die Pantoffel werden an der Sohle mit einem Oval begonnen und in Runden gehäkelt (siehe Seite 30); sie enthalten keine Naht.

Die Beschreibung enthält keinen Farbwechsel; Sie können nach eigener Vorstellung die Farbzusammenstellung wählen, je nachdem, welche Reste zur Verfügung stehen.

25 (20) Luftmaschen häkeln und feste Maschen arbeiten. In die letzte Luftmasche drei Maschen häkeln und in die Unterseite der Vorreihe die folgende Reihe fester Maschen arbeiten. Auch

Schema der Farbabbildung auf Seite 110

bei den folgenden 4,5 (4) cm in den »Kurven« die entsprechenden Maschen zunehmen.

Für die nächste Reihe, bei der nicht zugenommen wird, nur in den hinteren Faden der Maschen einstechen. So auch die folgenden Reihen arbeiten; an der Rundung des Ovals, welche zur Ferse wird, in jeder Runde eine Masche abnehmen.

Gegenüber der Ferse, an der Spitze des Pantoffels, nun 36 (32) Maschen 10 (8) cm hoch häkeln; der obere Teil des Pantoffels ist fertig.

Über alle Maschen weitere 5 (4) cm weiterarbeiten in festen Maschen. Arbeit abschließen und Faden verwahren.

● *Fertigstellung:* Den oberen Rand der Pantoffel mit einer Reihe fester Maschen umhäkeln, dabei in die festen Maschen einstechen.

Hund (5)

Farbabbildung Seite 110

Schwierigkeitsgrad: ☆☆

Maschenprobe: 10 Maschen × 5 Reihen = 10 cm × 10 cm.

Größe: Der Hund ist 65 cm (einschließlich Schwanz und Zunge) lang.

Material: 100 g vierfädige gelbe Sportwolle; 50 g vierfädige braune Sportwolle; wenige Gramm vierfädige rote Sportwolle; Häkelnadel Nr. 5; Häkelnadel Nr. 4; 2 Knöpfe; Füllmaterial.

Muster: Stäbchen (siehe Seite 29); feste Maschen (siehe Seite 28); Kettmaschen (siehe Seite 28).

Ausführung

● Der Körper des Hundes wird in Runden gearbeitet (siehe Seite 30), immer rechts. An den Körper werden angenäht: Ohren, Pfoten, die Nase, die Zunge und der Schwanz.

Mit der gelben Wolle und der Häkelnadel Nr. 5 16 Luftmaschen häkeln und mit einer Kettmasche zu einem Ring schließen. Eine Reihe Stäbchen arbeiten, dabei verteilt 4 Maschen zunehmen. Für die folgenden Stäbchen zwischen die Stäbchen der Vorreihe einstechen; jede zweite Reihe verteilt 4 Maschen zunehmen. Nach 38 cm mit brauner Wolle auf die gleiche Weise 6 cm weiterarbeiten ohne jedoch zuzunehmen.

Auf den letzten 6 cm mit brauner Wolle so viele Maschen abnehmen, daß zum Schluß 10 Maschen übrig sind.

Arbeit abschließen und die Öffnung der letzten 10 Maschen schließen.

● *Schwanz:* Mit brauner Baumwolle und der Häkelnadel Nr. 5 12 Luftmaschen häkeln und mit einer Kettmasche zu einem Ring schließen. 7 cm feste Maschen arbeiten, auf den nächsten 3 cm die Maschen bis auf 4 Maschen abnehmen. Arbeit abschließen und mit dem Faden die Öffnung der letzten 4 Maschen zusammennähen.

● *Pfoten:* In Braun mit der Häkelnadel Nr. 5 6 Luftmaschen häkeln und 4 Reihen in Stäbchen arbeiten; Arbeit abschließen und Faden verwahren.

Schema der Farbabbildung auf Seite 110

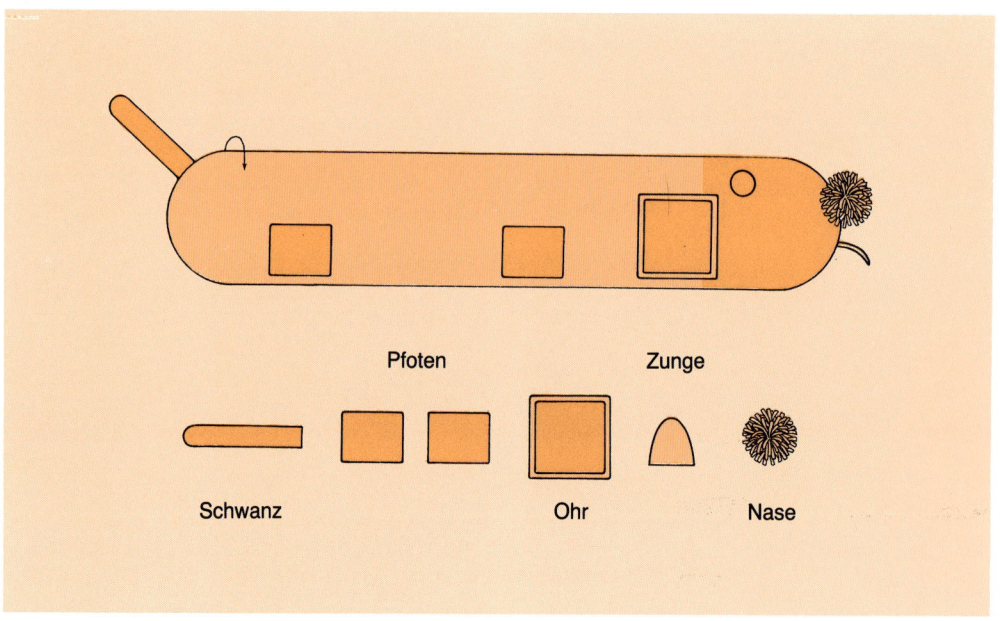

Pfoten

Zunge

Schwanz

Ohr

Nase

So alle 4 Pfoten herstellen.

● *Ohren:* In Braun mit der Häkelnadel Nr. 5 10 Luftmaschen häkeln und 9 cm in Stäbchen arbeiten.

Beide Ohren so herstellen und jedes Ohr mit einer Reihe fester Maschen in Gelb umhäkeln.

● *Zunge:* In Rot mit der Häkelnadel Nr. 4 2 Luftmaschen häkeln; auf den 4 Reihen fester Maschen in jeder Reihe an beiden Seiten je 1 Masche zunehmen.

● *Nase:* In Gelb ein Pompon (siehe Seite 141) mit einer Pappscheibe von 5 cm Durchmesser anfertigen.

● *Fertigstellung:* Den Körper durch die verbliebene Öffnung der Anfangsluftmaschen mit dem Füllmaterial ausstopfen. An diesen offenen Kreis in Gelb mit der Häkelnadel Nr. 5 2 Reihen Stäbchen häkeln; dabei so viele Maschen abnehmen, daß nur noch 5 Maschen übrig bleiben.

Die Arbeit abschließen und mit dem Faden die Öffnung der 5 Maschen schließen.

Die Ohren am Körper dort annähen, wo die gelbe Farbe das Braun ablöst.

An der braunen Spitze des Körpers mit kleinen Stichen die Nase und die Zunge des Hundes annähen.

Die Pfoten mit kleinen Stichen am gelben Teil des Körpers festnähen und den Schwanz am hinteren Ende des gelben Teiles anbringen.

Als Augen über der Nase die beiden Knöpfe festnähen.

Schema der Farbabbildung auf Seite 110

Stricknadelschlauch (6)

Farbabbildung Seite 110

Schwierigkeitsgrad: ☆

Maschenprobe: 18 Maschen × 26 Reihen = 10 cm × 10 cm.

Größe: Der Schlauch hat einen Umfang von 15 cm und ist 50 cm lang.

Material: 40 g blaue Baumwolle Nr. 5; 20 g rote Baumwolle Nr. 5; 10 g weiße Baumwolle Nr. 5; Häkelnadel Nr. 3; eine feste Papprolle.

Muster: Feste Maschen (siehe Seite 28); Kettmaschen (siehe Seite 28); Stäbchen (siehe Seite 29).

Ausführung

● Der Schlauch wird immer rechts in Runden gehäkelt (siehe Seite 30); er enthält keine Naht. 5 Luftmaschen aus roter Baumwolle mit einer Kettmasche zu einem Ring schließen.

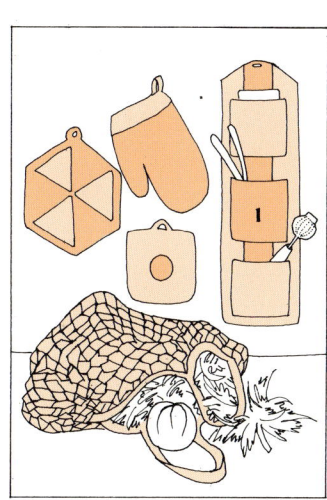

Schema der Farbabbildung auf Seite 127

10 feste Maschen in den Ring arbeiten.

Weiter feste Maschen in Runden häkeln; dabei so viele Maschen verteilt zunehmen, daß ein flacher Kreis mit einem Durchmesser von 4,5 cm entsteht.

Mit der blauen Baumwolle weiterarbeiten. Für die festen Maschen nur in den hinteren Faden der Grundmaschen einstechen. 11 cm ohne zuzunehmen häkeln.

Im folgenden die Farben wie folgt wechseln:

2 cm in Rot;
1 cm in Blau;
1,5 cm in Weiß;
1 cm in Blau;
1,5 cm in Weiß;
1 cm in Blau;
1,5 cm in Weiß;
4 cm in Rot;
1,5 cm in Weiß;
1 cm in Blau;
1,5 cm in Weiß;
1 cm in Blau;
1,5 cm in Weiß;
1 cm in Blau;
3 cm in Rot;
11 cm in Blau.

Mit der blauen Baumwolle eine weitere Stäbchenreihe arbeiten und 4 Reihen in festen Maschen.

● *Fertigstellung:* Mit diesem Schlauch die feste Papprolle überziehen.

Mit der blauen Baumwolle eine 30 cm lange gedrehte Kordel (siehe Seite 141) anfertigen und in die Stäbchenreihe einziehen.

Wandbehang mit Taschen (1)

Farbabbildung Seite 127

Schwierigkeitsgrad: ☆

Maschenprobe: 14 Maschen × 8 Reihen = 10 cm × 10 cm.

Größe: Der Wandbehang ist 44 cm lang und 15 cm breit.

Material: 40 g hellblaues Leinen, 60 g naturfarbenes Leinen; Häkelnadel Nr. 4,5.

Muster: Stäbchen (siehe Seite 29); feste Maschen (siehe Seite 28); Retourstich (siehe Seite 70).

Ausführung

● Der Wandbehang wird in Längsrichtung in Hin- und Rückreihen gearbeitet.

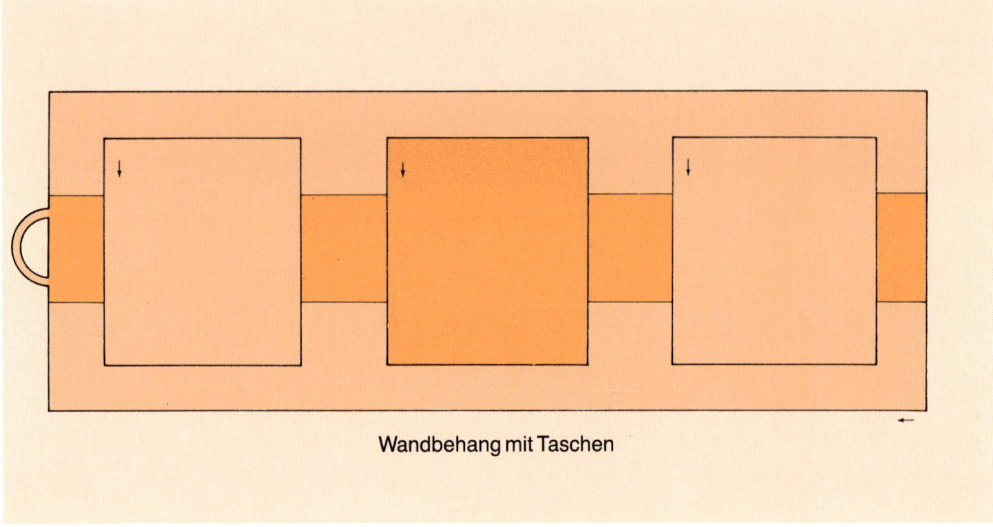

Wandbehang mit Taschen

Mit dem doppelt genommenen naturfarbenen Leinen 42 Luftmaschen häkeln und 3 Reihen Stäbchen arbeiten. Weitere 4 Stäbchenreihen mit dem ebenfalls doppelt genommenen hellblauen Leinen häkeln. Die folgenden 3 Reihen wieder mit dem doppelt genommenen naturfarbenen Leinen arbeiten, dann Arbeit abschließen.

● *Tasche:* Die Taschen werden gesondert hergestellt. Für jede Tasche 14 Luftmaschen mit doppelt genommenem Faden häkeln und 9 Reihen Stäbchen arbeiten. 2 Taschen sind naturfarben, eine Tasche hellblau.

● *Fertigstellung:* Die Taschen wie die Abbildung zeigt auf dem Behang an drei Seiten festnähen; oben offen lassen.

Den gesamten Wandbehang mit dem doppelt genommenen hellblau/naturfarbenem Leinenfaden mit festen Maschen und einer Reihe im Retourstich umhäkeln. Am oberen Rand des Wandbehangs eine Luftmaschenschlinge von 4 Luftmaschen (siehe Seite 138) anbringen.

Jede Tasche in ihrer Farbe im Retourstich umhäkeln.

Beim Bügeln darauf achten, die Retourstichverzierung nicht mit zu erfassen.

Topfhandschuh (2)

Farbabbildung Seite 127

Schwierigkeitsgrad: ☆☆

Maschenprobe: 16 Maschen x 16 Reihen = 10 cm x 10 cm.

Größe: Der Handschuh ist 21 cm lang und 13 cm breit.

Material: 50 g hellblaues Leinen, 10 g naturfarbenes Leinen; Häkelnadel Nr. 4,5.

Muster: feste Maschen (siehe Seite 28); Retourstich (siehe Seite 70); Kettmaschen (siehe Seite 28).

Ausführung

● Der Handschuh wird immer rechts in Runden gearbeitet (siehe Seite 30).

Mit dem doppelt genommenen hellblauen Leinen 40 Luftmaschen häkeln und mit einer Kettmasche zu einem Ring schließen. 6 cm feste Maschen arbeiten. 10 Maschen für den Daumen offen lassen; auf den übrigen 30 Maschen 8 cm in

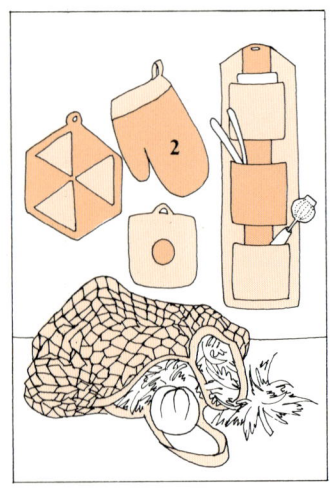

Schema der Farbabbildung auf Seite 127

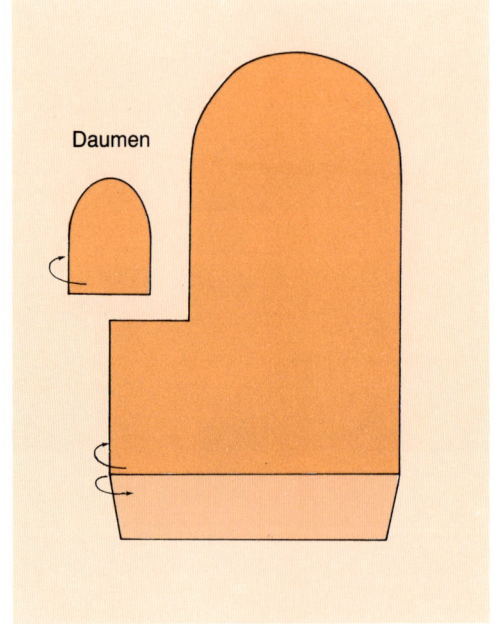

Daumen

Runden häkeln. Bei den folgenden 3 cm fester Maschen alle zwei Maschen eine Masche übergehen und so die Maschen bis auf 5 Maschen abnehmen. Arbeit abschließen und Faden verwahren.

Auf die 10 liegengebliebenen Maschen 5 cm in Runden für den Daumen häkeln, in den nächsten Reihen alle zwei Maschen eine Masche übergehen, bis 3 Maschen übrig sind. Arbeit abschließen und Faden verwahren.

● *Fertigstellung:* Die Spitze des Daumens und des Handschuhs mit kleinen, versteckten Stichen auf der Innenseite des Handschuhs schließen. Mit einem Faden des hellblauen und einem Faden des naturfarbenen Garns gemeinsam unten am Handschuh 5 Reihen fester Maschen anhäkeln, dann eine Reihe im Retourstich. – Am unteren Rand wird gegenüber dem Daumen eine Schlinge aus 4 Luftmaschen angebracht (siehe Seite 138).

Den Handschuh leicht bügeln. Nicht zu sehr flach drücken, damit er seine Isolierfähigkeit nicht verliert.

eine Schlinge (siehe Seite 138) von 6 Luftmaschen arbeiten.

Die Rose in der Mitte wie folgt arbeiten: Mit dem doppelt genommenen hellblauen Leinenfaden 4 Luftmaschen häkeln und mit einer Kettmasche zu einem Ring schließen.

1. Reihe: 1 Luftmasche, 11 feste Maschen, die Reihe mit einer Kettmasche an die erste Luftmasche abschließen.

2. Reihe: Nur in den vorderen Faden jeder festen Masche einstechen und in jede eine feste Masche, 4 Luftmaschen und 1 feste Masche arbeiten. Die Reihe mit einer Kettmasche abschließen.

3. Reihe: Nur in den hinteren Faden jeder festen Masche der ersten Reihe einstechen und in jede eine feste Masche, 6 Luftmaschen und eine feste Masche arbeiten. Arbeit abschließen und Faden verwahren. Die Rose in die Mitte des Topflappens von der Rückseite her annähen.

Den Topflappen mit einem heißen Bügeleisen bügeln, die Rose in der Mitte jedoch dabei auslassen.

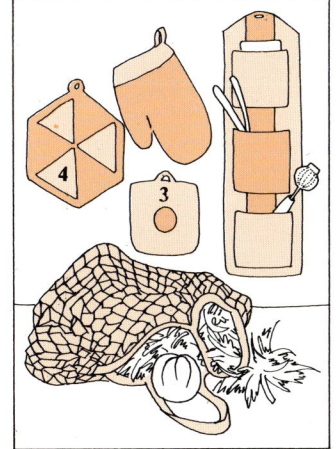

Schema der Farbabbildung auf Seite 127

Topflappen (3)

Farbabbildung Seite 127

Schwierigkeitsgrad: ☆

Maschenprobe: 16 Maschen x 16 Reihen = 10 cm x 10 cm.

Größe: Der Topflappen mißt 12 cm x 12 cm.

Material: 10 g naturfarbenes Leinen; 10 g hellblaues Leinen; Häkelnadel Nr. 4,5.

Muster: feste Maschen (siehe Seite 28); Kettmaschen (siehe Seite 28); Retourstich (siehe Seite 70).

Ausführung

● Der Topflappen wird immer rechts in Runden gearbeitet (siehe Seite 30).

Zwei Fäden, einen hellblauen und einen naturfarbenen, doppelt laufen lassen. 4 Luftmaschen häkeln und mit einer Kettmasche zu einem Ring schließen.

1. Reihe: In jede der 4 Luftmaschen 3 feste Maschen.

In den folgenden 12 Reihen fester Maschen immer in die mittlere der drei in eine Masche gearbeiteten Maschen wiederum 3 feste Maschen arbeiten.

● *Fertigstellung:* Den Topflappen mit einer Reihe im Retourstich umhäkeln. Auf einer Seite

Topfuntersetzer (4)

Farbabbildung Seite 137

Schwierigkeitsgrad: ☆

Maschenprobe: 16 Maschen x 16 Reihen = 10 cm x 10 cm.

Größe: Der Untersetzer hat einen Durchmesser von 20 cm.

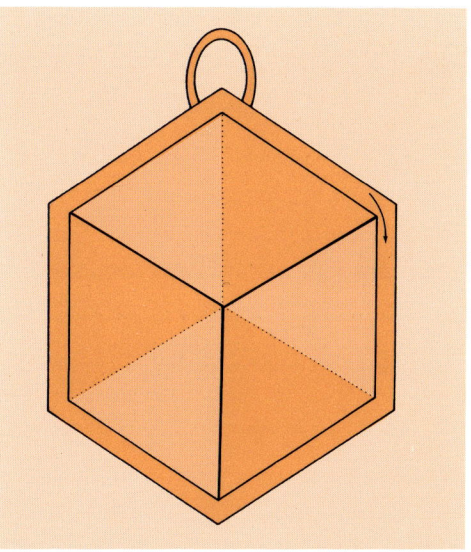

Schema der
Farbabbildung
auf Seite 127

Material: 15 g hellblaues Leinen; 10 g naturfarbenes Leinen; Häkelnadel Nr. 4,5.

Muster: feste Maschen (siehe Seite 28); Retourstich (siehe Seite 70).

Ausführung

● Für den Topfuntersetzer werden drei Rauten getrennt gearbeitet und dann zusammengefügt. Die Herstellung einer Raute finden Sie auf Seite 59.
Den Faden für die gesamte Arbeit doppelt nehmen, zuerst die Naturfarbe, ab 15. Reihe (Rautenmitte) zur hellblauen Farbe übergehen.

● *Fertigstellung:* Die Rauten mit kleinen Stichen nach der Anordnung der Zeichnung zusammennähen. Den Topfuntersetzer mit festen Maschen in Hellblau umhäkeln, dabei an den Ecken des Sechsecks zweimal einstechen, dann eine Reihe im Retourstich. An einer der Ecken eine Schlinge (siehe Seite 138) aus 6 Luftmaschen anfertigen.
Den Topfuntersetzer heiß bügeln, dabei die Reihe im Retourstich auslassen.

Einkaufsnetz (5)

Farbabbildung Seite 127

Schwierigkeitsgrad: ☆☆

Maschenprobe: 20 x 20 Kästchen im Netz = 10 cm x 10 cm.

Größe: Das Netzquadrat mißt 70 cm x 70 cm.

Material: 40 g einfache naturfarbene Baumwolle; Häkelnadel Nr. 3,5; 150 cm Schnur.

Muster: Stäbchen (siehe Seite 29).

Ausführung

Das Netz wird im Lochmuster in Hin- und Rückreihen gearbeitet; es wird aus einem Quadrat zusammengenäht.
180 Luftmaschen häkeln und wie folgt arbeiten:
1. Reihe: 3 Luftmaschen, * 4 Luftmaschen, 4 Maschen übergehen, 2 Stäbchen *: die Reihe mit einem Stäbchen beenden.
2. Reihe: 3 Luftmaschen (stehen für 1 Stäbchen), 1 Luftmasche, 1 Masche übergehen, * 2 Stäbchen, 4 Luftmaschen, 4 Maschen übergehen *; die Reihe beenden mit 1 Luftmasche, 1 Masche übergehen, 1 Stäbchen.
Wieder mit der ersten Reihe beginnen.

● *Fertigstellung:* Das Quadrat mit einer Reihe Stäbchen umhäkeln, dabei in die Ecken dreimal einstechen.
Die Stäbchenreihe nach hinten umschlagen und mit kleinen Stichen annähen. Die Schnur in diesen Saum einziehen; an zwei gegenüberliegenden Seiten und in der Mitte der beiden anderen Seiten das Netz ankräuseln und mit einigen Stichen befestigen. Den gesamten Rand mit einer Reihe sehr eng gearbeiteter Stäbchen umhäkeln, dabei unter dem Saum einstechen.
Für die Henkel zwei 25 cm lange Schnüre an die Ränder der kurzen, gekräuselten Stücke annähen, die auch mit einer Reihe eng gearbeiteter Stäbchen überzogen werden.

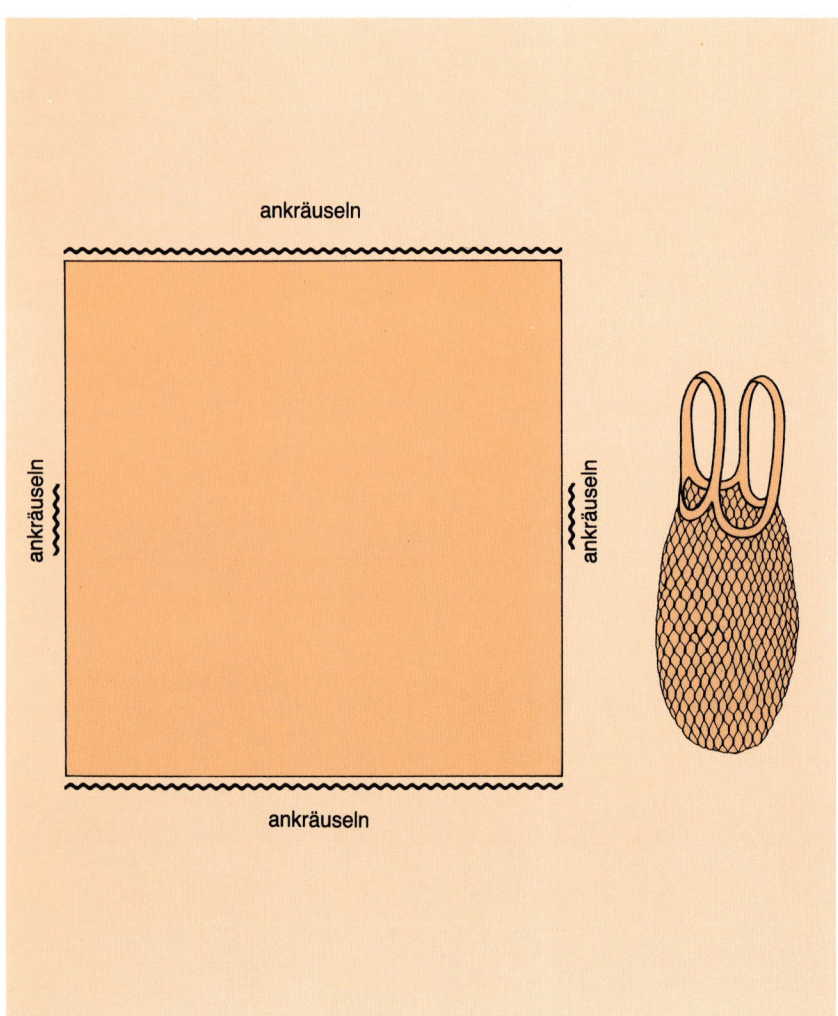

ankräuseln

ankräuseln

ankräuseln

ankräuseln

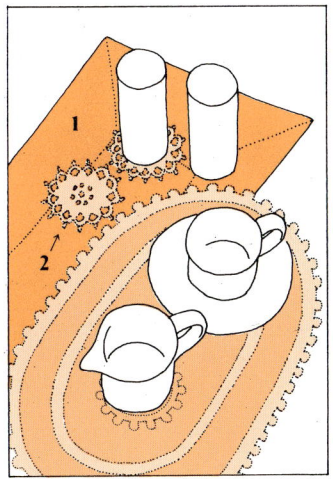

Schema der Farbabbildung auf Seite 128

Dunkelblaues Deckchen (1)

Farbabbildung Seite 128

Schwierigkeitsgrad: ☆☆

Maschenprobe: 18 Maschen x 12 Reihen = 10 cm x 10 cm.

Größe: Das Deckchen ist 45 cm x 32 cm groß.

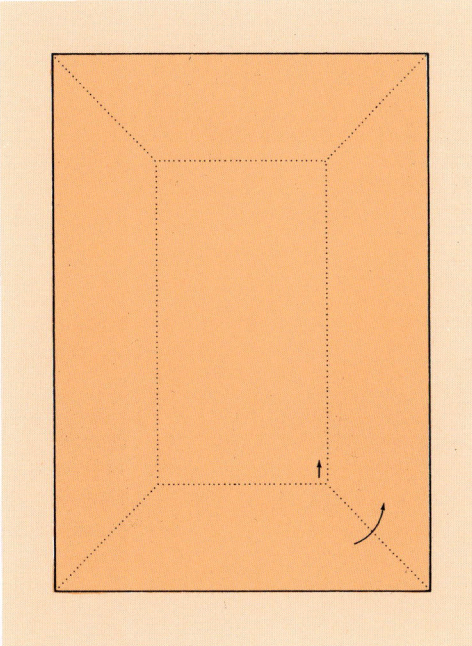

Material: 100 g dunkelblaue Baumwolle Nr. 8; Häkelnadel Nr. 4.

Muster: feste Maschen (siehe Seite 28); Retourstich (siehe Seite 70).

Ausführung

● Das Deckchen wird in zwei Arbeitsgängen gearbeitet: das Rechteck im Zentrum wird in Hin- und Rückreihen gehäkelt, welches dann in Runden (siehe Seite 30) mit einem Rand versehen wird.
Den Faden doppelt nehmen; 22 Luftmaschen häkeln und 28,5 cm feste Maschen arbeiten. Arbeit abschließen.
Weiterhin mit doppelt genommenem Garn das Rechteck mit einer Reihe fester Maschen umhäkeln; an einer Ecke beginnen und in jede Ecke drei feste Maschen arbeiten. Auch auf den folgenden 9 cm jeweils in den Ecken in der mittleren der drei Eckmaschen der Vorreihe zunehmen.

● *Fertigstellung:* Das Deckchen mit einer Reihe im Retourstich umhäkeln, Arbeit abschließen und Faden verwahren.
Das Deckchen dämpfen.

Gelbe Untersetzer (27)

Farbabbildung Seite 128

Schwierigkeitsgrad: ☆☆

Maschenproben: Nach der 1. Reihe hat der Ring einen Durchmesser von 2,3 cm.

Größe: Der Untersetzer hat einen Durchmesser von 10 cm.

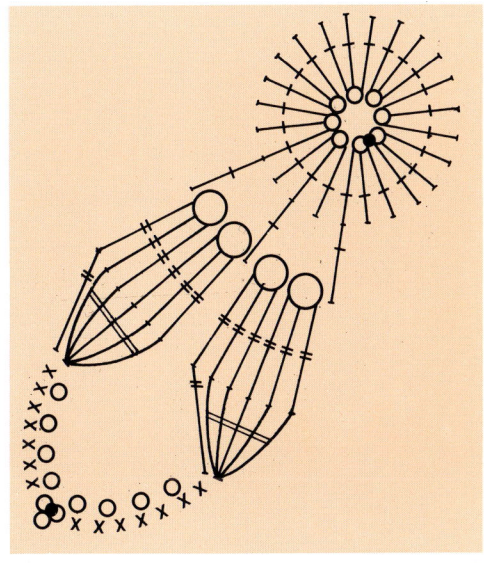

Häkelmuster für die gelben Untersetzer

○ Luftmasche
⊼ doppeltes Stäbchen
● Kettmasche
✕ feste Masche
∞ Mäusezähnchen (3 Luftmaschen mit einer Kettmasche an die erste Luftmasche)

Material: Für 6 Untersetzer 40 g gelbe Baumwolle Nr. 12; Häkelnadel Nr. 1,5

Muster: Kettmaschen (siehe Seite 28); Stäbchen (siehe Seite 29); doppelte Stäbchen (siehe Seite 29); feste Maschen (siehe Seite 28).

Ausführung

● Die Untersetzer werden in Runden gearbeitet

(siehe Seite 30). 8 Luftmaschen mit einer Kettmasche zu einem Ring schließen.

1. Reihe: 3 Luftmaschen (stehen für ein Stäbchen), 23 Stäbchen in den Ring arbeiten. Die Reihe mit einer Kettmasche schließen.

2. Reihe: * 1 Stäbchen, 2 Luftmaschen, 1 Masche übergehen * (zwölfmal); die Reihe mit einer Kettmasche abschließen.

3. Reihe: 6 doppelte Stäbchen in jeden Luftmaschenbogen der Vorreihe.

4. Reihe: * 1 Stäbchen in das erste doppelte Stäbchen, 5 zusammen abgemaschte Stäbchen in die folgenden 5 doppelten Stäbchen der Vorreihe, 8 Luftmaschen * (zwölfmal); die Reihe mit einer Kettmasche abschließen.

5. Reihe: In jeden Bogen der 8 Luftmaschen 7 feste Maschen, 3 Luftmaschen und eine Kettmasche an die erste Luftmasche, 7 feste Maschen arbeiten. Die Reihe mit einer Kettmasche abschließen.

Faden verwahren.

● *Fertigstellung:* Den Untersetzer heiß bügeln und leicht stärken.

Tischsets in Rot und Weiß (37)

Farbabbildung Seite 128

Schwierigkeitsgrad: ☆

Maschenprobe: 15 Maschen x 6 Reihen = 10 cm x 10 cm.

Größe: Das Tischset ist 43 cm x 29 cm groß.

Material: 40 g roter Raphiabast; 20 g weißer Raphiabast; Häkelnadel Nr. 5.

Muster: Stäbchen (siehe Seite 29); feste Maschen (siehe Seite 28); Kettmaschen (siehe Seite 28).

Ausführung
Das Set wird oval gearbeitet (siehe Seite 30) und damit immer rechts.
Mit dem roten Raphiabast 20 Luftmaschen häkeln und Stäbchen arbeiten. 3 Maschen in die letzte Luftmasche häkeln und die nächste Reihe auf der Unterseite der Vorreihe häkeln. Auch in den folgenden Stäbchenrunden an den äußeren Enden des Ovals zunehmen. Nach 4 Reihen mit einer Kettmasche abschließen.

Mit dem weißen Raphiabast zwei Reihen fester Maschen anschließen und ebenfalls mit einer Kettmasche abschließen.
Mit rotem Raphiabast zwei Reihen Stäbchen häkeln, mit einer Kettmasche abschließen.

● *Fertigstellung:* Mit weißem Raphiabast folgende Borte anhäkeln:
1 feste Masche. * 3 Luftmaschen und eine Kettmasche an die erste Luftmasche, 2 feste Maschen *; die Reihe mit einer festen Masche und einer Kettmasche an die erste feste Masche abschließen; Faden verwahren. Es ist ratsam, das Set mit einem lauwarmen Bügeleisen zu bügeln.

Untersetzer in Weiß und Rot (4)

Farbabbildung Seite 128

Schwierigkeitsgrad: ☆

Maschenprobe: Nach der 1. Reihe hat der Ring einen Durchmesser von 1,3 cm.

Größe: Der Untersetzer hat mit Borte einen Durchmesser von 11 cm.

Material: Für 6 Untersetzer 100 g weißer Raphiabast und 20 g roter Raphiabast; Häkelnadel Nr. 5.

Muster: feste Maschen (siehe Seite 28); Kettmaschen (siehe Seite 28).

Ausführung
Die Untersetzer werden in Runden gearbeitet (siehe Seite 30). Mit weißem Raphiabast 5 Luftmaschen häkeln und mit einer Kettmasche zu einem Ring schließen. Die folgenden Runden in festen Maschen arbeiten, dabei so viele Maschen jeweils zunehmen, daß ein flacher Kreis mit einem Durchmesser von 8 cm entsteht. Arbeit mit einer Kettmasche abschließen und Faden verwahren.

● *Fertigstellung:* Mit rotem Raphiabast folgende Borte anhäkeln: 2 feste Maschen, * 3 Luftmaschen und eine Kettmasche an die erste Luftmasche, 3 feste Maschen *; die Reihe mit einer festen Masche und einer Kettmasche an die erste feste Masche abschließen. Faden verwahren. Den Untersetzer lauwarm bügeln.

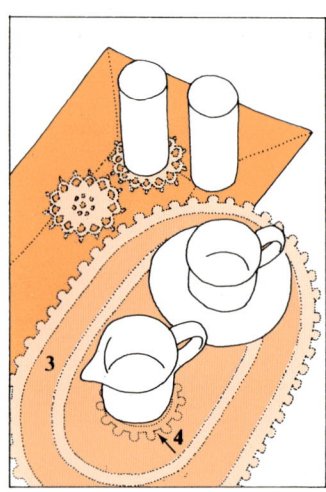

Schema der Farbabbildung auf Seite 128

Und was Sie sonst noch wissen sollten . . .

Farbwechsel

Oft möchte man 2 oder mehr verschiedene Farben verwenden; ein solcher Farbwechsel ist nicht schwierig. Sie müssen nur lernen, einen andersfarbigen Faden sowohl am Anfang einer Reihe als auch innerhalb einer Reihe einzuarbeiten.

Einarbeiten eines neuen Fadens. Innerhalb einer Reihe wird ein neuer Faden (sowohl einer anderen Farbe als auch eines neuen Knäuels) verschieden eingearbeitet. Das richtet sich nach der Maschenart: feste Maschen oder Stäbchen. Bei festen Maschen läßt sich der neue Faden sowohl vor als auch nach dem Farbwechsel einarbeiten.

Vor dem Farbwechsel: Der neue Faden wird

Mehrfarbige Häkelarbeiten machen keine Schwierigkeiten mehr, wenn man das Einarbeiten eines neuen Fadens richtig gelernt hat.
1 Einarbeiten eines neuen Fadens vor dem Farbwechsel bei festen Maschen.
2 Einarbeiten eines neuen Fadens nach dem Farbwechsel.
3, 4 und 5 Einarbeiten eines neuen Fadens bei Stäbchen.

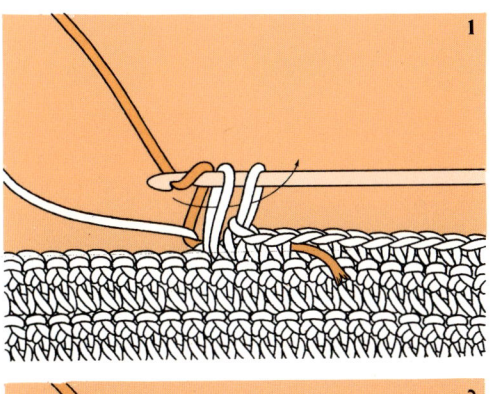

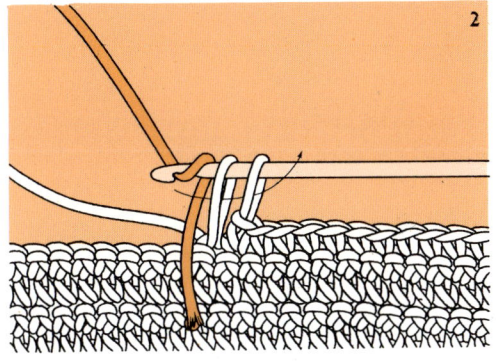

entlang der Vorreihe mitgeführt wie aus der Abbildung zu sehen ist; die letzte Masche vor dem Farbwechsel wird dann mit dem neuen Faden abgemascht.

Nach dem Farbwechsel: Die letzte Masche vor dem Farbwechsel wird mit dem neuen Faden abgemascht; dann wird über dem Anfangsstück des neuen Fadens weitergearbeitet.

Bei der Filethäkelei und den Stäbchen arbeitet man den neuen Faden wie folgt ein: Bis zum Farbwechsel läuft der Faden über der Vorreihe mit. Dann: Faden umschlagen, einstechen, eine Schlinge mit dem alten Faden durchziehen; beide Fäden umschlagen und einmal durchziehen;

den neuen Faden umschlagen und durch die doppelte Schlinge ziehen; den neuen Faden umschlagen und das Stäbchen vollends abmaschen.

Speziell beim Farbwechsel läuft der alte Faden entlang der Vorreihe mit, bis er wieder verwendet wird. Wird er nicht mehr benötigt, läuft er nur einige Maschen mit und wird dann abgeschnitten.

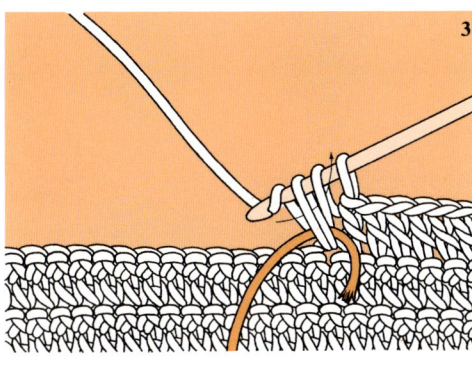

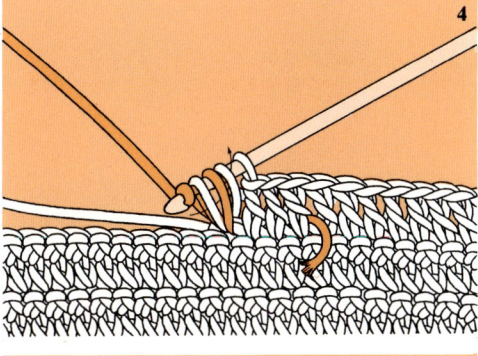

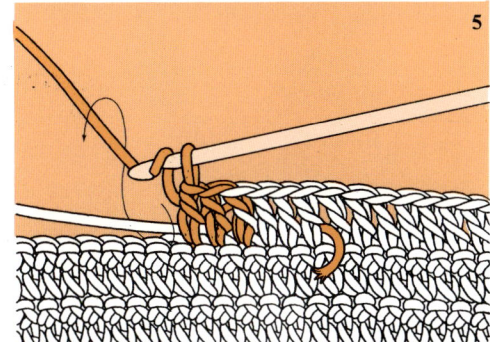

Farbwechsel. Sowohl am Anfang als auch innerhalb einer Reihe kann die Farbe gewechselt werden. Dabei ist nur darauf zu achten, die letzte Masche einer Farbe stets mit der neuen Farbe abzumaschen.

Farbwechsel:
1 und 2 Einführen einer neuen
*   Farbe bei festen Maschen*
3 und 4 Einführen einer neuen
*   Farbe bei Stäbchen*

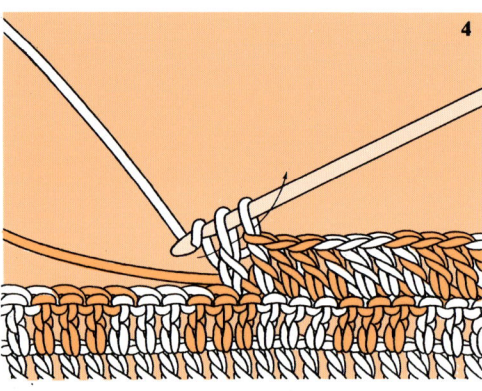

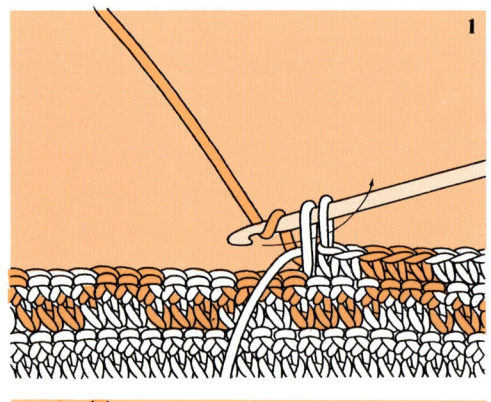

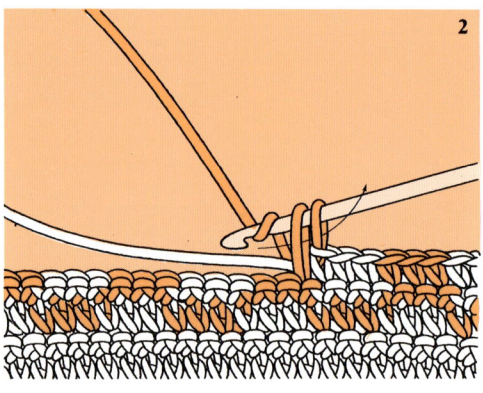

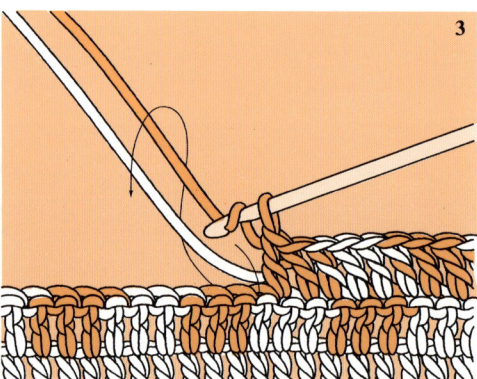

der und man benötigt einen Faden für mehrere Stellen innerhalb einer Reihe. Im ersten Fall läßt man den nicht benötigten Faden am Ende der Reihe hängen und nimmt ihn wieder zwei Reihen später auf. Im zweiten Fall läßt man die erste Farbe an der Rückseite der Arbeit hängen und kann den Faden an der gleichen Stelle in der folgenden Reihe wieder aufnehmen. Im dritten Fall läuft der nicht benötigte Faden über der Vorreihe mit und ist so jederzeit verfügbar. Hier kann eine zusätzliche Farbe eingeführt werden, wie beim Fadenwechsel beschrieben wurde: bei festen Maschen wird der neue Faden mit der letzten Masche der alten Farbe aufgenommen (wie auf den ersten beiden Zeichnungen zu sehen ist); bei den Stäbchen nimmt man den neuen Faden mit dem zweiten Umschlag auf (wie auf den beiden letzten Zeichnungen zu sehen ist).

Ist die neue Farbe eingeführt, kann sie abwechselnd mit der Grundfarbe oder mit anderen Farben gearbeitet werden.
Grundsätzlich ergeben sich hier drei Möglichkeiten: jede Reihe wird für sich in einer Farbe gearbeitet, und die Farbe wird am Ende der Reihe gewechselt; die Farben wechseln sich innerhalb einer Reihe ab, und in der folgenden Reihe erscheint die alte Farbe an der gleichen Stelle wieder; die Farben wechseln immer wie-

Letzte Feinheiten an Kleidungsstücken

Einige Details eines Kleidungsstückes (Knopflöcher, Schlingen, Knöpfe, Taschen) verlangen besondere Arbeitstechniken. In diesem Kapitel finden Sie die korrekte Anleitung dazu. Halten Sie sich möglichst genau daran, denn Knopflöcher und Schlingen, Knöpfe und Taschen sind entweder für den praktischen Gebrauch bestimmt oder als Verzierung gedacht, auf jeden Fall aber meist gut sichtbar angebracht und deshalb sehr wichtig für das Gelingen der ganzen Arbeit.

Knopflöcher mit normaler Häkelnadel. Dieses wichtige Detail eines Kleidungsstückes ist nicht schwer einzuarbeiten; dabei muß allerdings auf die Größe geachtet werden (der Knopf könnte nicht hindurch passen oder geht immer wieder auf), auf die regelmäßige Anordnung und die Gleichmäßigkeit der Maschen. Gut gearbeitete Knopflöcher sind kaum sichtbar; weniger gut gearbeitete Knopflöcher fallen sofort auf und beeinträchtigen das Gesamtbild.
Knopflöcher lassen sich senkrecht – was schwieriger ist – und waagrecht einarbeiten.

Senkrechte Knopflöcher aus festen Maschen. Bei einer Häkelarbeit aus festen Maschen arbeitet man bis zur Höhe des Knopflochs ganz normal. Die nächste Rückreihe häkelt man nur bis zum Knopfloch selbst und wendet hier schon die Arbeit. So werden so viele Reihen gearbeitet, bis die gewünschte Höhe des Knopflochs erreicht ist; dabei muß man am Knopfloch selbst aufhören und arbeitet mit Kettmaschen am Knopflochrand bis zur letzten vollständigen Reihe hinunter. Nun wird auch die übrige Arbeit in Hin- und Rückreihen auf die Höhe des Knopfloches gebracht. Dann arbeitet man auf allen Maschen weiter und schließt so das Knopfloch.

Die Feinarbeiten an einem Kleidungsstück haben nicht nur praktische Funktion, sondern dienen oft auch der Verschönerung.
5 und 6 Senkrechtes Knopfloch bei festen Maschen
7 und 8 Senkrechtes Knopfloch bei Stäbchen

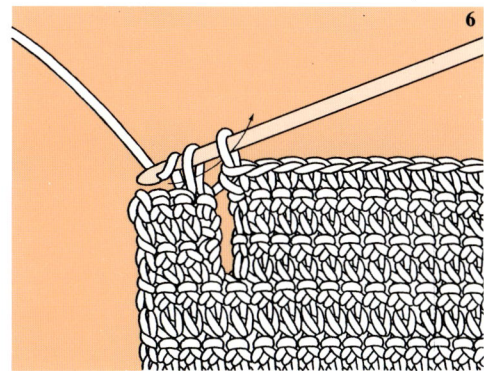

Senkrechte Knopflöcher aus Stäbchen. Bei einer Arbeit aus Stäbchen fügt man die senkrechten Knopflöcher genauso ein wie bei einer Arbeit aus festen Maschen. Die letzte Reihe der ersten Seite wird jedoch auf der dem Knopfloch abgewandten Seite beendet. Mit einem neuen Faden zieht man nun in Hin- und Rückreihen die andere Seite hoch bis zur Höhe der ersten Seite.

Diesen Faden abreißen, mit dem Ursprungsfaden auf allen Maschen weiterarbeiten und so das Knopfloch schließen.

Waagrechte Knopflöcher. Für die waagrechten Knopflöcher ist es gleich, in welchem Muster die Häkelarbeit gearbeitet wird. Bis zur Höhe des Knopflochs arbeiten. Nach drei oder vier Maschen einige Luftmaschen häkeln (zwei oder mehr, je nach Knopfgröße) und ebensoviele Maschen übergehen.

Dann normal weiterarbeiten; in der nächsten Reihe die Luftmaschen wie normale Grundmaschen ansehen.

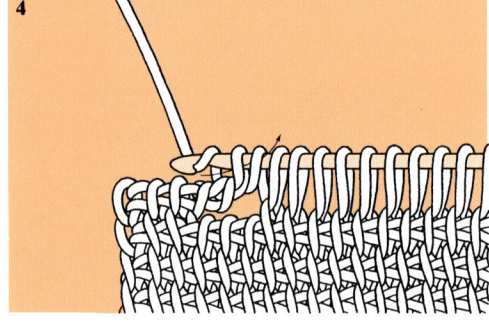

1 Waagrechtes Knopfloch
2 Waagrechte Schlinge
3 und 4 Waagrechtes Knopfloch mit der tunesischen Häkelnadel
5 Aufgesetzte Tasche

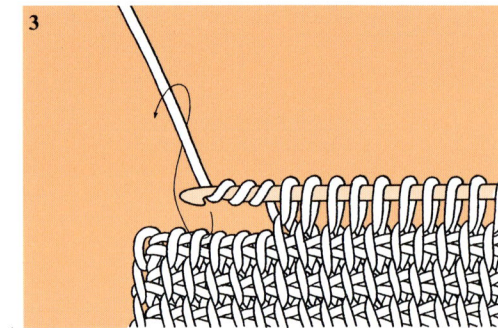

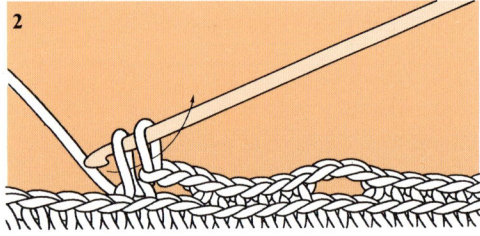

Senkrechte und waagrechte Schlingen. Viel einfacher als Knopflöcher lassen sich Schlingen einarbeiten. Sie werden an die Kante der fertigen Arbeit angehäkelt: bis zur Schlinge mit Kettmaschen arbeiten; einige Luftmaschen häkeln (die Anzahl richtet sich nach der Größe des Knopfes) und die gleiche Anzahl Maschen übergehen.

arbeiten. Die Schlingen am Knopfloch werden auf der Rückreihe wie normale Grundmaschen abgemascht.

Taschen. Auch Taschen sind ein wichtiges Detail. Die Schwierigkeit dabei liegt in ihrer Größe: sie dürfen nicht zu klein sein, wenn sie brauchbar sein wollen, aber auch nicht zu groß im Vergleich zum gesamten Kleidungsstück; besonders bei aufgesetzten Taschen dürfen sie sich nicht voneinander unterscheiden.

Taschen lassen sich aufsetzen – was einfacher ist – oder einarbeiten.

Aufgesetzte Taschen. Solche Taschen werden in der gewünschten Form und Größe getrennt gearbeitet. Im allgemeinen bedient man sich des

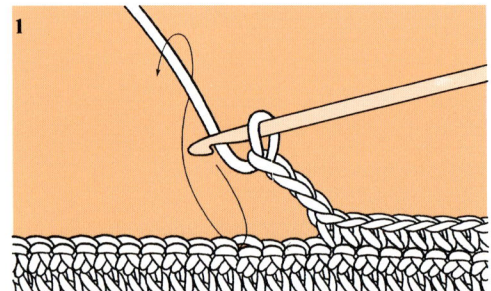

Knopflöcher mit der tunesischen Häkelnadel. Die senkrechten Knopflöcher in einer tunesischen Häkelarbeit werden ebenso gearbeitet wie mit der normalen Häkelnadel. Waagrechte Knopflöcher hingegen werden wie folgt gearbeitet: die Hinreihe arbeiten bis zum Knopfloch, dann den Faden mehrmals um die Häkelnadel schlingen anstatt weitere Maschen aufzunehmen (die Anzahl der Schlingen richtet sich nach der Knopflochgröße) und ebenso viele Grundmaschen übergehen. Die Hinreihe normal zu Ende

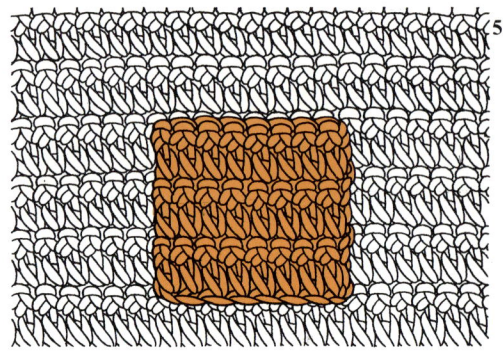

gleichen Musters, in dem die Häkelarbeit oder die Ränder gestaltet sind. Das Aufsetzen ist sehr einfach: die Taschen mit kleinen, versteckten Stichen festnähen.

Eingearbeitete Taschen. Die eingearbeiteten Taschen werden wie folgt gearbeitet: Die Arbeit für die Breite der Tasche unterbrechen. An

6 Eingearbeitete Tasche
Herstellung von Knöpfen:
7 Ringförmige Knöpfe
8 Überzogene Knöpfe

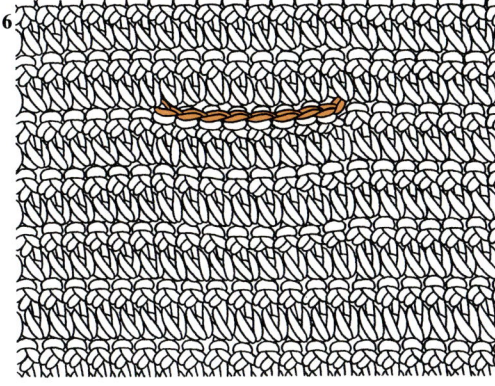

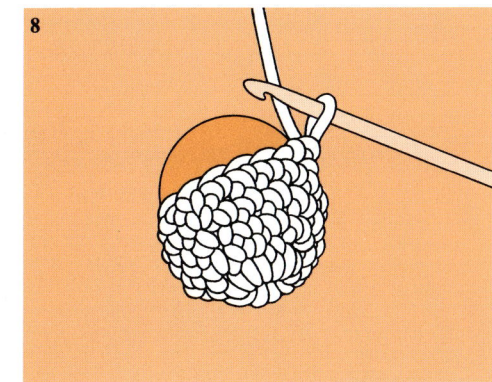

ner ist als die fertige Knopfgröße. In diesen Ring feste Maschen arbeiten und den inneren Ring mit Kettmaschen umhäkeln. Wenn Sie möchten, können Sie den Knopf mit einer weiteren Reihe fester Maschen umhäkeln.

Für die überzogenen Knöpfe brauchen Sie eine Füllung, die Sie in der gewünschten Größe kaufen können. Meist nimmt man Watte oder anderes Material. Nun gehen Sie folgendermaßen vor: zuerst einen rund gearbeiteten Kreis von einem Durchmesser herstellen, der ausreicht, die Füllung zu umfassen. Füllung einfügen und weiterarbeiten; dabei so lange Maschen abnehmen, bis auch die zweite Hälfte des Knopfes umhäkelt ist. Man kann aber auch zuerst so weit abnehmen, bis sich die Füllung gerade noch einschieben läßt, und dann erst mit Füllung weiterarbeiten.

diese Kante die gleiche Borte wie am Kleidungsstück anhäkeln. Nun so viele Luftmaschen neu häkeln, wie für die Tasche abgeschlossen wurden, und in festen Maschen die gewünschte Tiefe der Taschen arbeiten. Diesen Maschenabschluß anstelle der abgeschlossenen Maschen einfügen und auf allen Maschen normal weiterarbeiten.

Herstellung von Knöpfen. Natürlich können Knöpfe gekauft und mit Nadel und Faden angenäht werden. Mit etwas gutem Willen lassen sich Knöpfe auch mit der Häkelnadel herstellen. Dafür gibt es zwei Möglichkeiten; ringförmige Knöpfe und überzogene Knöpfe. Für die ringförmigen Knöpfe brauchen Sie einen Ring aus Plastik oder anderem Material, der etwas klei-

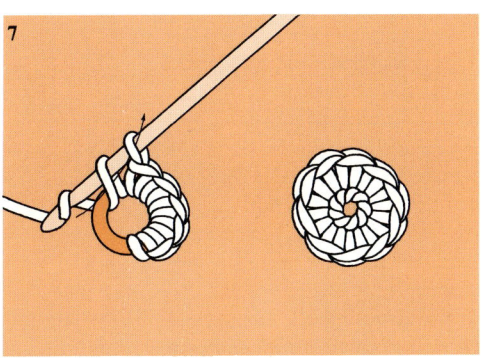

Verzierungen

Manche Häkelspitzen, Borten oder auch Häkeleinsätze sind für sich allein schon eine Zier. In diesem Kapitel erfahren Sie jedoch etwas über einfachere Verzierungen, die an Kleidungsstücken oder anderen gehäkelten Gegenständen angebracht werden können. Sie verschönern Ihre Häkelarbeit oder verleihen ihr das gewisse »Etwas«: Quasten, Pompons, Stickereien und Fransen.

Kordeln hingegen dienen nicht nur zur Verzierung, sondern zum Zubinden oder Zusammenziehen.

Quasten. Man benötigt ein Stück Pappe in der gewünschten Länge der Quaste. Um diese Pappe wird so viel Wolle gewickelt, bis die gewünschte Stärke erreicht ist. Jede Umwicklung entspricht zwei Fäden der fertigen Quaste. Zwischen den oberen Teil der Pappe und die darumgewickelte Wolle einen Faden ziehen und das Fadenende hängenlassen (um die Quaste später annähen zu können). Dann wird die Pappe entfernt, die Fäden am unteren Teil aufgeschnitten und ein Faden im oberen Drittel einmal ganz um die Quaste geschnürt. Mit einer scharfen Schere die Quastenenden dann gerade schneiden.

Es gibt Verzierungen, die Kleidungsstücke wertvoller oder einfach lebendiger erscheinen lassen.
1 Das Anfertigen von Quasten
2 Das Anfertigen von einfachen Fransen
3 und 4 Zwei Phasen bei der Herstellung von verknoteten oder doppelten Fransen

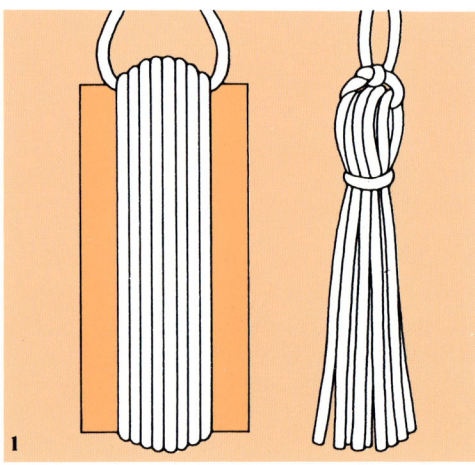

Quasten werden zur Verzierung von Mützen, Schals, Tischdecken und Handtüchern verwendet.

Fransen. Es gibt verschiedene Arten von Fransen; am verbreitetsten sind die einfachen und die verknoteten Fransen. Für die einfachen Fransen benötigt man Fadenbündel in der doppelten Länge der gewünschten Fransen; jedes Bündel wird zu einer Franse verarbeitet. Die Bündel zur Hälfte umschlagen und mit der Häkelnadel die

dadurch entstandene Schlaufe eines dieser Bündel durch den Anfangspunkt der Franse im entsprechenden Häkelstück ziehen, so daß sie nach außen schaut, wie man auf der Zeichnung sieht. Das andere Ende der Franse mit der Häkelnadel durch diese Schlaufe ziehen und leicht anziehen. So werden alle Fadenbündel in regelmäßigen Abständen eingeknotet und zum Schluß mit einer scharfen Schere geradegeschnitten.

Für die verknoteten Fransen werden die Fadenbündel länger zugeschnitten. Diese wie die einfachen Fransen entlang der Ränder anbringen. Dann die Bündel teilen und jeweils die linke Hälfte der Fäden mit der rechten Hälfte der folgenden Franse verknoten, wie auf der Zeichnung zu sehen ist. Die Knoten müssen dabei alle

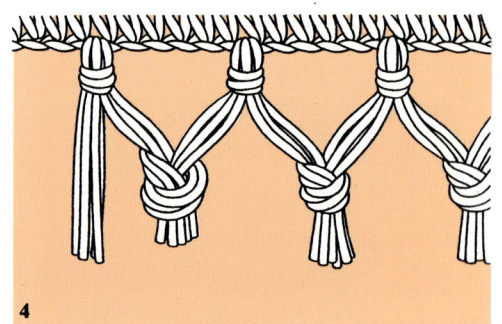

auf einer Höhe liegen. Zum Schluß werden die Fransen mit einer scharfen Schere geradegeschnitten.

Mit diesen Fransen verziert man vor allem Schals, Schultertücher, Decken, Tischdecken und andere Häkelarbeiten für die Wohnung.

Pompons. Für diese weiche Kugel aus vielen Wollfäden benötigt man zwei gleich große runde Scheiben aus Pappe (der Durchmesser soll ca. 2 cm größer sein als die Pompongröße). In der Mitte wird bei beiden Scheiben ein Loch ausgeschnitten, dessen Durchmesser etwa ein Viertel des Durchmessers der Scheiben beträgt. Soll der Pompon zum Beispiel einen Durchmesser von 10 cm haben, müssen die Scheiben einen Durchmesser von 12 cm und die Löcher von 3 cm haben. Nun werden die beiden Scheiben aufeinandergelegt, dann die Scheiben dicht und gleichmäßig umwickelt, bis das Loch in der Mitte nahezu geschlossen ist. Für einen festen Pompon verwendet man sehr viel Wolle. Sind die Kreise fest umwickelt, werden die Fäden ringsherum am äußeren Rand der Pappe mit einer scharfen, dünnen Schere aufgeschnitten. Dabei führt man die Spitze der Schere zwischen die beiden Pappscheiben.
Vorsicht, daß die Fäden nicht durch das Loch in der Mitte rutschen.
Nun die beiden Pappscheiben leicht auseinanderziehen, mit einem neuen, doppelt liegenden und haltbaren Faden die Fäden zwischen den Scheiben fest umwickeln und verknoten. Die beiden Enden des Fadens hängenlassen; sie dienen dazu, den Pompon anzunähen. Die beiden Pappscheiben herausziehen; dazu kann man sie auch aufschneiden.
Den Pompon schütteln, indem man ihn an den beiden längeren Fäden hält, und ihn bei Bedarf mit einer scharfen Schere vorsichtig in Kugelform schneiden.
Mit Pompons verziert man oft Mützen, vor allem Kindermützen; aber auch Kordeln zum Zuziehen von Babykleidung tragen oft an beiden Enden solche Pompons.

Kordeln. Die Kordeln gehören – wie schon erwähnt – zu den nützlichen Verzierungen: sie dienen zum Zubinden, Zuknoten, Zusammenziehen usw.
Es gibt viele verschiedene Arten von Kordeln; hier finden Sie die gebräuchlichsten, aus einer und aus mehreren Farben, mit der Hand oder mit der Häkelnadel anzufertigen.

Kordeln mit der Häkelnadel. Mit der Häkelnadel lassen sich Kordeln aus mehreren Farben herstellen: eine Luftmaschenreihe häkeln und dabei die Farben abwechseln. Dazu laufen die beiden Arbeitsfäden von den zwei Knäuel parallel über den linken Zeigefinger.

Soll die Kordel stärker sein, so nimmt man 4 anstatt 2 Fäden und nimmt je zwei Fäden doppelt.
Soll die Kordel rund und stark sein (auch als Gürtel oder für Gardinen zu verwenden), schließt man 5 oder mehr Luftmaschen (je nach Stärke) mit einer Kettmasche zu einem Ring. Dann bis zur gewünschten Länge in jede Masche eine Kettmasche arbeiten. Auch diese Kordel kann in verschiedenen Farben gearbeitet werden.

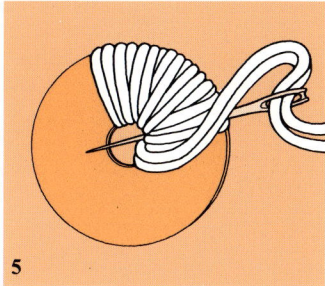

5

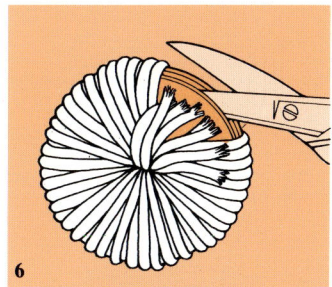

6

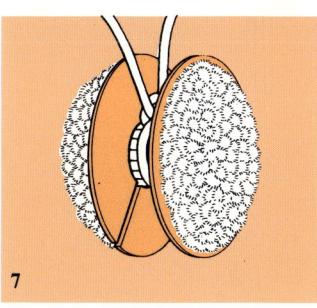

7

Verzierungen:
5, 6 und 7 Das Anfertigen von Pompons mit Hilfe zweier Pappscheiben
Kordeln mit der Häkelnadel:
8 Kordeln aus einer doppelten Luftmaschenreihe
9 Kordeln aus einer doppelten Luftmaschenreihe mit doppelten Fäden
10 Runde Kordel

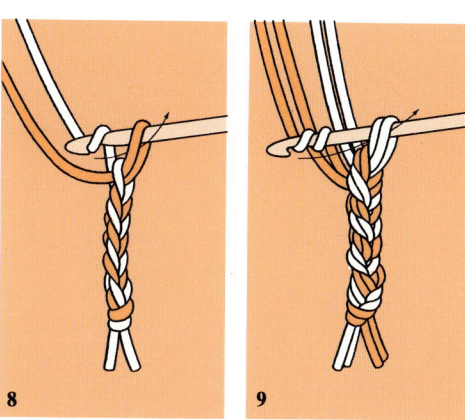

8   **9**

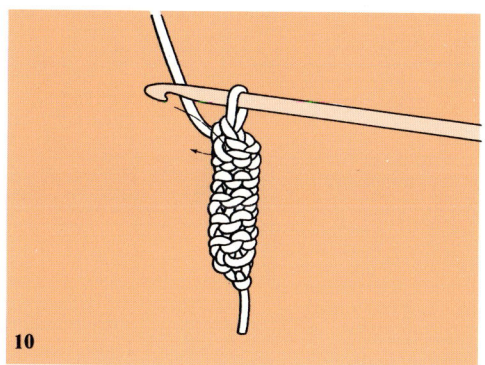

10

Kordeln, mit der Hand angefertigt:
1 Gedrehte Kordeln
2 und 3 Schlingenkordeln
4 Einfache Zopfkordeln

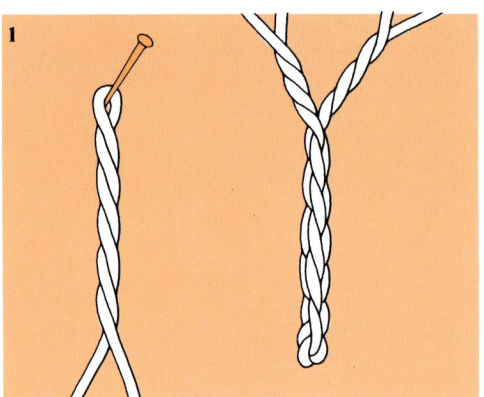

Gedrehte Kordeln. Man nimmt einen Faden der vierfachen Länge der endgültigen Kordel. Den Faden doppelt nehmen und ihn in der Mitte der Krümmung mit einer Nadel auf einer weichen Oberfläche befestigen. Am anderen Ende die beiden Fäden drehen, indem man sie zwischen Daumen und Zeigefinger hält. Den dann fest gedrehten Strang erneut doppelt nehmen, dabei die beiden äußeren Enden fest zusammenhalten. Ist die Arbeit exakt durchgeführt, wickelt sich die Kordel erneut um sich selbst. Die Enden mit zwei Knoten befestigen.

Schlingenkordel. Einen Faden der sechsfachen Länge der endgültigen Kordel doppelt nehmen. An der Krümmung mit der linken Hand und mit der rechten Hand jeweils eine Schlinge bilden, die rechte Schlinge von vorne durch die linke einfädeln. Diese Schlinge dann mit dem rechten Zeigefinger aufnehmen und den linken Faden nach unten ziehen. Auf diesem linken Faden mit der linken Hand eine neue Schlinge bilden und diese wiederum von vorne durch die rechte Schlinge einfädeln. Die Schlinge mit dem linken Finger aufnehmen und den rechten Faden nach unten ziehen. So jeweils von rechts nach links

und links nach rechts abwechseln und jeweils auf dem Faden, der nach unten gezogen wird, eine neue Schlinge bilden. So lange weiterarbeiten, bis der Faden zu Ende ist.

Einfache Zopfkordel. Drei Fäden der doppelten Länge der Kordel an einem Ende zusammen-

knoten und mit einer Nadel an einer weichen Oberfläche befestigen. Nun einen normalen, dreiteiligen Zopf flechten, dabei darauf achten, daß die Fäden immer gleich stark angezogen werden.

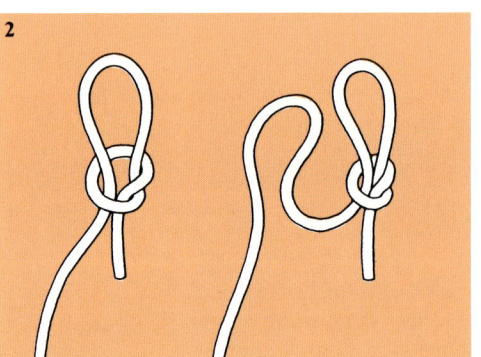

Doppelte Zopfkordel. Vier Fäden der doppelten Länge der endgültigen Kordel an einem

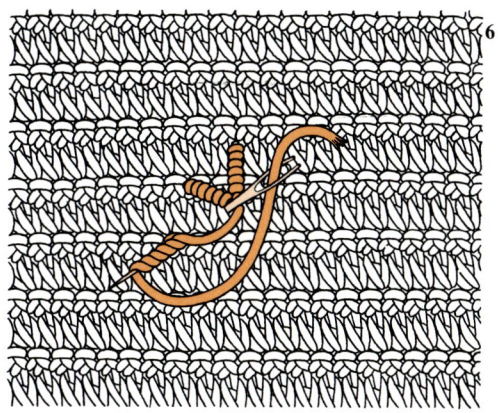

Ende zusammenknoten und mit einer Nadel an einer weichen Oberfläche befestigen. Nun folgendermaßen die Fäden flechten: Jeweils den rechts liegenden Faden abwechselnd unter und über die links von ihm liegenden Fäden führen, und zwar immer versetzt zur Vorreihe, bis die Fäden zu Ende sind.

Sticken auf Häkelarbeiten. Fertige Häkelarbeiten (sowohl Kleidungsstücke als auch andere Dinge) lassen sich sehr schön mit Stickereien verzieren. Durch Besticken werden lockere Häkelsachen befestigt, ältere Kleidungsstücke erhalten eine neue Note. Man verwendet dazu eine Wollnadel mit abgerundeter Spitze und den gleichen Faden oder eine vom Grundton abstechende Farbe.
Mit klassischen Stichen werden dabei große dekorative Wirkungen erzielt; aber auch komplizierte Verzierungen verfehlen nicht ihre Wirkung.
Hier finden Sie die Stiche, die für Häkelarbeiten am meisten verwendet werden.

Reliefstickerei. Oft werden Reliefstickereien aus anderem Garn durchgeführt. Am bekanntesten sind die Blümchen, die folgendermaßen gestickt werden: Im Zentrum des Blümchens den Faden von der Rückseite auf die Vorderseite führen und festziehen. Die Nadel ganz nahe davon wieder einstechen und am Ende des ersten Blütenblattes wieder herausführen. Den Faden mehrmals um die Nadel wickeln, mit der Nadel von der Vorderseite aus wieder in die

Mitte der Blume einstechen und sie am Ende des zweiten Blütenblattes wieder herausführen. Den Faden mehrmals um die Nadel wickeln und wiederum in den Mittelpunkt der Blüte einstechen usw., bis alle Blütenblätter zu Ende gestickt sind.

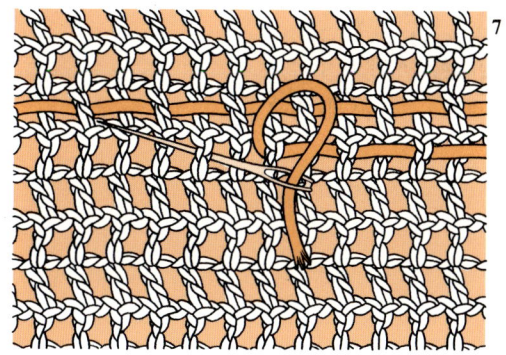

Vorstich. Häkelstücke aus Stäbchen und Filetarbeiten lassen sich mit dem Vorstich verzieren; es werden die verschiedensten Formen erreicht. Am besten nehmen Sie den gleichen Faden wie zur Häkelarbeit. Von rechts nach links arbeiten, eine bestimmte Anzahl Stäbchen auffassen und übergehen.

143

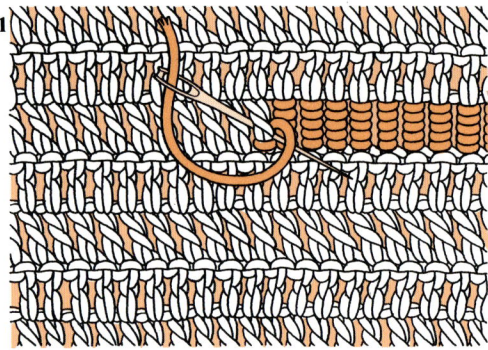

Schlinge mitfassen. Den Faden anziehen, jedoch nicht zu fest. Wieder eine Schlinge legen usw. Auf der Rückseite erscheint eine Linie von gleichmäßigen Stichen.

Spannstich über Stäbchen. Dieser Stich läßt auf Stäbchenmaschenarbeiten Kordeln in verschiedenen Farben entstehen. Man geht wie folgt vor: Von rechts nach links arbeiten. Mit der Nadel von links nach rechts eine Masche erfassen und Faden durchziehen. Dies mit einer Masche mehrmals von unten nach oben wiederholen, bis die Masche eng umwickelt ist, wie auf der Zeichnung zu sehen ist.

Dann die links liegende nächste Masche auf die gleiche Art umwickeln, diesmal von oben nach unten. Die folgende Masche wird wieder von unten nach oben umwickelt. So fährt man fort, bis das vollständige Muster zu sehen ist.

Senkrechter Kettenstich. Der Kettenstich wird bei Kleidungsstücken hauptsächlich für Säume verwendet. Manchmal dient er auch zur Unterteilung von Kleidungsstücken oder Gegenständen in einem engmaschigen Muster (feste Maschen).

Kreuzstich. Den Kreuzstich kann man entlang der Linie anbringen, an der sich zwei Farben abwechseln, oder aber man verziert einen einfarbigen Untergrund mit einem Kreuzstichmuster. Der Kreuzstich kann senkrecht und waagrecht gearbeitet werden.

Der senkrechte Kreuzstich wird von oben nach unten, der waagrechte von links nach rechts gearbeitet.

Senkrechter Kreuzstich: Ausstechen, dann senkrecht von oben nach unten einstechen, so daß der Faden diagonal von links unten nach rechts oben verläuft. Anschließend links davon parallel von oben nach unten einstechen, so daß das Kreuzlein abgeschlossen ist. Um zum nächsten Kreuzlein zu gelangen, beim Abschluß eines Kreuzleins doppelt so viele Maschen auffassen, als für eines nötig sind.

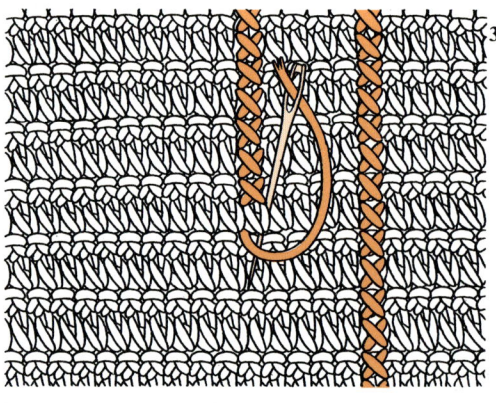

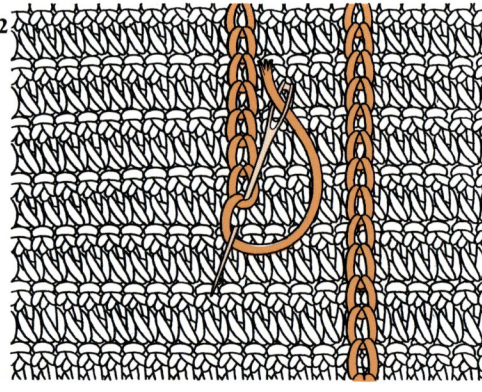

Von oben nach unten arbeiten. Zuerst mit der Nadel von hinten nach vorne einstechen, den Faden zu einer Schlinge legen, wieder beim Ausgangspunkt einstechen, einige Maschen nach unten auffassen und beim Ausstechen die

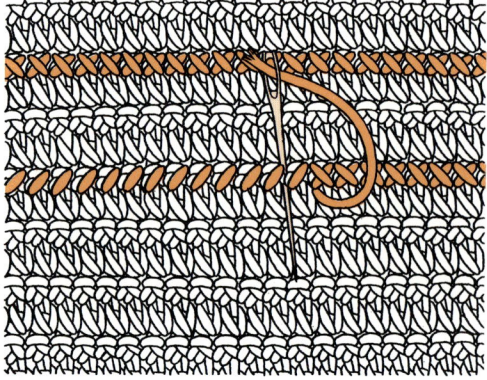

Waagrechter Kreuzstich: Dieser wird in einer Hinreihe (von links nach rechts) und einer Rückreihe (von rechts nach links) gearbeitet.

144

Mit der Nadel wird jeweils von oben nach unten eingestochen; in der Hinreihe werden die Grundstiche gestickt, in der Rückreihe die Deckstiche.

Perlen und Pailletten. Eine besonders dekorative Wirkung erreichen Sie, wenn Sie in pfiffige oder elegante Kleider, auch Abendgarderobe, Perlen oder Pailletten einhäkeln. Das ist nicht besonders schwierig; Sie brauchen nur viel Geduld, die Perlen oder Pailletten in der richtigen Reihenfolge auf den Arbeitsfaden zu fädeln. Mit dieser Vorarbeit können Sie vermeiden, den Faden jedesmal abzuschneiden, wenn Sie eine Perle einfädeln möchten.

Einfädeln der Perlen und Pailletten auf den Faden. Einen Nähfaden doppelt nehmen und in eine dünne Nadel einfädeln. Das Ende des Arbeitsfadens durch die Schlaufe des Nähfadens ziehen, wie die Abbildung zeigt, und umschla-

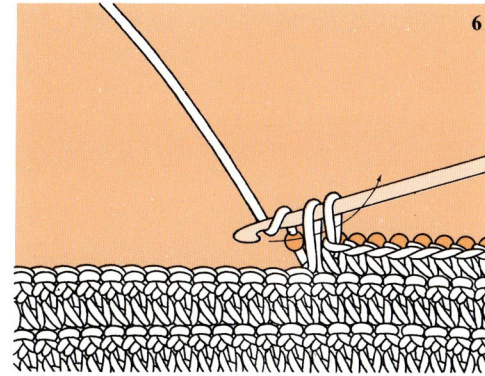
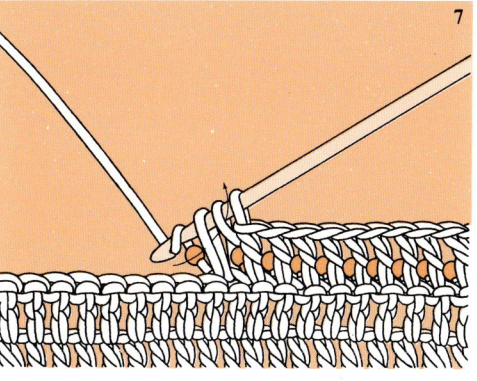

Verzieren mit Perlen und Pailletten:
5 Das Einfädeln von Perlen auf einen Faden
6 Das Einarbeiten von Perlen in feste Maschen
7 Das Einfügen der Perlen in Stäbchen

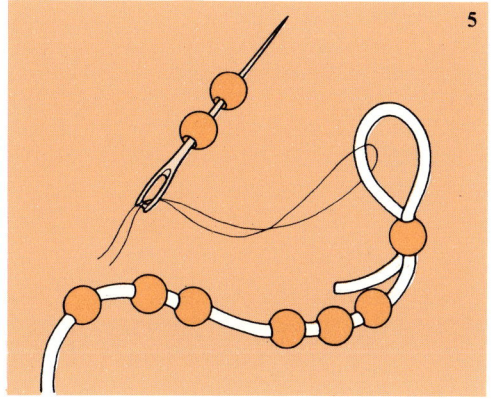

der Vorreihe einstechen. Faden umschlagen und durch eine Schlinge ziehen; die Perle oder die Paillette ganz nahe an die Masche schieben, Faden umschlagen und durch zwei Schlingen ziehen, Faden umschlagen und Masche abmaschen, d. h. den Faden durch die letzten beiden Schlingen ziehen.

gen. So lassen sich die Perlen und Pailletten ohne Schwierigkeiten über die Nadel und den Nähfaden auf den Arbeitsfaden ziehen. Während des Häkelns kann man die Perlen und Pailletten jederzeit den Arbeitsfaden entlanggleiten lassen und an der Stelle einarbeiten, an der man sie braucht.

Einarbeiten der Perlen und Pailletten in das Häkelstück.
Bei festen Maschen erfolgt das Einarbeiten folgendermaßen: mit der Häkelnadel in die Masche der Vorreihe einstechen, Faden umschlagen und durchziehen; die Perle oder die Paillette nahe an die Masche schieben, Faden umschlagen und durchziehen. Damit ist die Perle bzw. Paillette schon befestigt.
Bei Stäbchen erfolgt das Einarbeiten folgendermaßen: Faden umschlagen und in die Masche

Fertigstellen eines Kleidungsstückes

Ist man mit dem Häkeln der Einzelteile des Kleidungsstückes oder des Gegenstandes fertig, so gibt es noch einige Arbeiten zu bewältigen. Diese sehen nicht für alle Handarbeiten gleich aus. Meist müssen die Einzelteile gebügelt werden; damit ist für Tischdecken, Deckchen und Spitzen die Arbeit abgeschlossen. Bei anderen Häkelarbeiten wie zum Beispiel Kleidungsstücken müssen die Einzelteile zusammengenäht, die Kanten durch Applikationen verstärkt, Reißverschlüsse eingenäht oder Flicken und Gummibänder an die vorgesehenen Stellen auf- und eingesetzt werden usw.

Dies alles darf auf keinen Fall unterbewertet werden. Von der Sorgfalt der Ausführung hängt stark der Gesamteindruck der Handarbeit ab; durch einige Arbeiten – z. B. durch das Zusammennähen – lassen sich sogar kleine Fehler der Häkelarbeit vertuschen.

Bügeln der Einzelteile. Einzelteile erhalten durch das Bügeln ihre endgültige Form; deshalb müssen sie vor dem Zusammennähen oder Zusammenhäkeln gebügelt werden. Dabei sind einige Regeln zu beachten, die im folgenden beschrieben werden.

Sie müssen die Eigenschaften des Garnes und die Häkelmuster berücksichtigen. Auf den Etiketten, mit denen die Wollknäuel versehen sind, finden Sie im allgemeinen alle Hinweise, wie das bestimmte Garn zu bügeln ist. Ganz generell gilt, daß man manche Garne, wie z. B. Baumwolle, heiß bügeln kann; andere, wie z. B. Wolle, müssen gedämpft werden; Synthetikfasern dagegen werden überhaupt nicht oder allenfalls lauwarm gebügelt. Auf jeden Fall sollte Ihr Bügeleisen einen Regler für die verschiedenen Materialien haben. Für die Muster lassen sich nicht so leicht feste Regeln aufstellen. Besondere Sorgfalt verdienen Reliefmuster, Lochmuster und mit sehr feinem Garn gearbeitete Muster.

Versuchen Sie, die Reliefmuster auszulassen, und bügeln Sie nur mit der Spitze des Bügeleisens die flachen Stellen; bei den Lochmustern müssen Sie darauf achten, die feinen Fäden nicht zu zerreißen.

Bei einigen Garnen – beachten Sie stets die Hinweise auf den Etiketten – ist es ratsam, ein feuchtes Tuch über dem Einzelteil auszubreiten. Nun zum Bügeln selbst: Die Teile auf eine flache, ziemlich große Fläche legen. Die Vorderseite zeigt nach unten. Das Teil mit Stecknadeln feststecken, damit es seine Form behält. Nun mit feuchtem Tuch oder ohne vorsichtig bügeln. Dabei dürfen Sie nicht über die Oberfläche streichen wie beim normalen Bügeln. Das Eisen sollte hingegen immer nur kurz, aber nicht zu fest, aufgesetzt werden.

Bevor die Stecknadeln entfernt werden, muß das Teil abkühlen; wurde mit einem feuchten Tuch gebügelt, muß es erst noch trocknen.

Sind die Teile mit dünnem, feinem Garn gearbeitet, mit vielen Lochmustern, wie z. B. Deckchen und Spitzen, so werden sie vor dem Bügeln leicht gestärkt. Dadurch werden sie haltbarer und bleiben besser in Form.

Die Häkelteile aus einem nicht zu bügelnden Garn lassen sich folgendermaßen bearbeiten: Mit Stecknadeln in die richtige Form bringen, die Teile mit einem feuchten Tuch bedecken und die Teile erst wieder wegnehmen, wenn alles vollständig getrocknet ist.

Zusammennähen der Einzelteile. Nach dem Bügeln können Sie die Teile zusammennähen. Aus solchen Einzelteilen, die noch zusammengenäht werden müssen, sind vor allem Kleidungsstücke gearbeitet (Vorderteil, Rückenteil, Ärmel), sowie Gegenstände, die nach einer Vorlage zusammengefügt werden (Decken und Tischdecken usw.). Auch beim Zusammennähen der Teile müssen Sie sich an einige Regeln halten.

Kleidungsstücke nähen Sie am zweckmäßigsten zuerst an den Schultern zusammen, dann die Seiten und die Ärmel mit einer Naht. Den oberen Mittelpunkt der Armkugel an die Schulternaht nähen und die Ärmel in den Armausschnitt einfügen, mit Nadeln feststecken und vor dem endgültigen Nähen anheften. Auf jeden Fall sollten Sie große Sorgfalt und Genauigkeit auf das Zusammennähen verwenden.

Man fügt die einzelnen Teile mit einer hier erläuterten Naht zusammen, indem die beiden Teile mit den Vorderseiten gegeneinander aufeinandergelegt werden. Vor allem bei einfarbigen Stücken verwendet man dazu einen Faden der gleichen Farbe; je nach Wirkung läßt sich auch ein Faden in einer Kontrastfarbe verwen-

Bevor man mit den in diesem Kapitel beschriebenen Arbeiten beginnt, müssen die verschiedenen Einzelteile vollständig fertiggestellt sein.
Rechts: Das Bügeln einer Häkelarbeit.

den (z. B. kann es sehr effektvoll aussehen, wenn man eine bunte Patchworkdecke mit schwarzem oder dunklem Garn zusammennäht). Die folgenden Nähte werden am meisten zum Zusammenfügen von gehäkelten Einzelteilen verwendet.

Steppstich. Diese Naht ist am gebräuchlichsten und am widerstandsfähigsten. Vor allen Dingen Kleidungsstücke, auch solche, die mit dicken Garnen gearbeitet wurden, werden im Steppstich zusammengenäht. Am besten benutzen Sie eine Wollnadel mit abgerundeter Spitze, um zu vermeiden, daß die Maschen zerreißen; haben Sie keine solche Nadel zur Verfügung, können Sie auch eine Nähnadel verwenden, aber mit der Öse voraus.
Nun gehen Sie folgendermaßen vor: die Teile richtig aufeinanderlegen (Vorderseite gegen Vorderseite) und von rechts nach links arbeiten. Mit der Nadel einstechen und eine oder zwei Maschen weiter links wieder nach vorne stechen. Wieder am ersten Einstich von vorne nach hinten einstechen und die doppelte Maschenzahl weiter links nach vorne stechen. Nun wieder eine oder zwei Maschen weiter rechts einstechen und die doppelte Maschenanzahl weiter links wieder nach vorne stechen. So bis zum Ende der Naht fortfahren und dabei den Faden nicht zu sehr anziehen, damit die Arbeit nicht aus der Form gerät. Am Ende der Naht den Faden verwahren.

Überwendlingsstich. Er eignet sich vor allem für Borten und Reliefmuster aus dicker Wolle. Die beiden Teile mit den Vorderseiten gegeneinander aufeinanderlegen und von rechts nach links arbeiten. Mit der Nadel von hinten nach vorne einstechen und dies bis zum Ende der Naht in sehr engen Stichen wiederholen. Dabei den Faden nicht zu sehr anziehen.
Diese sehr feste Naht verzieht sich nicht. Auf der Rückseite wirkt sie wie eine Kordel. Am Ende der Naht den Faden verwahren.

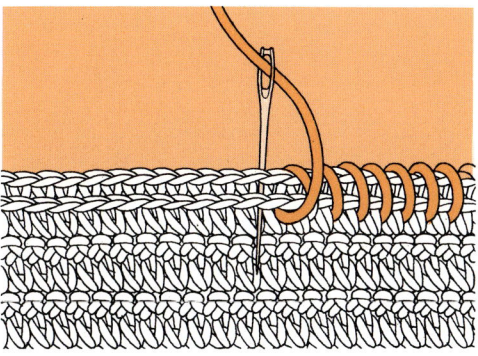

Naht im Vorstich. Diese Naht eignet sich besonders für das Zusammenfügen von Teilen, die mit sehr dünnen Garnen gearbeitet sind, insbesondere für die Babykleidung.
Die Teile mit der Vorderseite nach oben aneinanderlegen. Den Faden ziemlich locker lassen. Mit der Nadel durch die oberen Maschen von rechts nach links einstechen, in die nächstunteren Maschen von links nach rechts einstechen. So immer in die Endmaschen der beiden Stücke einstechen, wie auf der Zeichnung zu sehen ist.

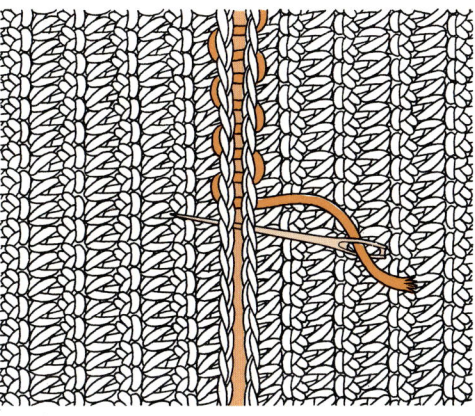

Das Zusammennähen der Einzelteile.
Linke Spalte: Naht im Steppstich rechte Spalte, oben: Naht im Überwendlingsstich; unten: Naht im Vorstich.

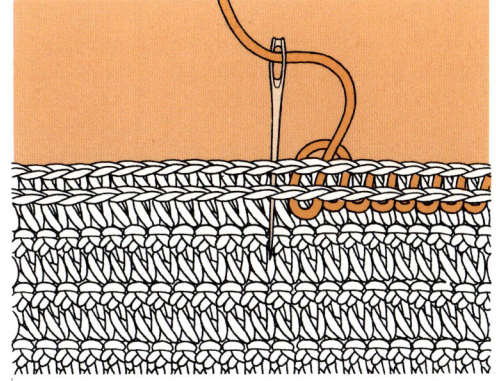

Verbinden mit der Häkelnadel. Sie finden hier die Möglichkeiten, die Teile mit der Häkelnadel anstelle der Wollnadel zusammenzufügen.

Mit festen Maschen. Die beiden Teile mit der Vorderseite gegeneinander aufeinanderlegen. Von rechts nach links arbeiten. Mit der Häkelnadel an der Kante einstechen, Faden umschlagen und durchziehen; eine feste Masche arbeiten. Nun in die folgende Randmasche einstechen und wiederum eine feste Masche arbeiten. So weiterarbeiten bis zum Ende der Naht. Faden verwahren.

Mit Kettmaschen. Soll die Naht sichtbar sein, werden die Teile mit der Rückseite gegeneinan-

Verbinden der Einzelteile mit der Häkelnadel.
Oben: Mit festen Maschen; unten: Mit Kettmaschen.

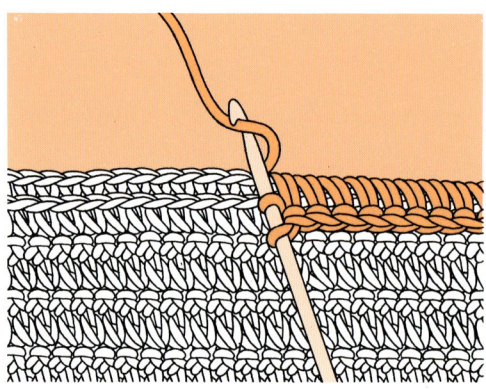

der aufeinandergelegt; soll die Naht versteckt auf der Innenseite liegen, werden die Teile mit der Vorderseite gegeneinander aufeinandergelegt.
Von rechts nach links arbeiten. Mit der Häkelnadel an der Kante einstechen, Faden umschlagen und durch alle auf der Masche befindlichen Schlingen ziehen (eine Kettmasche); mit der Häkelnadel in die folgende Randmasche einste-

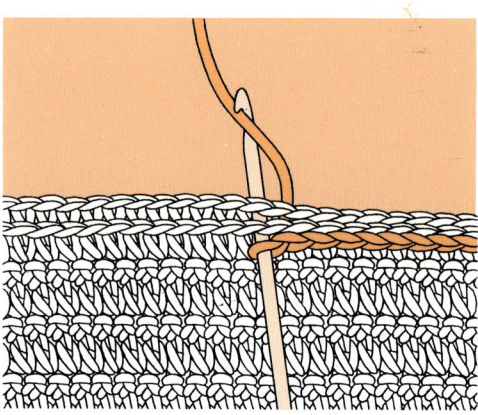

chen und eine weitere Kettmasche arbeiten. So weiterarbeiten bis zum Ende der Naht. Faden verwahren.

Einnähen eines Reißverschlusses. Das Einnähen eines Reißverschlusses verlangt viel Sorgfalt und auch gewisse Erfahrung. Nicht nur die Wirkung des Kleidungsstückes oder des Gegenstandes hängt vom Gelingen ab, sondern vor allem auch die Haltbarkeit des Reißverschlusses. Oft wird man dieser Arbeit nicht ausweichen können: nicht nur Röcke, Pullover oder Jacken sind mit einem Reißverschluß ausgestattet, sondern auch verschiedene Wäschestücke wie z. B. Kissenbezüge und anderes mehr. Zunächst müssen Sie den richtigen Reißverschluß auswählen. Generell unterscheidet man unter den unten geschlossenen und den teilbaren ·(d. h. unten zu öffnenden) Reißverschlüssen. Besonders Jacken sollten vollständig zu öffnen sein (hier ersetzt der Reißverschluß die unbequemeren Knöpfe, für die Knopflöcher oder Schlingen gearbeitet werden müssen).
Der Reißverschluß soll sowohl farblich als auch in der Länge passen. Ist der Reißverschluß zu kurz, zieht sich die Naht zusammen; ist er zu lang, werden die Kanten zu sehr gedehnt. Für die Länge, die genau passen soll, mißt man nur den bezahnten Teil; das darüber hinausragende Band dient zum Festnähen. Haben Sie sich für den passenden Reißverschluß entschieden, gehen Sie wie folgt vor: Die Arbeit mit der Rückseite nach oben auf eine ebene Unterlage legen. Den Reißverschluß an der Öffnung mit Stecknadeln feststecken, dabei darauf achten, daß die Zähnchen nur wenig an den Rändern der Öffnung hervorschauen. Die beiden Teile sollten exakt, ohne Falten zu schlagen, aufeinandertreffen. Ist alles in Ordnung, die Arbeit umdrehen und von rechts anheften; die Nadeln entfernen. Den Reißverschluß öffnen; zum Annähen einen Faden in der gleichen Farbe und eine Sticknadel verwenden. Der Faden liegt auf der Rückseite am oberen rechten Ende des Reißverschlusses. So nahe wie möglich am Rand wird der *Maschinenstich* wie folgt gearbeitet: Den Faden auf die Vorderseite bringen, dann in einem kleinen Abstand rechts davon wieder einstechen und den Faden auf die Rückseite durchziehen. Ca. 5 mm nach links vom vorhergehenden Punkt entfernt den Faden wieder auf die Vorderseite der Arbeit bringen, dann wieder auf die Rückseite der Arbeit usw. Auf der Vorderseite der Arbeit sind die Stiche nicht sichtbar, da der dünne Faden zwischen den Maschen verschwindet. Auf der Rückseite (auf dem Stoff des Reißverschlusses) erscheinen die langen, charakteristischen Stiche des Maschinenstichs. Hat man die

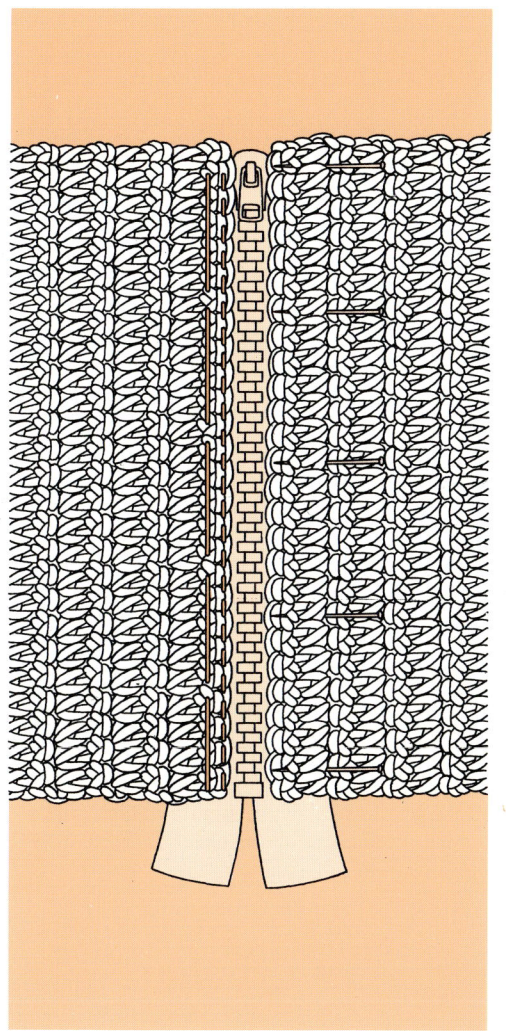

setzt wird. Damit können Sie vermeiden, daß die Arbeit vor allem in der Nähe der Knopflöcher und der Knöpfe ausfranst oder sich verzieht.

An Häkelarbeiten bringt man ein Ripsband folgendermaßen an:

Die beiden äußeren Enden des Ripsbandes werden nach innen geschlagen und entlang der gesamten Blendenlänge mit Stecknadeln festgesteckt. Dabei ist darauf zu achten, daß das Band nicht nach außen vorsteht und weder zu fest noch zu locker gespannt ist.

Haben Sie das Ripsband gut festgesteckt, wird es entlang der Kanten mit einem farblich passenden Nähfaden im Überwendlingsstich (siehe Seite 147) festgenäht.

Sind Knopflöcher erforderlich, werden sie mit Stecknadeln gekennzeichnet (entweder dort, wo sie bereits eingearbeitet sind, oder doch in regelmäßigen Abständen).

Die aufgeschnittenen Knopflöcher werden folgendermaßen mit dem *Knopflochstich* umsto-

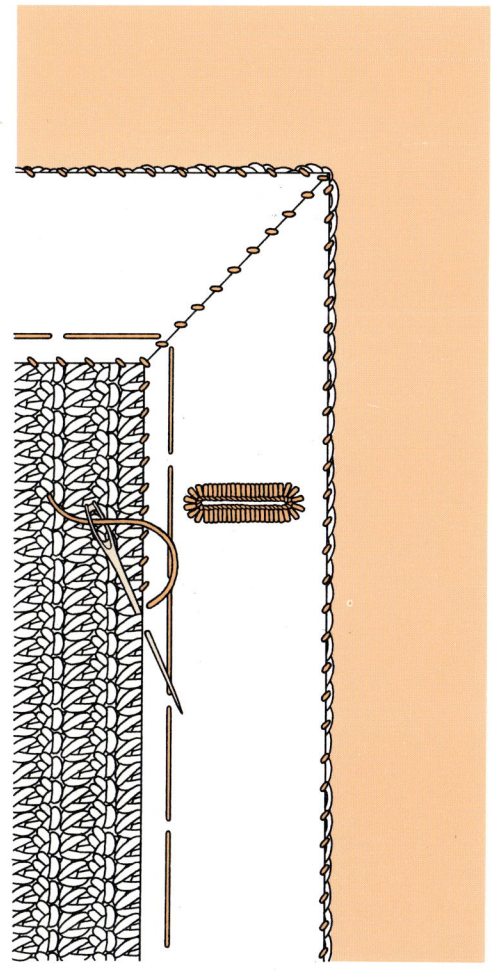

eine Seite fertig, näht man bei geschlossenem Reißverschluß das untere Ende fest. Dann näht man die zweite Seite wie die erste an.

Auf der Rückseite werden die äußeren oberen Enden des Reißverschlußbandes nach innen umgeschlagen und am Rande der Arbeit festgenäht, damit sie den Lauf des Reißverschlusses nicht stören. Das Band des Reißverschlusses einschließlich der am oberen Ende umgeschlagenen Stückchen ringsherum mit dem Überwendlingsstich festnähen (siehe Seite 147).

Der Reißverschluß muß leicht verschließbar sein. Sollte er nicht gut laufen, ist es möglich, daß die Naht zu nahe bei den Zähnchen verläuft.

Verstärkungen. Es gibt ein besonders breites und festes Band, das *Ripsband,* das zur Verstärkung von innen auf die Kanten vor allem von Jacken, Röcken und dicken Pullovern aufge-

chen: Kurz unter dem Knopflochrand von der Vorder- nach der Rückseite einstechen; erneut von der Vorderseite aus einstechen, die Schlinge etwas locker lassen, in diese Schlinge von hinten nach vorn noch einmal durchstechen und den Faden fest anziehen. Dabei müssen Sie darauf achten, daß die Maschen nicht zusammengezogen werden.

Muß das Ripsband über einen rechten Winkel verlaufen, nähen Sie zuerst die äußere Kante fest, dann falten Sie das äußere Ende zu einer Ecke und befestigen sie. Schließlich nähen Sie auch die Innenkante an.

Aufsetzen von Flicken. Wenn eine Häkelarbeit (in diesem Fall z. B. Kinderhosen und -pullover aber auch Pullover für Erwachsene) durchscheuert und schadhaft wird, läßt sich der Schaden durch Aufsetzen eines Leder- oder Stofflickens beheben. Ein Flicken kann auch schon zur Vorbeugung aufgesetzt werden; sogar zur Verzierung kann er dienen, wenn man ihn farblich dekorativ – vielleicht mit kleinen Mustern – wählt.

Das Aufsetzen der Flicken ist sehr einfach: Viele im Handel erhältliche Flicken sind schon mit einer Lochreihe versehen, die das Aufnähen erleichtert. Den Flicken auf die entsprechende Stelle auflegen und mit Stecknadeln feststecken.

Dabei müssen Sie darauf achten, die Strickarbeit nicht zu verziehen. Den Flicken unter Verwendung der vorgestanzten Löcher mit einer Sticknadel und einem farblich passenden Faden annähen. Am besten verwenden Sie dazu den Steppstich (siehe Seite 147/148). Einen Flicken, den Sie selbst herstellen, müssen Sie zuerst anheften, bevor Sie ihn, am besten mit dem Knopflochstich (siehe Seite 150), annähen. Bei zwei Flicken an entsprechender Stelle ist darauf zu achten, daß der zweite in gleicher Höhe wie der erste liegt.

Annähen eines Gummibandes im Hexenstich. Die einfachste Art, einen Rock fertigzustellen, liegt darin, oben an der Innenseite ein Gummiband zu befestigen. Es muß mindestens 2 cm breit und 2 cm länger als die Taille sein.

Die beiden Enden jeweils 1 cm übereinanderlegen und mit Überwendlingsstichen (siehe Seite 147) zusammennähen. Das Band bildet jetzt einen Kreis. Den Kreis mit Stecknadeln in fünf gleiche Teile unterteilen, ebenso auf der linken Seite des Rockbündchens verfahren. Das Gummiband von links um den Rockbund herumlegen, wobei die Stecknadeln jeweils übereinander zu liegen kommen, und feststecken oder festheften. Dann die Stecknadeln aus dem Rockbund entfernen.

Aufsetzen von Flicken.
Linke Spalte, oben: Aufsetzen eines Flickens aus Leder oder Wildleder; unten: Aufsetzen eines Stofflickens. Rechte Spalte: Annähen eines Gummibandes im Hexenstich, wobei das Band innerhalb der Fäden frei läuft.

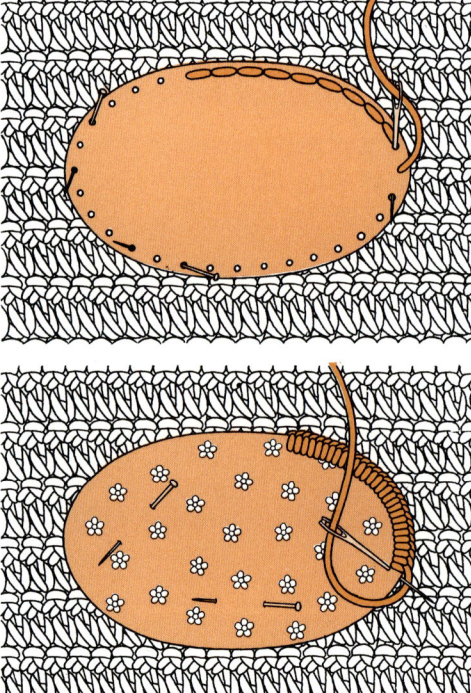

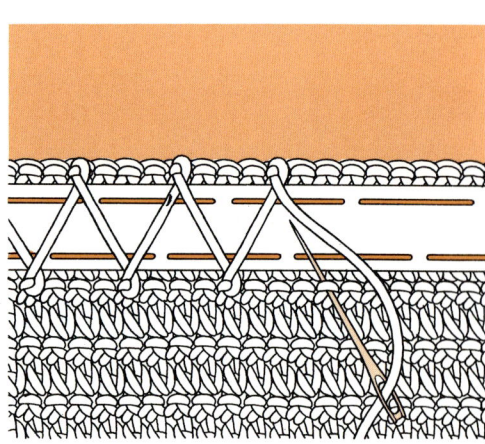

Nun wird mit dem *Hexenstich* folgendermaßen genäht:

Nehmen Sie eine Wollnadel und den gleichen Wollfaden, mit dem Sie gestrickt haben. Diesen Wollfaden auf der Rückseite oberhalb des Gummibandes befestigen.

Den Faden schräg nach rechts unten führen, einstechen, zwei Maschen unterhalb des Gummibandes schräg nach links auffassen, ohne in das Gummiband zu stechen, über dem Gummiband schräg oben rechts einstechen, zwei Maschen oberhalb des Gummibandes schräg nach links auffassen, ohne in das Gummiband zu stechen. So abwechselnd von oben nach unten nähen, bis man um den gesamten Rockbund herumgelangt ist. So läuft das Gummiband frei

Faden am Kleidungsstück angenäht werden. In diesem Fall den Faden auf der Rückseite der Arbeit an der Stelle befestigen, an der die Schlinge liegen soll. Dann mit der Nadel auf die Vorderseite stechen. Den Faden 4- oder 5mal in der Breite des Gürtels locker hin und her spannen, diese Fäden vom einen Ende zum anderen dicht mit Knopflochstichen (siehe Seite 150) übersticken, so daß eine kleine Kordel entsteht. Zum Schluß mit der Nadel auf die Rückseite stechen und den Faden mit kleinen Stichen verwahren.

Oben: Annähen eines Gummibandes im Hexenstich, wobei das Band am Rock befestigt wird;
unten: Anbringen von Schlingen.

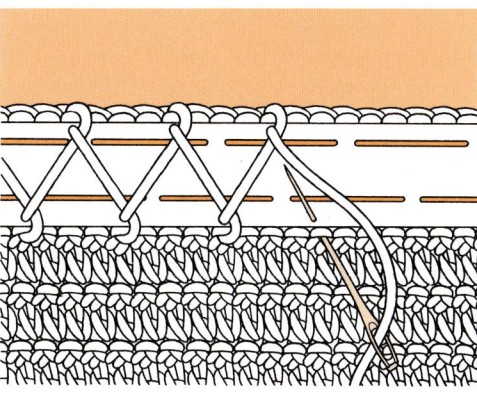

innerhalb dieses Hexenstiches. Es kann aber auch am Rockbund befestigt werden; in diesem Fall bei den waagrechten Stichen gemeinsam mit den zwei Maschen auch das Gummiband auffassen.

Schlingen. Die Schlingen für einen gesonderten Gürtel an einem Kleidungsstück können entweder getrennt gearbeitet und dann festgenäht oder direkt mit Nadel und farblich passendem

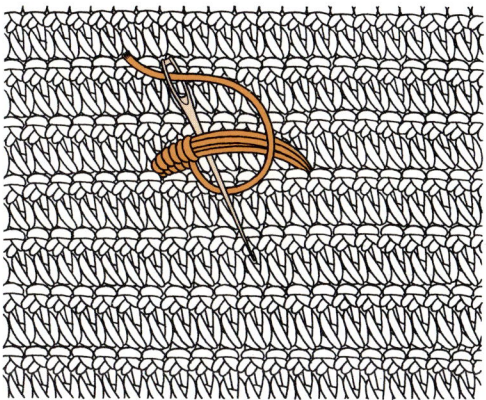

Maßnehmen für Haushaltswäsche

Fertigt man Haushaltswäsche selbst an – nach einer Anleitung oder nach der eigenen Phantasie –, sollte man vorher genau die einzelnen Maße nehmen.

1 Maßnehmen für runde Tischdecken
2 Maßnehmen für rechteckige Tischdecken
3 Maßnehmen für Tagesdecken

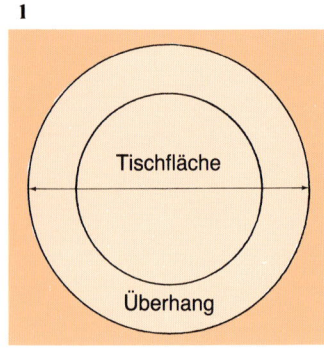

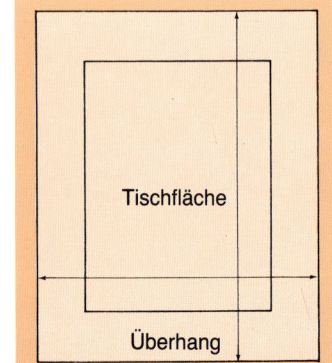

Häkeln kann man nicht nur Kleidungsstücke, sondern auch verschiedene Dinge für den Haushalt. Einige bestehen zwar aus sehr einfachen Grundformen (rund, rechteckig), sind aber an sich sehr groß, z. B. Tischdecken, Tagesdecken und Gardinen. Die Fertigstellung dieser wertvollen Gegenstände erfordert Zeit, Geduld und besonderes Geschick, und zwar ebenso für die Einzelteile, aus denen sie bestehen, wie für das Zusammensetzen.

Es ist hier also besonders wichtig, die gesamte Arbeit sorgfältig aufzuteilen (Wahl der Formen und der Muster; Wahl des Materials; Berechnung der Garnmenge und der Zeit für die Anfertigung der Arbeit). Deshalb sollten Sie die genauen Maße des fertigen Stückes vorherberechnen.

Maßnehmen für runde Tischdecken. Zunächst messen Sie den Durchmesser der Tischplatte. Dann müssen Sie sich entscheiden: Soll die Tischdecke nur bis an den Rand reichen oder soll sie über den Rand hinaushängen, und wenn, wieviel cm?

Der Durchmesser der Tischdecke errechnet sich also aus dem Durchmesser der Tischplatte plus der doppelten Anzahl der Zentimeter, um die die Tischdecke am Rand herunterhängen soll. Wenn sich die Tischdecke aus gleichen Motiven zusammensetzt, müssen Sie ein Muster dieses Motivs herstellen und dessen Maße messen. So können Sie errechnen, wie oft das Muster wiederholt werden muß, bis die Tischdecke fertig ist.

Besteht jede Runde einer in Runden gearbeiteten Tischdecke aus einem neuen Muster, müssen Sie die Höhe eines jeden Streifens messen. Die Summe muß dem Durchmesser der Tischdecke entsprechen.

Maßnehmen für quadratische und rechteckige Tischdecken. Auch in diesem Fall messen Sie zuerst den Tisch; d. h. Länge und Breite der Tischplatte. Und auch hier entscheiden Sie, wie weit die Tischdecke an den Rändern herunterhängen soll.

Nun berechnen Sie die Maße für die Decke: Länge = Länge der Tischplatte plus zweimal überhängende Länge; Breite = Breite der Tischplatte plus zweimal überhängende Länge. Wiederholt sich das Motiv des Musters immer wieder, so fertigen Sie eine Probe mit einem Motiv an. Dann ist es leicht (leichter als bei der runden Tischdecke) zu bestimmen, wie oft das Muster wiederholt werden muß, um die Tischdecke in den gewünschten Maßen zu häkeln. Besteht hingegen jeder Streifen aus einem neuen Muster, müssen Sie die Höhe eines jeden Streifens

messen um zu wissen, wie oft Sie jeden Streifen in der gesamten Tischdecke zu wiederholen haben.

Maßnehmen für Tagesdecken. Ein klassisches Beispiel für gehäkelte Haushaltswäsche ist die Tagesdecke für Betten. Es gibt viele verschiedene Variationen, vor allem in bezug auf Stil und Muster. Heute bevorzugt man im allgemeinen die klassische Art ohne Rüschen oder Falten an den Ecken.

Diese schlichten Tagesdecken sind rechteckig. Sie müssen jedoch groß genug sein, um das gesamte Bett zu bedecken und an den Seiten bis fast zum Boden überzuhängen.

Zuerst messen Sie das Bett aus, für das Sie eine Tagesdecke häkeln. Die Breite der Decke mißt man vom Boden ab, über die Bettbreite und auf der anderen Seite wieder hinab bis zum Boden. Für die Länge der Decke fängt man am Kopfende an zu messen, geht über die gesamte Bettlänge und am Fußende bis zum Boden. Wird die Tagesdecke unter die Kissen geschoben, fügen Sie zur Gesamtlänge ca. 30 cm hinzu.

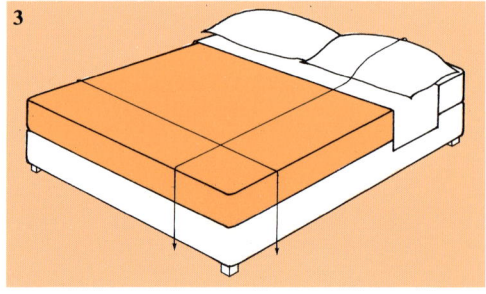

Vielleicht stehen Ihnen die Maße des Bettes nicht zur Verfügung oder Sie möchten die Tagesdecke nicht für ein bestimmtes Bett häkeln. Dann halten Sie sich an die Standardmaße von Matratzen, die Sie in der folgenden Tabelle finden.

Matratze	Größe in cm
kleineres Bett	90 x 190
normales Bett	100 x 200
schmales französisches Bett	150 x 200
normales Doppelbett	180 x 200

Den Überhang, der dazugerechnet werden muß, berechnet man wie folgt: Für normale Betten gibt man 100 cm in der Breite und ca. 70 cm in der Länge hinzu (wird die Decke unter die Kissen geschoben, dann sind es 100 cm in der Länge). Für die hohen älteren Betten mit Federn im Rost sind es ca. 150 cm in der Breite und ca. 120 cm in der Länge (wird die Decke unter die Kissen geschoben, werden es 150 cm in der Länge).

Anhand dieser Maße läßt sich die Zahl der Einzelmuster berechnen, aus denen sich die Tagesdecke zusammensetzt. Sie gehen dabei wie bei den rechteckigen Tischdecken vor.

Maßnehmen für Gardinen. Gehäkelte Gardinen gibt es in unterschiedlicher Länge und unterschiedlichem Stil: Die Wahl hängt ab von der Art des Garnes, von der Arbeitsweise und vom Muster, vor allem aber von der Art und der Form des Fensters, für das die Gardine bestimmt ist.

In den Zeichnungen sehen Sie die hauptsächlichen Gardinenformen: die Gardine bis zum Fensterbrett, die Gardine bis zur halben Wandhöhe, die Gardine bis zum Fußboden und die halbe Scheibengardine.

Diese halben Scheibengardinen können auch zusammen mit einer Gardine bis zum Fensterbrett verwendet werden.

Natürlich spielt auch die Art des Fensters selbst eine Rolle: Gardinen bis zum Fensterbrett, bis zur halben Wandhöhe und bis zum Boden lassen sich an Fenstern anbringen, deren Flügel sich nach innen öffnen, wie auch an solchen, die heraufgeschoben werden. Halbe Scheibengardinen eignen sich schon nicht mehr für jeden Fenstertyp.

Liegt die Art der Gardine fest, werden die Maße nach der Höhe und der Breite der Aufhängevorrichtung (im allgemeinen ein Stab oder ein Querbehang) berechnet.

Die Gesamtbreite der Gardine hängt ab von der Breite der Aufhängevorrichtung und der Schwere des Vorhanges (was wiederum von der Stärke des Garnes und der Dichte des Musters abhängig ist).

Diese Angaben müssen genau berücksichtigt werden, damit der Vorhang schön gekräuselt ist. Eine leichte Gardine ist im allgemeinen doppelt so breit wie die Aufhängevorrichtung, für eine schwere Gardine kann die eineinhalbfache Breite genügen. Wird die Gardine in der Mitte getrennt, muß man bei der Berechnung von der Mitte des Stabes ausgehen.

Die Länge der Gardine mißt man ausgehend von der Halterung. Folgendes ist dabei zu beachten: Wird die Gardine an Ringen aufgehängt und bedeckt kein Quervorhang die Aufhängevorrichtung, geht man beim Messen von den Ringen aus.

Gardinen bis zum Fensterbrett müssen bis ca. 2 cm über das Fensterbrett reichen. Gardinen bis zur halben Wandhöhe reichen bis ca. 10 cm bis 20 cm unter das Fensterbrett. Gardinen bis zum Boden schließlich müssen bis 2 cm über den Boden reichen.

Scheibengardinen brauchen nicht gekräuselt zu sein.

Für gekräuselte Scheibengardinen gilt das gleiche wie für die anderen Gardinenarten. Glatte Scheibengardinen bemißt man um einige cm breiter als die Halterung (10–20 %, je nach Fenster), damit die Gardinen weich fallen. In der Länge reichen die Gardinen bis einige cm über das Fensterbrett. Auch hier beginnt man am Gardinenstab zu messen und berücksichtigt dabei auf jeden Fall das System der Aufhängung.

Maßnehmen für Gardinen:
4 Gardinen bis zum Fensterbrett
5 Gardinen bis zur halben
* Wandhöhe*
6 Gardinen bis zum Fußboden
7 Halbe Scheibengardinen

Einige wertvolle Tips

Man kann gar nicht oft genug wiederholen, daß beim Häkeln – wie bei anderen Handarbeiten auch – Handbücher natürlich gute Dienste leisten, wenn es um das Erlernen gewisser Grundbegriffe und verschiedener Techniken geht, daß Erfahrung aber eine mindestens ebenso große Rolle spielt. Erst durch Übung und praktische Erfahrung wird das Gelernte vervollkommnet. Man macht eigene Entdeckungen, erweitert sein Wissen und erlangt immer größere Fertigkeit und damit auch Sicherheit. Die vielen kleinen Tricks und Erleichterungen, die sich aus der praktischen Erfahrung ergeben, lassen sich auch in einem systematischen und ausführlichen Handbuch nur schwer vermitteln. Durch sie wird jedoch die Arbeit allmählich immer leichter, und die Ergebnisse werden immer schöner. Außerdem verleihen sie ihnen erst die gewisse persönliche Note. Not macht bekanntlich erfinderisch, und gerade darin besteht für unsere Begriffe der Spaß am Häkeln: Immer noch bessere Möglichkeiten herauszufinden und unvorhergesehene Probleme, die früher oder später auftauchen, befriedigend zu lösen. Das ist mit ein Grund, weshalb wir bei den Anleitungen in diesem Buch auf all die besonderen Ratschläge verzichtet haben, die den Experten geläufig sind. Um Ihnen aber eine Vorstellung davon zu geben, um welche Art von Ratschlägen es sich dabei handelt, geben wir Ihnen ein paar Beispiele. Die anderen – wer weiß, wie viele das sind – finden Sie mit Sicherheit selbst heraus.

● Es ist ratsam, von dem gewählten Garn stets ein oder zwei Knäuel mehr zu kaufen. Wenn Sie etwas zu stopfen, zu verlängern oder ein Stück neu zu häkeln haben, sind Sie froh darum. Nach einer gewissen Zeit werden Sie ein bestimmtes Farbbad nämlich kaum mehr wiederfinden.

● Es ist besser, den Faden vom Knäuelinneren her abzuwickeln. Dieses Fadenende ist leicht zu finden (vor allem, wenn das Knäuel nicht zu fest gewickelt ist, wie wir geraten haben): mit dem Daumen und dem Zeigefinger etwas Faden aus dem Knäuelinnern herausziehen und das Fadenende suchen; evtl. die Fäden etwas entwirren und mit der Arbeit beginnen. So läuft der Faden leicht vom Knäuel ab, ohne daß es bewegt werden muß. Ähnlich angenehm läßt sich der Faden vom Knäuel in einem Knäuelbehälter abwickeln, von dem im Kapitel über die Werkzeuge die Rede war.

● Möchte man an ein Häkelstück aus dicker Wolle eine Innentasche anbringen, so sollten nur einige Reihen davon (ca. 2 cm) mit der dicken Wolle gearbeitet werden. Den gesamten versteckten Teil arbeitet man mit gleichfarbiger, dünnerer Wolle weiter. Dazu muß man natürlich auch eine dünnere Häkelnadel verwenden und die Anzahl der Maschen für die gleiche Breite entsprechend erhöhen. So wird vermieden, daß die Innentasche zu stark aufträgt.

● Noch einmal zu den Kleidungsstücken: Gelingen die Knopflöcher nicht gut, kann man sie mit einem gleichfarbigen Stickfaden im Knopflochstich umstechen.

● Leicht kann man mit der Größe der Kinderkleidung in Schwierigkeiten kommen. Bei genügender Erfahrung ist es sehr nützlich, diese Kleidungsstücke (vor allem die Ärmel, die schnell zu kurz werden) von oben nach unten zu häkeln. Wird das Kleidungsstück zu kurz, kann das entsprechende Teil leicht verlängert werden. Dafür ist es also wie schon erwähnt gut, ein wenig Wolle aufzubewahren.
Ebenso sollte ein Saum (so weit es ihn gibt) bei Kinderkleidung so breit wie möglich gehäkelt werden. So kann das Kleidungsstück bei Bedarf leicht verlängert werden.

● Oft ist es nützlich zu wissen, wie lang ein Faden für ein bestimmtes Teil sein muß, damit er nicht vorzeitig zu Ende ist. Im allgemeinen wird für das Häkeln einer Reihe ein Faden der 2–4fachen Länge dieser Reihe benötigt. Diese Regel sollte jedoch von Mal zu Mal überprüft werden. Sollte dennoch der Faden gewechselt werden müssen, darf er nie verknotet werden. Auf Seite 135 wird erklärt, wie ein Faden neu eingefügt wird.

● Häkelarbeiten verziehen sich leicht, vor allem wenn sie aus Wolle oder mit weichen Maschen gearbeitet sind. Das gilt vor allem für die Stellen, die sehr beansprucht werden. Röcke und Hosen sollte man deshalb in Höhe der Knie auf jeden Fall füttern.
Bei Jacken und Mänteln sollten die Schulternaht und der hintere Halsausschnitt stets mit einem Schrägband in gleicher Farbe verstärkt werden. Am hinteren Halsausschnitt muß außerdem immer ein Aufhänger angebracht werden, da die Jacken und Mäntel sich sonst beim Aufhängen an den Schultern verziehen.
Weiterhin sollte man darauf achten, Häkelarbeiten mit weichen Maschen oder Lochmuster so wenig wie möglich aufzuhängen. Sie neigen mehr als die anderen dazu, sich zu verziehen und länger zu werden.
Das Futter sollte dem Kleidungsstück entsprechen: Vor allem muß es etwas weiter sein als das Kleidungsstück selbst, da es sonst zu sehr ge-

dehnt wird und an Elastizität verliert; das Futter muß außerdem kürzer sein, damit es nicht unter dem Saum herausschaut. Bei einem Häkelrock sollten dies 3–4 cm sein.

● Ein weiterer Tip: Knöpfe und Reißverschlüsse lassen sich durch einen Klettverschluß ersetzen. Ein weiterer Vorteil dieser Haftstreifen liegt darin, daß sie problemlos in der Waschmaschine gewaschen werden können und für die Reinigung des Kleidungsstückes nicht entfernt werden müssen.

Waschen der Häkelarbeiten. Das Waschen von Häkelarbeiten bereitet keine besonderen Probleme oder Schwierigkeiten. Sowohl auf den Etiketten der Knäuel als auch auf den Waschmittelpaketen finden Sie die international festgelegten Symbole für die korrekte Behandlung. Einige Beispiele sehen Sie in der Zeichnung.

Trotzdem geben wir hier einige allgemeine Hinweise, die vor allem für Kleidungsstücke gelten. Waschen Sie auf jeden Fall mit der Hand und nicht in der Waschmaschine und richten Sie sich dabei nach dem verwendeten Garn.

Bei bunten Baumwollsachen ist auf jeden Fall eine Farbprobe angebracht: Ein Stück Garn, aus dem das Kleidungsstück gearbeitet wurde, in warmes Wasser legen und in einem weißen Tuch ausdrücken. Wenn das Garn färbt, muß das daraus gearbeitete Kleidungsstück gereinigt oder in kaltem Wasser gewaschen werden. Verliert es keine Farbe, kann es in warmem Wasser gewaschen werden, wird leicht ausgedrückt und über einen Ständer zum Trocknen ausgebreitet. Ebenso verfährt man mit Leinen, das nicht eingeht. Anderenfalls gibt man es besser in die Reinigung.

Die feineren Wollkleidungsstücke werden von Hand in lauwarmem Wasser und mit einer neutralen Seife oder einem besonderen Feinwaschmittel gewaschen. Das Kleidungsstück einige Minuten im Wasser ruhen lassen, abtropfen lassen und gut ausspülen; zum Trocknen das Wollstück in ein Frotteehandtuch wickeln, das das Wasser aufsaugt, in Form ziehen und auf einer ebenen Fläche ausbreiten.

Die Behandlung von Artikeln aus Kunstfaser richtet sich nach der Zusammensetzung des Garnes. Einige, z. B. solche aus Nylon, Reyon und Polyester, können in lauwarmem Wasser mit neutraler Seife gewaschen und auf einem Ständer getrocknet werden. Alle anderen sollten besser gereinigt werden.

Waschen der feineren Häkelarbeiten: Deckchen, Spitzen und Häkeleinsätze. Besonders schwierig zu waschen und in Form zu halten sind Deckchen, Spitzen und Häkeleinsätze. Deshalb sollen sie hier gesondert behandelt werden.

Weniger zarte Deckchen und Häkeleinsätze kann man in lauwarmem Wasser mit neutraler Seife einweichen (ohne Soda); sie dürfen jedoch nicht gerieben werden. Danach werden sie zuerst in lauwarmem, dann in kaltem Wasser sorgfältig gespült. Einige Baumwollarten vertragen leichtes Bleichen, wodurch man auch hartnäckige Flecken entfernen kann. Zuvor macht man aber besser eine Farbprobe: Wie beim Waschen von bunter Baumwolle zuerst ein Stück Garn, aus dem die Arbeit hergestellt ist, in das Bleichmittel legen, in einem weißen Tuch ausdrücken und kontrollieren, ob es Farbe verliert. Wenn nicht, kann man das Häkelstück in eine Lösung von einem Löffel Bleichmittel pro Liter kaltes Wasser legen.

Bedeutung der Symbole, jeweils mit den entsprechenden Angaben:

Waschanleitung

Bleichen

Bügeln

Trockenreinigen

Kleinere Artikel mit besonders zarter Spitzenverzierung behandelt man wie folgt: Eine Flasche halb mit Sand oder Wasser füllen und mit einem – natürlich sauberen – Tuch umhüllen. Nun den Gegenstand mit einigen Stichen an diesem Tuch befestigen und mit einem Musselin oder weißen Leinen bedecken, der ebenfalls angenäht wird. Diese Flasche in kaltes Wasser legen, dem neutrale Seife zugefügt wurde, und eine Stunde lang kochen. Bei Bedarf kann der Vorgang mehrmals wiederholt werden. Die Spitze nach dem Waschen in kaltem Wasser spülen, bevor sie von der Flasche abgetrennt wird.

Ist die Spitze schon sehr alt und brüchig, weicht man sie 24 Stunden lang in extra feinem Olivenöl ein. So bekommt das Garn zum Teil seine Elastizität zurück.

Man trocknet Deckchen, Spitzen und Häkeleinsätze nach dem Waschen auf einer flachen Unterlage.

Ein weiteres Problem taucht auf: Wie läßt sich die Form möglichst lange erhalten? Stärken oder Appretieren sind zwei Möglichkeiten: Die Stärke, ein weißes Pulver, ist in der Drogerie erhältlich. Die beste Stärke ist die Weizenstärke. Zwei Portionen des Pulvers in kaltem Wasser auflösen. Die erste Lösung im Wasserbad erhitzen, bis sie leicht zu kochen beginnt. Dann die Lösung herausnehmen und umrühren, bis die Masse lauwarm geworden ist. Nun die gekochte und die andere Lösung miteinander mischen und unter ständigem Rühren Wasser hinzufügen, bis die Konsistenz von Milch erreicht ist. Das so zubereitete Stärkemittel läßt sich verschieden anwenden. Am einfachsten taucht man die Spitze in die Lösung ein und wickelt sie vor dem Bügeln in ein Tuch. Bei besonders empfindlichen Stücken trägt man die Stärke vorsichtig mit den Fingern oder einem Baumwoll- bzw. Organdytuch auf. Durch das Stärken wird das Garn steif. Soll es nicht ganz so steif werden, kauft man im Handel eines der vielen Stärke- bzw. Appreturmittel. Diese erhält man im allgemeinen bereits fertig in Spraydosen, die sich ohne Mühe anwenden lassen. Ein bewährtes Hausmittel zum Stärken von Häkelarbeiten ist eine Lösung aus Wasser und Zucker: Eine reichlich gezuckerte Menge Wasser aufkochen, dann erkalten lassen und den Gegenstand hineintauchen. Zum Schluß in Form bringen und trocknen lassen.

Der gestärkte oder appretierte Gegenstand wird in die Form gebracht, die er nach dem Trocknen und Bügeln behalten soll: Auf ein Blatt Papier die endgültige geometrische Form zeichnen (Rechteck, Oval, Kreis, Quadrat oder Rhombus). Das Blatt auf ein Holzbrett oder auf das Bügelbrett legen, die Häkelarbeit darüber ausbreiten und an der Außenkante mit rostfreien Stahlstecknadeln Masche um Masche feststecken. Die Arbeit trocknen lassen, dann abnehmen und mit einem Bügeleisen mit mittlerer Temperatur bügeln, ohne zu lange auf einer Stelle fest aufzudrücken.

Rechte Spalte:
So wäscht man ein sehr
kleines Deckchen.

Worterklärungen

Abnehmen: Eine Reihe um eine oder mehr Maschen vermindern.

Achselhöhle: Der obere Teil der Seitennaht und der untere Teil des Armausschnittes, an denen abgenommen werden muß.

Bogen: Entsteht im allgemeinen aus einer oder mehr Luftmaschen, die zwei Motive verbinden. Der Hinweis: »In den Bogen arbeiten...« bedeutet, daß mit der Häkelnadel unter die Luftmaschen in den leeren Raum eingestochen werden muß, um die entsprechenden Maschen zu arbeiten.

Faden durchziehen: Der Arbeitsvorgang, bei dem die Häkelnadel den Faden durch eine oder mehrere Schlingen zieht.

Faden umschlagen: Den Faden von hinten nach vorn über die Häkelnadel legen, um ihn durch eine Schlinge zu ziehen.

Faden, vorderer und hinterer: Die beiden Teile, aus denen sich die Luftmasche zusammensetzt. Man unterscheidet zwischen dem vorderen Faden, der dem Arbeitenden zugewandt ist, und dem hinteren Faden, der auf der Rückseite der Arbeit liegt.

Festigkeit: Gibt an, wie fest die Maschen gearbeitet werden. Wer fest arbeitet, zieht den Faden sehr stark an und erhält enge Maschen; wer locker arbeitet, läßt den Faden locker, und es entstehen lange Maschen.

Häkelfestigkeit: Sie bestimmt die Festigkeit, die Elastizität, die Weichheit und die Größe der Arbeit. Die Häkelfestigkeit erhöht sich oder verringert sich je nachdem, ob man sehr fest oder sehr locker arbeitet, ob man mit mehr oder weniger dicken Häkelnadeln, mit einem mehr oder weniger festen Garn oder in mehr oder weniger dichten Maschen arbeitet. Es ist sehr wichtig, die Häkelfestigkeit festzulegen, um die Ergiebigkeit des Fadens im Verhältnis zur Größe der fertigen Arbeit bestimmen zu können. Zu diesem Zweck sollte stets vor Arbeitsbeginn eine Maschenprobe angefertigt werden.

Häkelmuster: Eine Zeichnung, die mit Hilfe von erklärten Symbolen die Aufeinanderfolge der Maschen und der Reihen sowie das Muster eines Kleidungsstückes oder eines Gegenstandes zeigt. Man braucht es vor allem für die Filethäkelei.

Häkelnadel einstechen: Mit der Häkelnadel in eine Masche einstechen, um dann wie in der Anleitung angegeben zu arbeiten.

Kreis: siehe Ring.

Mäusezähnchen: Zacken zur Verzierung, bestehend aus – im allgemeinen drei – Luftmaschen, die mit einer Kettmasche an die erste Masche zusammengeschlossen werden.

Maschenprobe: Ein kleines Probestück, das vor Beginn der eigentlichen Arbeit angefertigt wird, um die Ergiebigkeit des Garnes bei der eigenen Häkelart sowie das Verhältnis zwischen Reihenzahl und Maschenzahl zu berechnen.

Maschen übergehen: Die Anzahl von Maschen der Vorreihe, die in der Anleitung angegeben ist, nicht häkeln, sondern in die darauffolgende Masche einstechen.

Reihe: Bei den Arbeiten in Hin- und Rückreihen besteht sie aus allen Maschen, die gearbeitet werden, bevor man wendet. Bei den Arbeiten in Runden besteht eine Reihe aus allen Maschen die gearbeitet werden, bis man zum Ausgangspunkt zurückkehrt.

Reihe, in die das Band eingezogen wird: Sie besteht aus einer Lochreihe, durch die ein Band oder eine Kordel zum Zubinden oder Zusammenbinden eines Kleidungsstückes gezogen wird.

Ring: gleichbedeutend mit Kreis: Zusammenschluß von Luftmaschen am Anfang einer in Runden gehäkelten Arbeit.

Schwierigkeitsgrad: Der Schwierigkeitsgrad ist mit einem, zwei oder drei Sternchen zu Beginn jeder Arbeitsanleitung angegeben; er beruht auf verschiedenen Elementen: Muster, Schwierigkeit der Arbeitsgänge oder des Arbeitens nach einer Vorlage, das Einarbeiten von Verzierungen usw.

Sternchen: Eines der wichtigen Zeichen bei den Arbeitsanleitungen. Bei den Erklärungen des Häkelmusters wird eine Maschenfolge zwischen zwei Sternchen bis zum Ende der Reihe immer wiederholt. Manchmal kann man innerhalb einer Beschreibung einer Maschenfolge auf ein doppeltes Sternchen stoßen; es folgt dann die Angabe, wie oft diese eingeschobene Maschenfolge wiederholt werden muß.

Zunehmen: Eine Häkelreihe um eine oder mehr Maschen vermehren.

Register